人工智能与
人类未来丛书

高效写文案
DeepSeek辅助文案写作

时代飞鹰 编著

北京大学出版社
PEKING UNIVERSITY PRESS

内容提要

本书是针对文案写作者、市场营销人员及新媒体从业者的实战指南，采用"理论深化+案例剖析+AI技术融合"的模式编写，旨在帮助读者通过系统学习提升文案创作能力。

全书共10章，内容全面而深入。第1章讲解AI文案写作基础，包括AI文案写作的概念、特点、基本流程及多种应用；第2章深入探讨AI文案写作基本技能，并提供了多个实战案例；第3章至第10章分别介绍了AI在软文、电商文案、新媒体文案、短视频文案、直播文案、广告文案、学术文案，以及小说文案写作中的写作方法、要点与实战应用。每章均含实战案例，通过步骤指导与案例分析展现AI辅助文案写作的魅力与效率。

本书强调AI技术的应用与潜力，以DeepSeek工具来辅助文案写作，并提供操作要点与技巧点拨。本书的专业性与实战性强，既适合作为文案写作者、市场营销人员及新媒体从业者提升文案写作能力的参考书，又适合作为高等院校市场营销、电子商务、新媒体、新闻等相关专业的教材。

图书在版编目(CIP)数据

高效写文案：DeepSeek辅助文案写作 / 时代飞鹰编著. —— 北京：北京大学出版社，2025.6. —— ISBN 978-7-301-36184-9

Ⅰ.G206.2-39

中国国家版本馆CIP数据核字第2025RB2884号

书　　　名	高效写文案：DeepSeek辅助文案写作 GAOXIAO XIE WEN'AN: DeepSeek FUZHU WEN'AN XIEZUO
著作责任者	时代飞鹰　编著
责 任 编 辑	孙金鑫
标 准 书 号	ISBN 978-7-301-36184-9
出 版 发 行	北京大学出版社
地　　　址	北京市海淀区成府路205号　100871
网　　　址	http://www.pup.cn　新浪微博：@北京大学出版社
电 子 邮 箱	编辑部 pup7@pup.cn　总编室 zpup@pup.cn
电　　　话	邮购部 010-62752015　发行部 010-62750672　编辑部 010-62570390
印 刷 者	北京圣夫亚美印刷有限公司
经 销 者	新华书店
	720毫米×1020毫米　16开本　18.5印张　321千字 2025年6月第1版　2025年6月第1次印刷
印　　　数	1-3500册
定　　　价	79.00元

未经许可，不得以任何方式复制或抄袭本书之部分或全部内容。
版权所有，侵权必究
举报电话：010-62752024　电子邮箱：fd@pup.cn
图书如有印装质量问题，请与出版部联系，电话：010-62756370

推荐序

夯实智能基石，共筑人类未来

人工智能正在改变当今世界。从量子计算到基因编辑，从智慧城市到数字外交，人工智能不仅重塑着产业形态，还改变着人类文明的认知范式。在这场智能革命中，我们既要有仰望星空的战略眼光，也要具备脚踏实地的理论根基。北京大学出版社策划的"人工智能与人类未来丛书"，恰如及时春雨，无论是理论还是实践，都对这次社会变革有着深远影响。

该丛书最鲜明的特色在于其能"追本溯源"。当业界普遍沉迷于模型调参的即时效益时，《人工智能大模型数学基础》等基础著作系统梳理了线性代数、概率统计、微积分等人工智能相关的计算脉络，将卷积核的本质解构为张量空间变换，将损失函数还原为变分法的最优控制原理。这种将技术现象回归数学本质的阐释方式，不仅能让读者的认知框架更完整，还为未来的创新突破提供了可能。书中独创的"数学考古学"视角，能够带读者重走高斯、牛顿等先贤的思维轨迹，在微分流形中理解Transformer模型架构，在泛函空间里参悟大模型的涌现规律。

在实践维度，该丛书开创了"代码即理论"的创作范式。《人工智能大模型：动手训练大模型基础》等实战手册摒弃了概念堆砌，直接使用PyTorch框架下的100多个代码实例，将反向传播算法具象化为矩阵导数运算，使注意力机制可视化为概率图模型。在《DeepSeek源码深度解析》中，作者团队细致剖析了国产大模型的核心架构设计，从分布式训练中的参数同步策略，到混合专家系统的动态路由机制，每个技术细节都配有工业级代码实现。这种"庖丁解牛"式的技术解密，使读者既能把握技术全貌，又能掌握关键模块的实现精髓。

该丛书着眼于中国乃至全世界人类的未来。当全球算力竞赛进入白热化阶段，《Python大模型优化策略：理论与实践》系统梳理了模型压缩、量化训练、稀疏计算等关键技术，为突破"算力围墙"提供了方法论支撑。《DeepSeek图解：大模型是怎样构建的》则使用大量的可视化图表，将万亿参数模型的训练过程转化为可理解的动力学系统，这种知识传播方式极大地降低了技术准入门槛。这些创新不仅呼应了"十四五"规划中关于人工智能底层技术突破的战略部署，还为构建自主可控的技术生态提供了人才储备。

作为人工智能发展的见证者和参与者，我非常高兴看到该丛书的三重突破：在学术层面构建了贯通数学基础与技术前沿的知识体系；在产业层面铺设了从理论创新到工程实践的转化桥梁；在战略层面响应了新时代科技自立自强的国家需求。该丛书既可作为高校培养复合型人工智能人才的立体化教材，又可成为产业界克服人工智能技术瓶颈的参考宝典，此外，还可成为现代公民了解人工智能的必要书目。

站在智能时代的关键路口，我们比任何时候都更需要这种兼具理论深度与实践智慧的启蒙之作。愿该丛书能点燃更多探索者的智慧火花，共同绘制人工智能赋能人类文明的美好蓝图。

于剑

北京交通大学人工智能研究院院长
交通数据分析与挖掘北京市重点实验室主任
中国人工智能学会副秘书长兼常务理事
中国计算机学会人工智能与模式识别专委会荣誉主任

前 言

在当今信息爆炸的时代，文案的力量越发凸显，它不仅承载着信息的传递功能，而且在无形中塑造着品牌形象，激发着消费者的购买欲望。而AI技术的蓬勃发展，为文案创作带来了革命性的改变。用AI辅助文案创作，定位精准、创意独特且产出高效，成了现代企业营销与品牌推广的重要利器。

正是洞察到了这一趋势，我们精心策划并编写了本书。本书旨在通过AI这一前沿技术，为文案创作者提供一套全面、深入且实用的实战指南，助力他们在文案创作的道路上走得更远、更稳。

我们深知，AI技术正以前所未有的速度改变着文案创作的格局。从需求分析到创意构思，从文案撰写到效果评估，AI技术已经渗透到文案创作的每一个环节，为创作者提供了前所未有的支持与便利。因此，本书不仅详细阐述了AI文案写作的基本概念、特点与流程，还深入探讨了AI在文案创作中的具体应用与实战案例。

本书共分为10章，涵盖了AI文案写作的各个方面：从AI文案写作的基础概念与流程入手，逐步讲解爆款文案的策划、写作框架的搭建、素材的搜索与加工，然后讲解不同场景下的文案写作实战，如软文、电商文案、新媒体文案、短视频文案、直播文案、广告文案、学术文案，以及小说文案等。本书每个章节都紧密结合DeepSeek工具，通过丰富的案例分析与实用的技巧讲解，帮助读者全面掌握AI文案写作的核心技能。

在编写本书的过程中，我们注重将理论与实践结合，通过"理论深化+案例剖析+AI技术融合"的编写模式，让读者在掌握理论知识的同时，能够通过实践案例加深对 AI 文案写作的理解与运用。

　　为了确保本书内容的权威性与实用性，我们邀请了多位在文案创作及 AI 技术领域具有丰富经验的专家参与编写与审核。他们的专业见解与实战经验为本书增添了更多的价值与深度。同时，我们也期待广大读者在阅读的过程中能够积极反馈意见和建议，以便我们不断完善和提升。

　　在这个充满机遇与挑战的时代，相信本书将成为文案创作者的得力助手。让我们携手共进，借助 AI 的力量，创作出更多具有影响力的文案，共同书写文案创作的新篇章！

编　者

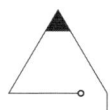

第一章

AI 文案写作基础

1.1 认识AI文案写作 — 002
- 1.1.1 AI文案写作的概念 — 002
- 1.1.2 AI文案写作的特点 — 002

1.2 AI文案写作的基本流程 — 004
- 1.2.1 明确需求与目标 — 004
- 1.2.2 选择写作工具 — 005
- 1.2.3 输入关键信息与指令 — 009
- 1.2.4 对生成的初稿进行审核与编辑 — 012
- 1.2.5 对初稿进行优化与调整 — 013

1.3 AI在文案写作中的应用 — 015
- 1.3.1 AI辅助文案构思 — 015
- 1.3.2 AI优化文案语言 — 017
- 1.3.3 AI实现个性化文案创作 — 019
- 1.3.4 AI在情感化文案中的应用 — 022
- 1.3.5 AI助力文案效果监测 — 025
- 1.3.6 AI基于数据的文案优化建议 — 028

1.4 AI文案工具操作要点 — 031
- 1.4.1 DeepSeek的注册、登录与有效提问 — 031
- 1.4.2 AI有效提问技巧 — 033
- 1.4.3 人工润色与AI辅助润色的结合使用 — 036
- 1.4.4 AI生成文案的常见问题及解决方法 — 038

第二章

AI 文案写作基本技能

2.1 AI助力策划爆款选题 — 042
- 2.1.1 掌握策划爆款选题的要点 — 042
- 2.1.2 学会借势思维 — 045

2.2 AI助力搭建文案写作框架 　　　　　　　　　049
2.2.1 搭建写作框架的重要性　　　　050
2.2.2 初始素材准备与整理　　　　050
2.2.3 框架搭建方法与优化建议　　　　051

2.3 AI助力文案标题，吸引读者点击　　　　　　　　　057
2.3.1 掌握多种技巧，轻松写出爆款标题　　　　057
2.3.2 爆款标题的打造方法　　　　061
2.3.3 使用AI工具搜索爆款词汇，提高文案的点击率　　　　064

2.4 AI助力文案开头，迅速抓住读者眼球　　　　　　　　　066
2.4.1 迅速抓住读者眼球的开头技巧　　　　067
2.4.2 AI助力文案开头策略　　　　070

2.5 AI助力文案结尾，激发读者主动转发　　　　　　　　　073
2.5.1 轻松写出精彩结尾的常用技巧　　　　073
2.5.2 AI写作文案结尾的要点　　　　075

第三章　AI软文写作

3.1 软文的特点与写作形式　　　　080
3.2 AI软文的生成流程　　　　081
3.3 AI生成软文应用实战　　　　083
3.3.1 产品介绍类软文　　　　083
3.3.2 品牌推广类软文　　　　086
3.3.3 情感故事类软文　　　　089
3.3.4 行业分析类软文　　　　092
3.3.5 生活方式类软文　　　　095

3.4 AI爆款软文的打造策略　　　　098

第四章 AI电商文案写作

4.1 电商文案写作的基础知识　　102
- 4.1.1 电商文案的写作要点　　102
- 4.1.2 电商文案的创意技巧　　104

4.2 AI在电商文案写作中的应用实战　　107
- 4.2.1 主图文案　　107
- 4.2.2 详情页文案　　109
- 4.2.3 品牌文案　　112
- 4.2.4 商品海报文案　　114
- 4.2.5 新品活动文案　　117
- 4.2.6 用户评价文案　　120

第五章 AI新媒体文案写作

5.1 新媒体文案的特点与创作步骤　　125

5.2 新媒体文案的创作方法　　126

5.3 AI在新媒体文案写作中的应用实战　　130
- 5.3.1 小红书文案　　130
- 5.3.2 公众号文案　　133
- 5.3.3 头条号文案　　137
- 5.3.4 微博文案　　140
- 5.3.5 知乎文案　　142

第六章 AI短视频文案写作

6.1 认识短视频文案　　147
- 6.1.1 短视频文案的特点　　147
- 6.1.2 短视频文案的写作策略　　148

6.2 AI在短视频文案写作中的应用实战　　151
- 6.2.1 短视频标题　　152

6.2.2	分镜头脚本文案	157
6.2.3	Vlog类文案	165
6.2.4	美食类文案	171
6.2.5	剧情类文案	177
6.2.6	段子类文案	182

第七章 AI直播文案写作

7.1	认识直播文案	189
7.1.1	直播文案的特点	189
7.1.2	直播文案的写作策略	190
7.2	AI在直播文案写作中的应用实战	192
7.2.1	直播脚本文案	192
7.2.2	直播标题	199
7.2.3	直播封面文案	205
7.2.4	直播预热文案	209
7.2.5	直播话术文案	213

第八章 AI广告文案写作

8.1	认识广告文案	220
8.1.1	广告文案的特点	220
8.1.2	广告文案的写作策略	222
8.2	AI在广告文案写作中的应用实战	225
8.2.1	网络广告文案	226
8.2.2	电视广告文案	229
8.2.3	杂志广告文案	234

第九章 AI学术文案写作

9.1	认识学术文案	240
9.1.1	学术文案的特点	240

目 录

  9.1.2 学术文案的写作要点 241

9.2 AI在学术文案写作中的应用实战 243

  9.2.1 论文大纲 244
  9.2.2 会议论文 250
  9.2.3 论文降重 254
  9.2.4 学术报告 257

第十章 CHAPTER 10 AI小说文案写作

10.1 认识小说文案 263

  10.1.1 小说文案的特点 263
  10.1.2 小说文案的写作要点 264

10.2 AI在小说文案写作中的应用实战 265

  10.2.1 科幻小说文案 266
  10.2.2 言情小说文案 270
  10.2.3 玄幻小说文案 273
  10.2.4 推理小说文案 277
  10.2.5 历史小说文案 280

第一章

AI 文案写作基础

在数字化时代的浪潮中，AI 技术已成为推动创意与效率革新的重要力量。特别是在文案创作领域，AI 的应用正逐渐改变传统的写作模式，引领着一场前所未有的创新革命。本章将深入探讨 AI 文案写作的基础，从认识 AI 文案写作的概念开始，到掌握其基本流程，再到了解 AI 在文案写作中的多样化应用，最后学习 AI 文案工具的操作要点，为大家揭开 AI 技术在文案创作领域的神秘面纱。

1.1 认识 AI 文案写作

随着 AI 技术的不断成熟与普及，AI 文案写作作为这一领域的分支，正逐步展现出其独特的魅力与潜力。本节将引领大家踏入 AI 文案写作的世界，深入解析其定义与核心特点，为后续章节的学习奠定坚实的理论基础。

1.1.1 AI 文案写作的概念

AI 文案写作，作为 AI 技术在内容创作领域的重要应用，是指利用 AI 技术自动生成具有创意和吸引力的文案内容的过程。这一技术通过模拟人类的写作思维和表达方式，结合自然语言处理（NLP）和深度学习算法，使计算机能够理解和生成符合人类语言习惯的高质量文本。

AI 文案写作不仅是对文字的简单编排，还是一个高度智能化的创作过程。在这一过程中，AI 系统能够学习并理解海量的文本数据，从中提炼出语言规律、情感色彩及文化背景，进而在创作时灵活运用。这种基于大数据和算法驱动的创作方式，使得 AI 文案写作能够针对特定目标受众进行精准定制，确保内容既符合品牌形象，又能有效触动目标群体的心弦。

此外，AI 文案写作还具备强大的优化能力。它能够实时监测市场动向，根据用户互动数据不断调整文案策略，确保内容始终保持极佳状态。这种动态调整的能力，使得 AI 文案写作在快速变化的市场环境中更具竞争力。同时，AI 文案写作还大大减轻了人工创作的负担，让创作者能够将更多精力投入创意构思和策略规划上，实现人机协作下的内容创作新生态。

1.1.2 AI 文案写作的特点

AI 文案写作的特点主要体现在高效性、多样性、智能性和客观性 4 个方面，如

图1-1所示。这些特点不仅定义了AI在文案创作中的独特地位,也预示着未来内容创作的新趋势。

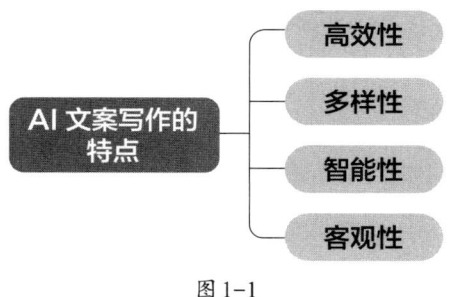

图1-1

1. 高效性

AI文案写作以其惊人的高效性脱颖而出。在信息爆炸时代,AI能迅速处理海量数据,即时生成定制化内容,成为应对市场变化、提升工作效率不可或缺的工具,极大地节省了企业的人力与时间成本。

2. 多样性

AI工具能跨越界限,灵活运用修辞技巧,且根据市场需求自动生成多样化风格与形式的内容,确保文案能吸引广泛受众。

3. 智能性

AI文案写作的核心竞争力在于其智能性。AI工具凭借先进的自然语言处理和深度学习技术,确保生成的文案逻辑连贯、表达精准。此外,AI工具能根据客户需求对文案进行个性化定制,满足多样化需求。

4. 客观性

AI文案写作凭借强大的数据分析能力,实现了客观性创作。AI工具基于事实阐述观点、分析问题,避免了主观偏见,提升了文案的可信度和说服力,引导受众做理性决策。

1.2 AI 文案写作的基本流程

在 AI 赋能的创意时代，掌握 AI 文案写作的基本流程是提升内容生产力的关键。从精心挑选合适的写作工具到精准输入关键信息与指令，再到细致审核与编辑初稿，直至最终优化与调整，每一步都关乎文案的质量与效果。下面将为大家详细介绍 AI 文案写作的基本流程。

1.2.1 明确需求与目标

在启动 AI 文案写作项目之前，首要任务是清晰界定文案的需求与目标。具体需求和目标包括确定文案的用途（如宣传推广、产品介绍、品牌故事等）、目标受众（年龄、性别、兴趣等特征）、预期效果（如提高品牌知名度、促进销售转化等），以及任何特定的风格或调性要求。

在此阶段，我们需细致剖析文案的用途，无论是用于宣传推广，还是作为产品介绍或品牌故事，每一种用途都需精准定位。

同时，要明确目标受众的画像。通过深入了解受众的年龄、性别、兴趣等特征，我们能够更好地把握其心理需求与阅读偏好，从而创作出更具针对性的文案内容。

此外，设定清晰、可实现的预期效果也是不可或缺的一环。无论是提升品牌知名度、增强市场渗透力，还是促进销售转化、提升用户体验，这些目标都将成为我们评估文案成效的重要标准。

最后，对文案风格与调性的界定同样重要。根据品牌调性、市场趋势及受众喜好，选择合适的语言风格与表达方式，以确保文案既符合品牌形象，又能有效触达受众内心。

明确以上要素，有助于为后续的写作工具选择、内容策划及创作执行提供明确的方向和依据,确保文案创作始终围绕核心目标展开,最终实现预期的传播效果与商业价值。

1.2.2 选择写作工具

在当前数字化时代,AI文案写作工具以其高效、智能的特点,成为众多创作者和企业不可或缺的辅助工具。下面为大家介绍几款主流的AI文案写作工具。

1. DeepSeek

DeepSeek是由杭州深度求索人工智能基础技术研究有限公司精心研发的一款综合性智能工具,融合了自然语言处理、数据分析及创意生成等多项前沿功能。该工具的核心驱动力源自先进的深度学习算法,它能够敏锐捕捉并理解用户的意图,进而以智能化、高效率的方式提供精准响应。凭借广泛的应用适应性,DeepSeek在多个领域均展现出强大的应用潜力。

在AI文案写作方面,DeepSeek表现出色。用户只需输入关键词或简单描述,它便能迅速生成多种风格的文案,如正式、幽默、简洁、文艺等,满足不同场景和目标受众的需求。网页版DeepSeek的主页如图1-2所示。

图1-2

无论是广告文案、社交媒体推文,还是产品介绍,DeepSeek都能轻松搞定。此外,它还会根据用户输入的关键词,自动推荐相关词汇和句式,帮助用户优化文案内容。用户可以在DeepSeek生成的文案的基础上,结合实际情况进行微调,进一步提升文案的吸引力和说服力,从而节省大量时间与精力。本书案例均使用DeepSeek工具辅助创作。

2. ChatGPT

ChatGPT是由OpenAI开发的一款基于Transformer结构的聊天机器人模型。它不仅能够流畅地与用户对话,还能根据用户输入的提示词生成连贯、有逻辑的文本内容。ChatGPT在创意写作、内容创作、对话生成等领域展现出强大的能力。网页版ChatGPT主页如图1-3所示。

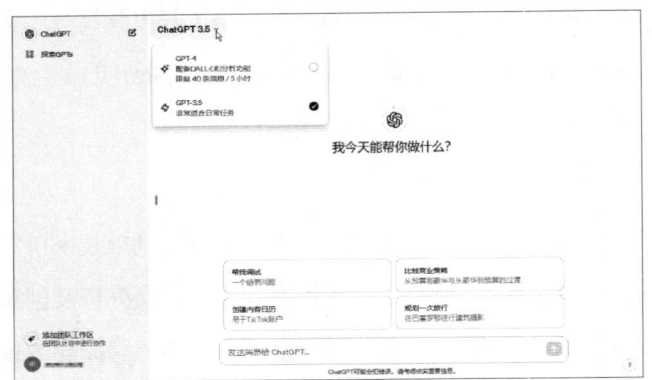

图1-3

3. Kimi

Kimi是由北京月之暗面科技有限公司开发的一款具有智能交互、便捷服务、广泛应用和技术创新等特点的人工智能产品。Kimi提供多种文案模板和创作工具,深刻理解不同品牌调性与市场需求,帮助用户快速生成既符合品牌风格又能触达目标受众的高质量文案。网页版Kimi的主页如图1-4所示。

图1-4

与其他AI工具相比,Kimi的优势在于具有超长文本处理能力。Kimi在处理长文本和复杂对话时,能够保持高度的连贯性和一致性,其无损上下文输入能力高达200万字左右。

另外，在处理长篇文档、网页内容或需要深入理解的复杂问题时，Kimi能够提供更全面、更准确的回答，减少因上下文截断而导致的理解偏差。

4. 文心一言

文心一言是百度公司推出的知识增强大语言模型，它融合了百度公司在自然语言处理领域的深厚积累。文心一言能够理解复杂的语言指令，生成高质量、多样化的文本内容，广泛应用于新闻稿撰写、广告文案创作、故事编写等多个领域。网页版文心一言的主页如图1-5所示。

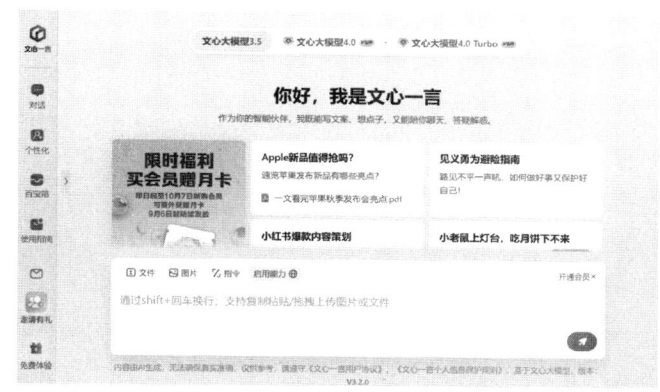

图 1-5

5. 讯飞星火

讯飞星火是科大讯飞股份有限公司研发的AI写作工具。依托强大的语音识别和自然语言处理技术，讯飞星火不仅支持文本创作，还能将语音转化为文字，进一步拓宽了创作渠道。凭借多领域的知识库和灵活的创作模式，讯飞星火成了许多创作者的常用工具。网页版讯飞星火的主页如图1-6所示。

图 1-6

6. 秘塔写作猫

秘塔写作猫是集智能写作、校对、改写等功能于一体的AI写作平台。它利用深度学习技术，为用户提供个性化的写作建议和优化方案。秘塔写作猫还具备丰富的写作模板和素材库，能够帮助用户快速完成高质量的文案创作。网页版秘塔写作猫的主页如图1-7所示。

图1-7

7. 通义

通义是阿里巴巴集团推出的AI助手，其文案创作功能基于强大的自然语言处理技术和知识图谱等。通义能够理解用户的复杂需求，生成符合语境和风格的文案内容，并且拥有广泛的应用场景和灵活的创作模式，是企业和个人用户的得力助手。网页版通义的主页如图1-8所示。

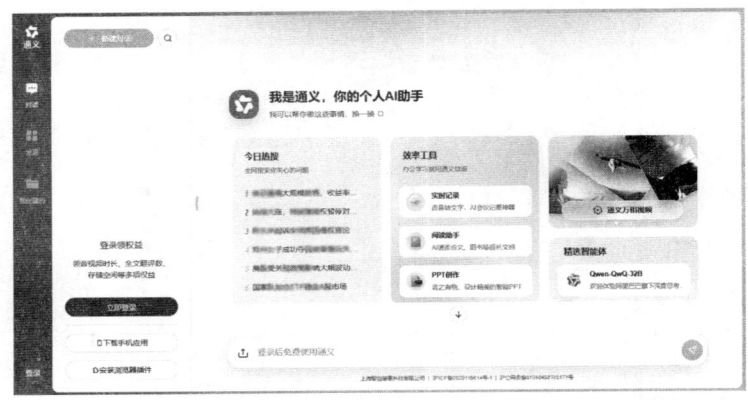

图1-8

8. 豆包

豆包是由字节跳动公司研发的智能助手工具，基于多模态大语言模型技术构建，主打高效交互与场景化服务能力。其核心特色在于深度融合自然语言理解、图像识别及实时信息处理功能，支持智能问答、创意内容生成（如文案撰写、图像设计）、多语言翻译、生活服务查询（如天气、交通等），以及个性化学习辅助，并通过轻量化设计实现低延迟响应。豆包依托字节跳动的海量数据与算法优势，具备动态学习用户偏好的能力，提供精准的个性化推荐，同时采用云端协同架构保障服务的流畅性。该工具注重隐私安全，通过数据加密与权限管理确保用户信息安全，支持移动端、网页等多平台无缝衔接，覆盖办公、教育、娱乐等多元场景，旨在以简洁易用的界面和智能交互体验提升日常效率，成为大众用户的生活与工作助手。网页版豆包的主页如图1-9所示。

图1-9

选择合适的AI文案写作工具需要综合考虑多种因素，包括需求、成本、易用性和用户评价等。通过仔细比较和评估不同工具的特点和优势，可以找到最适合自己的写作助手。

1.2.3 输入关键信息与指令

在利用AI工具进行高效内容创作的过程中，精准地输入关键信息与指令是确保生成内容质量的关键。下面我们将以DeepSeek工具为例，详细阐述如何执行这一操作。

1. 访问与登录

用户需要打开浏览器，输入DeepSeek的官方网址，或利用搜索引擎搜索

"DeepSeek"，找到并单击进入DeepSeek官方网站，如图1-10所示。

图 1-10

2. 选择创作模式

在DeepSeek的主界面，用户会见到一系列精心设计的创作模式或功能选项，这些模式覆盖了不同场景下的内容创作需求，如图1-11所示。

图 1-11

◎ 基础模式（V3）：快速响应，适合简单问答和文案生成。当用户需要快速获取一些信息或生成简单的文案时，可以选择基础模式。例如，生成一封请假邮件或回答一些基础问题。

◎ 深度思考（R1）模式：支持思维链展示，适合复杂推理和数据分析。当用户需要进行深入的思考和分析时，深度思考（R1）模式可以提供帮助。例如，解释复杂的物流知识或分析行业趋势。

◎ 联网搜索模式：整合最新信息，支持追踪动态事件。联网搜索模式适用于获取最新信息或追踪动态事件的场景。例如，查询某部电影的最新票房或了解某个行业的最新政策动态。

◎ 混合模式：用户可以根据实际需求，将基础模式（V3）、深度思考（R1）模式和联网搜索模式组合起来使用。例如，先使用基础模式（V3）生成一个初步的大纲，然后使用深度思考（R1）模式进行深入分析和推理，最后使用联网搜索模式补充最新信息。

用户应根据自身的实际需求，仔细选择最适合当前创作任务的模式。例如，你想撰写一篇关于"人工智能未来发展趋势"的文章，可以使用"基础模式（V3）"模式，直接在输入框里输入关键信息或指令，启动创作流程。

3. 输入关键信息并细化指令

为提升输出内容的精准度与深度，用户可进一步细化指令，提供更为详尽的描述或要求。例如，用户可以明确要求AI工具从"技术创新""应用场景""社会影响"三个方面阐述人工智能未来发展趋势。这样的细化指令不仅有助于AI工具更准确地把握创作方向，还能激发其生成更加丰富、全面且符合期望的内容。

> **向DeepSeek提问：**
> 请从"技术创新""应用场景""社会影响"三个方面阐述人工智能未来发展趋势。

DeepSeek的回答：

人工智能未来发展趋势如下。

一、技术创新

算法突破：深度学习将继续发展，强化学习、迁移学习等算法将进一步提升AI的效率和适应性。同时，类脑计算、量子计算等新技术的突破可能带来AI算法的变革。

数据驱动：数据规模和质量将持续提升，推动AI模型变得更加精准和智能。联邦学习等技术将促进数据共享，同时保护隐私。

多模态融合：文本、图像、语音等多模态数据的融合将增强AI对复杂信息的理解能力，推动人机交互向更自然的方向发展。

可解释性与安全性：随着AI应用范围的扩大，其可解释性和安全性将受到更多关注，相关技术也将加速发展。

二、应用场景

行业深度融合：AI将深入医疗、金融、制造、教育等领域，推动智能化转型，提升效率并降低成本。

个性化服务：AI将提供更精准的个性化推荐、定制化服务，改善用户体验。

自动驾驶与智慧城市：自动驾驶技术将逐步成熟，推动智慧交通和城市建设的发展，提升城市管理效率。

元宇宙与虚拟现实：AI将在元宇宙和虚拟现实中发挥关键作用，创造沉浸式体验和虚拟世界。

三、社会影响

就业结构变化：AI将替代部分重复性工作，同时许多新职业将被创造出来，就业结构将发生重大调整。

伦理与法律挑战：AI的广泛应用将带来隐私、安全、算法偏见等伦理和法律问题，需加强监管和规范。

数字鸿沟：AI可能加剧数字鸿沟，需采取措施确保技术公平普及。

人机协作：AI将更多地与人类协作，提升工作效率和生活质量。

总之，AI的未来充满机遇与挑战，技术创新、应用拓展和社会影响将共同推动其进步。

1.2.4 对生成的初稿进行审核与编辑

审核与编辑初稿是确保文案质量的关键。在正式审核与编辑之前，可以从以下几个方面进行初步校验。首先，需核对文案内容是否准确传达了需求与目标，检查是否存在逻辑错误、语法错误或拼写错误。其次，评估文案风格是否与预期相符，是否符合品牌调性。最后，需考虑文案的易读性和吸引力，确保能有效触达目标受众。

若经过初步校验，文案初稿已具雏形，就可以进入更为细致的审核与编辑阶段，具体步骤如下。

1. 深入审核内容

用户需对初稿内容进行全面而细致的审查。这一环节旨在确保文案信息准确无误，且核心观点鲜明突出，能够精准传达品牌理念与产品价值。特别是在处理涉及事实数据、产品特性描述等内容时，用户需格外谨慎，确保所有信息均经过核实，避免误导消费者。例如，在审核一款新手机的推广文案时，需仔细核对手机的各项参数与功能描述，确保其真实性与准确性。

2. 评估风格调性

用户需要对文案的语言风格、情感色彩及整体调性进行评估。这一环节要求严格对照品牌风格指南，确保文案的语言表达、情感传达及调性把握均与品牌形象保持一致。例如，一家主打年轻市场的运动品牌，其文案应充满活力与动感；而一家高端奢侈品品牌，则可能更倾向于采用优雅、低调的语言风格。若发现初稿风格与品牌调性不符，需及时调整输入参数或考虑更换AI工具，以寻求更符合品牌形象的创作方案。

3. 精心编辑与润色

确保内容无误且风格契合之后，就可以进入编辑与润色环节。此环节旨在通过优化语言表达、精练语句结构、调整段落布局等手段，进一步提升文案的吸引力与感染力。同时，保持语言风格的一致性，避免出现任何可能损害品牌形象或引起误解的表述。经过精心编辑与润色后，文案作品将更加精练、生动且富有说服力，为品牌传播与市场营销提供有力支持。

1.2.5 对初稿进行优化与调整

对初稿进行优化与调整是AI文案写作流程中不可或缺的一环。它要求我们在保证文案基本质量的基础上，通过深入分析目标受众、融入创意元素及优化格式与排版等方式，不断提升文案的吸引力和效果。

1. 分析目标受众后有针对性地调整

深入分析目标受众的特点和偏好，对初稿进行适应性调整。对于年轻受众，可适当融入时下流行的网络用语或热门话题，以拉近与受众的距离；而针对专业领域的目标群体，则需确保文案中的专业术语准确无误，展现品牌的专业形象。例如，在撰写科技产品文案时，详细且精确地描述产品技术特点，能够显著提升用户对品牌的信赖度。

2. 创意元素的融入

为了提升文案的吸引力和记忆点，可以在优化与调整阶段融入更多创意元素，包括采用新颖视角、构建独特场景或运用生动比喻等手法，使文案内容更加丰富有趣。例如，一款耳机的文案可以这样设计："当你戴上这款耳机，仿佛推开了一扇通往音乐世界的神秘之门。无论是狂热激情的摇滚乐，还是旋律悠扬的古典乐，都能瞬间涌入你的耳中，带你领略一场前所未有的音乐盛宴。每一次聆听，都仿佛是一场心灵的旅行，让你在音乐的海洋中畅游，感受每一个音符背后的故事和情感。"该文案不再仅仅强调耳机的音质和技术参数，而是通过构建一个独特的场景来吸引受众。这样的文案不仅生动有趣，还能激发受众的情感共鸣，加深他们对产品的印象。

3. 格式与排版的优化

文案的格式与排版直接影响读者的阅读体验。优化时，应确保文案结构清晰，段落划分合理，以便读者轻松获取文案信息。同时，设置明确的大标题和小标题，有助于读者快速抓住重点信息。此外，字体大小、颜色及行距的恰当搭配，能够提升文案的视觉美感，使整体看起来既专业又舒适。这样的排版设计能够吸引读者注意，促使他们更愿意花时间深入阅读文案内容。

1.3 AI 在文案写作中的应用

随着 AI 技术的飞速发展，AI 工具在文案写作领域的应用日益广泛，极大地提高了文案创作的效率与质量，为品牌传播和市场营销带来了革命性的变化。

1.3.1 AI 辅助文案构思

在文案创作过程中，特别是在构思阶段，AI 工具能够基于大数据分析和机器学习技术，为文案创作提供强有力的支持。以下是两个具体案例，展示了 AI 工具如何辅助文案构思。

案例 1　电商产品描述自动生成

面对电商平台上琳琅满目的商品，产品描述是否精准且具有吸引力决定了消费者的购买决策。下面以一款防水帐篷产品为例，为大家介绍 AI 工具辅助文案创作的过程。

（1）信息收集

用 AI 工具辅助收集该款防水帐篷的详尽规格参数，确保不遗漏任何细节。这些关键信息包括但不限于帐篷的材质（如优质涤纶，强调其耐用与轻便）、防水等级（明确指出 IPX7 或更高防水等级，体现其强大的防水性能）、产品重量（便于评估携带便利性）、尺寸范围（适合不同规模的露营团队），以及独特的搭建方式（如一键式快速搭建，简化操作流程）。

（2）用户与市场分析

AI 工具运用大数据分析能力，回顾并分析同类产品的用户反馈。在这一步骤中，AI 工具识别出用户普遍关心的要素，如产品的耐用程度、便携性及实际的防水效果。同时，结合当前露营文化的流行趋势，AI 工具能够预测出潜在消费者对防水帐篷的特定需求与偏好，为接下来的文案创作提供有力的支持。

(3) 描述生成

基于上述收集与分析的信息，AI工具迅速生成了一段简洁明了、吸引力强的产品描述："这款专业防水帐篷采用高密度涤纶+IPX7级防水科技，狂风暴雨也能保持内部干爽。独创一键自动支架系统，轻松一抛即刻成型，女生也能单手操作，告别复杂搭建！仅2.5kg超轻设计，折叠如矿泉水瓶大小，徒步旅行说走就走。90%用户复购认证：'三年不漏水''台风天稳如磐石'，现在下单还送防潮垫+收纳包，点击抢购，解锁无忧露营体验！"这段描述直接面向消费者需求，旨在促进购买决策的形成。

案例2 旅游目的地推广文案创作

在竞争激烈的旅游行业中，如何撰写出能够吸引目标游客的推广文案至关重要。下面以撰写一篇成都旅游推广文案为例，为大家展示用AI工具助力旅游目的地推广文案创作的具体方法。

(1) 全面信息整合

AI工具首先广泛收集关于成都的多元化信息，包括其壮丽的自然景观（如熊猫基地展现的生态和谐，都江堰工程的古老智慧）、底蕴深厚的历史文化（武侯祠承载着三国文化的厚重，杜甫草堂诉说着千年前的诗韵），以及丰富多彩的特色活动（锦里古街的夜市灯火辉煌，地道美食香飘四溢）。这些信息构成了推广文案的坚实基础。

(2) 精准受众分析

用AI工具深入分析不同游客群体的兴趣点和偏好，力求文案能够精准触达各类人群。例如，对于家庭游客，强调亲子活动的乐趣与意义；对于文化探索者，则突出历史遗迹的学术价值与独特魅力。这样的分析确保文案具有广泛的吸引力和更强的针对性。

(3) 高效文案创作

基于上述收集与分析的信息，AI工具快速生成了以下推广文案："成都，一座千年古城与现代都市交织的天府之国。在这里，您可以近距离观察大熊猫的憨态可掬，在武侯祠感悟三国风云的荡气回肠，于杜甫草堂领略诗圣笔下的唐风雅韵。当夜幕降临，锦里古街的灯笼渐次亮起，麻辣鲜香的川味与悠扬的川剧唱腔交织，邀您沉浸在这座城市独有的烟火人间。成都，正以它跨越千年的魅力，等待您的邂逅与探索。"这段文案直击人心，旨在激发游客对成都的无限向往。

1.3.2 AI优化文案语言

在文案创作中，AI工具的应用极大地提升了语言的精准性、吸引力和输出效率。AI工具能够基于大数据分析和自然语言处理技术，对文案进行智能优化，使文案更加符合目标受众的口味。

AI工具优化文案语言的具体流程如图1-12所示。

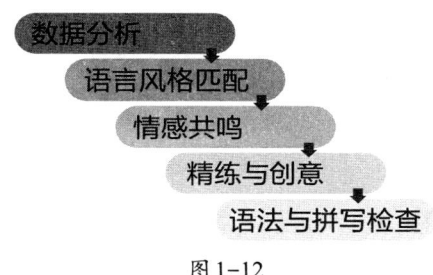

图1-12

（1）数据分析：AI工具首先会分析目标受众的行为数据、偏好及过往文案的表现数据，了解哪些元素（如词汇、句式、情感色彩）更受欢迎、哪些更可能引发负面反应。

（2）语言风格匹配：根据分析结果，AI工具会调整文案的语言风格，以更好地匹配目标受众的偏好。例如，对于年轻用户群体，会采用更加活泼、时尚的词汇和句式；而对于专业或高端用户，则更倾向于使用正式、专业的语言。

（3）情感共鸣：AI工具能够识别并融入能够引起情感共鸣的元素，如通过讲述故事、引用名言或强调产品/服务的独特价值，来激发读者的兴趣和认同感。

（4）精练与创意：在保证信息完整传达的前提下，AI工具会优化文案的表述，去除冗余，使句子更加精练。同时，AI工具也能通过算法生成新的创意点，为文案增添亮点。

（5）语法与拼写检查：AI工具能够通过自然语言处理技术自动检查文案中的语法错误、拼写错误及标点符号使用不当等问题，确保文案的准确性和专业性。

案例1 广告文案语言的优化

AI工具可以分析竞争对手的文案策略，并结合目标受众的反馈，生成既具有差异化竞争优势又具有很强吸引力的广告语。下面我们就来看看利用AI工具优化广告文案语言的具体案例。

📝 原始文案

快来购买我们的最新款手机！它拥有超大的屏幕、强大的处理器，还有超长的电池续航。无论你是游戏爱好者还是工作狂人，这款手机都能满足你的所有需求。现在下单，还有精美礼品相送！

📝 AI工具优化后文案

解锁未来科技，智启掌中时代！全新旗舰手机震撼上市，搭载巨幕视野，搭配性能怪兽级处理器，续航力持久至不可思议。无论您是沉浸式游戏世界的探险家，还是高效办公的职场精英，这款手机都能成为您的完美伙伴。限时抢购，更有独家好礼，让每一刻的精彩触手可及！

✅ 优化点分析：

◎ 情感共鸣：增加了"解锁未来科技"等词汇，激发读者的好奇心和探索欲。

◎ 具体描述：将"超大的屏幕"改为"巨幕视野"，使描述更加生动具体；将"强大的处理器"具象化为"性能怪兽级处理器"，增强产品的吸引力。

◎ 目标受众定位：明确区分了游戏爱好者和工作狂人两类潜在用户，并分别用"探险家"和"职场精英"来替代，使文案更具针对性。

◎ 限时促销：强调限时抢购和独家好礼，增加紧迫感，促使消费者尽快行动。

案例2 新闻稿语言的精练

AI工具可以快速整理新闻事件的关键信息，用精练、准确的语言进行报道，同时根据新闻的性质和受众特点，调整报道的角度和风格。下面以某新闻稿片段为例，使用AI工具对其进行语言优化。

> **原始新闻稿片段**
>
> 　　近日，我市成功举办了一场盛大的科技创新大会。此次大会吸引了来自全国各地的众多科技企业代表和专家学者参加。会上，多家企业展示了他们的最新科技成果，并进行了深入的交流和探讨。这些成果不仅体现了我国科技发展的最新进展，也为未来的科技合作提供了广阔的空间。
>
> **AI工具优化后新闻稿片段**
>
> 　　我市科技创新大会圆满落幕，汇聚全国科技精英，共谋创新发展。会上，前沿科技成果竞相亮相，深度交流激发合作新机遇，彰显我国科技实力跃升，为未来科技合作铺设宽广桥梁。

☑ 优化点分析

◎ 去除冗余：删除了"近日""众多科技企业代表和专家学者参加"等冗余表述，使句子更加简洁明了。

◎ 提炼核心：将"多家企业展示了他们的最新科技成果，并进行了深入的交流和探讨"提炼为"前沿科技成果竞相亮相，深度交流激发合作新机遇"，直接点明大会的核心内容和成果。

◎ 强化主题：通过"共谋创新发展""彰显我国科技实力跃升"等表述，强化了新闻稿的主题，即科技创新和合作的重要性。

◎ 使用修辞："铺设宽广桥梁"运用了比喻修辞手法，形象地描绘了科技合作的美好前景，增强了新闻稿的感染力。

1.3.3 AI实现个性化文案创作

　　AI工具在个性化文案创作中的应用日益广泛，它不仅提升了文案的针对性和吸引力，还极大地提高了创作效率和多样性。个性化文案创作结合了自然语言处理、传统机器学习、深度学习等多种技术，能够根据用户画像、行为数据、情感偏好等因素，自动生成符合用户个性化需求的文案内容。

案例1 电商平台的个性化推荐文案

在电商平台上,个性化推荐系统通过分析用户的浏览历史、购买记录、搜索行为及用户画像(如年龄、性别、兴趣偏好等),为用户生成个性化的商品推荐。为了进一步提升用户体验和转化率,电商平台还会结合AI技术,为这些推荐商品生成个性化的文案,使推荐更加贴心和吸引人。图1-13所示为淘宝平台根据用户的浏览历史进行的个性化商品推荐。

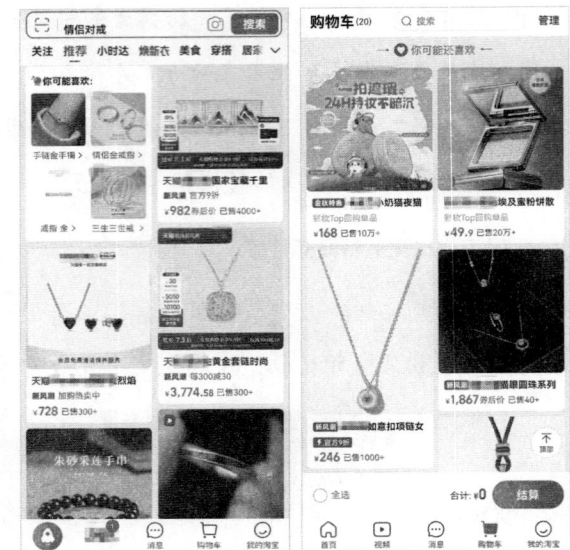

图1-13

▶▶ |AI实现过程|

(1) 数据收集与分析

系统收集用户的各类行为数据,包括购买记录、浏览商品详情页的时间、点击的商品类型、搜索的关键词等。同时,结合用户的基本信息(如年龄、性别、地理位置等)构建用户画像。

(2) 内容生成模型

利用自然语言处理技术,训练一个基于深度学习算法(如Transformer模型)的文案生成模型。该模型能够学习大量由人类编写的推荐文案,理解不同商品与文案之间的关联,以及不同用户群体偏好的语言风格。

(3) 个性化匹配

根据用户画像和当前推荐的商品信息,模型会进行个性化匹配。例如,针对年轻女性用户推荐时尚服饰时,文案可能更侧重于款式新颖、搭配建议等;而针对中老年用户推荐保健品时,文案则可能更强调健康益处和品质保证。

(4) 文案优化与测试

AI 工具生成个性化文案时会经过一系列优化步骤，如语法检查、语义连贯性评估等，以确保文案的质量。同时，通过 A/B 测试等方法，不断迭代优化模型，提高文案的点击率和转化率。

> **示例文案**
>
> 为年轻女性用户推荐时尚连衣裙的文案："夏日新宠！这款连衣裙，轻盈飘逸，让你在人群中脱颖而出。搭配一双款式简约的凉鞋，轻松驾驭各种场合，时尚度满分！"
>
> 为中老年用户推荐健康保健品的文案："关爱自己，从健康开始！这款保健品精选天然成分，科学配比，助您增强免疫力，享受健康晚年。"

案例 2 音乐平台的个性化歌单推荐文案

音乐平台通过用户的听歌历史、收藏歌曲、创建的歌单及用户的行为习惯（如听歌时间、地点等），为用户推荐个性化的歌单。为了增强推荐的吸引力和互动性，平台会利用 AI 技术为这些歌单生成个性化的推荐文案。图 1-14 所示为某音乐平台为用户推荐的个性化歌单。

图 1-14

▶▶ | AI 实现过程 |

（1）用户行为分析

分析用户的听歌行为，识别用户的音乐偏好、情感倾向及听歌场景。例如，用户喜欢在睡前听轻柔的爵士乐，或者在运动时偏好听动感的摇滚乐。

(2) 情感与主题识别

利用自然语言处理技术，对音乐库中的歌曲进行情感分析和主题分类。这有助于理解每首歌曲的情感色彩和所属的音乐流派，为歌单推荐提供基础。

(3) 文案生成

基于用户的音乐偏好和歌单的主题，生成富有感染力和吸引力的推荐文案。文案能够准确传达歌单的情感氛围和主题特色，同时激发用户的兴趣和好奇心。

(4) 个性化调整

根据用户的个人特点和听歌习惯，对文案进行个性化调整。例如，对于喜欢探索新音乐的用户，文案可以更加侧重于介绍歌单中的新发现；而对于怀旧情结较重的用户，文案则可以更多地强调经典歌曲的回忆价值。

> **示例文案**
>
> 睡前放松歌单推荐文案："晚安，亲爱的。让这轻柔的旋律伴你入梦，每一首歌都是心灵的抚慰，带你进入甜美的梦乡。"
>
> 动感运动歌单推荐文案："燃烧你的卡路里！这份动感歌单为你的运动之旅注入无限活力，点燃你的运动激情，让汗水见证你的蜕变！"

1.3.4 AI 在情感化文案中的应用

情感化文案作为连接品牌与消费者情感的桥梁，其重要性不言而喻。AI 工具通过深度学习、自然语言处理等先进技术，能够模拟人类情感，创作出更加贴近人心、富有感染力的文案内容。下面将通过两个具体的案例来探讨 AI 工具在情感化文案中的应用。

案例 1　节日营销的情感化文案

▶▶ | 案例背景 |

情人节前夕，某电商平台精心筹备了一场以"爱，尽在此刻"为主题的营销活动。

通过精准把握情人节的文化内涵与用户的情感需求，该平台旨在打造一场触动人心的购物盛宴，促进情感与消费的深度融合。该电商平台利用AI工具为此次情人节营销活动创作了一些情感化文案，如图1-15所示。

> 爱，此刻升温——情人节特惠，让浪漫触手可及。
> 情定此刻，爱满心间——精选好物，为爱加冕。
> 星光下的誓言，爱意在此刻凝固——精选情人节礼物，让爱永不褪色。
> 爱，不言而喻——情人节精选，传递心底的温柔。
> 爱，即刻启程——情人节特惠，与爱人共赴美好时光。

图 1-15

▶▶ | AI应用实践 |

（1）精准情感洞察

利用AI技术，平台深入剖析历史用户数据，精准把握情人节期间用户对浪漫、温馨及惊喜的情感期待。通过先进的情感识别算法，AI工具为营销活动绘制了详尽的情感蓝图，为后续文案创作提供了坚实的情感支撑。

（2）创意文案定制

情感洞察结果，AI创意团队精心打造了一系列情感化文案，如"星光下的誓言，爱意在此刻凝固——精选情人节礼物，让爱永不褪色"等。这些文案不仅紧扣节日主题，还以细腻的描述触动用户心弦，激发了强烈的购买欲望与情感共鸣。

（3）智能优化与测试

为确保文案效果最大化，AI工具采用A/B测试方法，对多个文案版本进行快速迭代与效果评估。通过实时数据分析，AI工具精准识别出最受用户欢迎的文案组合，并据此进行大规模推广。这一过程不仅提升了营销活动的精准度，而且有效提升了销售转化率。

案例效果

此次情人节营销活动得益于AI工具生成的情感化文案，该电商平台不仅成功吸引了大量情侣的关注与参与，还显著提升了品牌好感度和销售额，实现了情感营销与商业效益的双赢。

案例2　品牌故事的情感化叙述

▶▶ │案例背景│

面对激烈的市场竞争，一个拥有百年传承的咖啡品牌要深入挖掘并讲述其独特的品牌故事，以此触动消费者的心弦，增强品牌认同感与忠诚度。该咖啡品牌利用AI工具创作的品牌故事文案如图1-16所示。

在岁月的长河中，有一个咖啡品牌静静诉说着它的百年传奇。从初创时的一间简陋工坊到如今遍布全球的温馨角落，它见证了无数次日月交替，也承载了无数人的情感记忆。

"从一粒种子到一杯香醇的咖啡，我们跨越世纪，只为传递那份对完美的不懈追求与对美好生活的共同向往。"这句话如同品牌的灵魂，贯穿了它的整个发展历程。每一粒精选的咖啡豆都经过了阳光雨露的滋养，在匠心独运的烘焙中，化作一杯杯香浓四溢的咖啡，温暖了无数人的心房。

品牌创始人怀抱一颗匠人之心，不断探索与创新，不仅将咖啡视为一种饮品，还视为一种生活的艺术。他坚信，每一杯咖啡都应该讲述一个故事、传递一份情感。这份信念被一代代传承下来，成为品牌不可磨灭的印记。

如今，这个咖啡品牌店更像是一个情感的港湾，让人们在忙碌的生活中找到片刻的宁静与温暖。每一次踏入这里，都能感受到那份跨越世纪的坚持与热爱，仿佛时间在这一刻凝固，只留下咖啡的香气与心中的美好向往。

图1-16

▶▶ | AI应用实践 |

（1）故事深度挖掘

AI智能系统广泛收集品牌档案、创始人回忆录、顾客口碑等多元化资料，运用先进的数据分析技术，精准提炼出品牌发展历程中的感人瞬间与核心价值。从初创的艰辛到每一次创新的突破，AI工具捕捉到了品牌背后的情感力量。

（2）情感化叙事重构

基于挖掘出的丰富素材，AI工具以人性化的语言风格重新编织品牌故事。这个品牌故事不仅讲述咖啡豆的种植与烘焙工艺，而且着重描绘品牌如何匠心独运，将每一杯咖啡都赋予了生活的温度与情感。"<u>从一粒种子到一杯香醇的咖啡，我们跨越世纪，只为传递那份对完美的不懈追求与对美好生活的共同向往。</u>"这样的叙述让品牌故事在字里行间充满温情。

（3）多媒体情感融合

AI工具进一步发挥其技术优势，将品牌故事与视觉、听觉艺术完美融合。通过智能图像识别技术，为故事配上历史照片、精美插画；利用音频处理技术，加入悠扬的背景音乐与创始人亲述的语音片段。最终，一个集图文、音视频于一体的品牌故事短片应运而生，为消费者带来了一场沉浸式的情感之旅。

● 案例效果

> 通过AI工具辅助的情感化叙述，该咖啡品牌成功地向消费者传递了品牌的温度与情怀，加深了消费者对品牌的认知与情感连接，有效提升了品牌忠诚度。

1.3.5 AI助力文案效果监测

AI技术正深刻变革营销领域，通过实时监测、情感分析、受众细分及预测优化等功能，助力品牌精准监测文案效果，提升广告互动与转化率。以下两个案例分别展示了AI工具在社交媒体广告文案与产品推广文案优化中的成效。

案例1　社交媒体广告文案效果监测

▶▶ ｜案例背景｜

某高端时尚品牌筹备了一场盛大的新季服装发布活动，并计划在微博、微信、抖音等热门社交媒体平台上同步推出广告。为了在这场时尚盛宴中实现广告效果最大化，该品牌决定借助AI技术的力量，对广告文案效果进行全方位、精细化的监测与优化。

▶▶ ｜AI应用实践｜

（1）实时监测与分析

AI系统如同品牌的智能眼睛，24小时不间断地扫描各大社交媒体平台，精准捕捉每一条广告的曝光量、点击率、点赞、评论及分享数据。通过先进的数据分析模型，AI工具迅速筛选出那些在众多文案中脱颖而出的"明星"组合。比如在抖音平台上，一段结合潮流音乐与创意短片的文案，其点击率远超其他，成为平台上的热门话题。

（2）情感倾向分析

利用自然语言处理技术的深度挖掘，AI工具不仅统计了用户对文案的反馈数量，还深入情感层面，分析出用户对文案的喜好与态度。例如，一条强调服装材质与工艺的文案，因其真诚而专业的描述，赢得了大量用户的正面评价，从而提升了品牌的专业形象。

（3）受众细分与优化

AI工具根据用户的浏览历史、购买记录及社交行为等多维度数据，将目标受众细分为多个精准群体。针对不同群体的兴趣与偏好，AI工具量身定制了个性化的文案策略。例如，针对年轻女性群体，文案更加注重时尚感与情感共鸣，成功吸引了大量年轻消费者的关注。

（4）预测与优化建议

基于丰富的历史数据与当前市场趋势，AI工具不仅评估了当前文案的效果，还对未来文案的表现进行了预测，并提供了详尽的优化建议。品牌据此快速调整文案内容、投放策略及平台选择，确保了广告效果的最大化。

> **案例效果**
>
> 通过AI工具助力文案效果监测与优化措施，该时尚品牌不仅成功吸引了大量目标受众的关注与参与，还显著提升了广告的互动率与转化率。更重要的是，品牌与消费者之间的情感联系得到了加强，为品牌的长期发展奠定了坚实的基础。

案例2　产品推广文案效果对比

▶▶ ｜案例背景｜

面对竞争激烈的智能穿戴市场，某电子产品公司推出了一款集高科技与时尚于一体的新型智能手表。为精准触达潜在客户，公司启动了多版推广文案的A/B测试，借助AI技术快速筛选出最有效的文案组合。

▶▶ ｜AI应用实践｜

(1) 文案设计与分组

该公司精心策划了4组文案，分别聚焦于产品功能创新、高性价比、卓越用户体验及情感共鸣。AI系统自动将这些文案随机分配至不同的测试组，确保每组文案覆盖广泛的用户群体。

(2) A/B测试与数据分析

利用AI工具，该公司同时向多个目标用户群体展示不同文案。AI工具实时追踪用户行为，包括点击率、页面停留时间及最终转化率，为每组文案的表现提供量化评估。

(3) 效果对比与评估

通过AI工具的深度分析，该公司迅速识别出一组以"未来生活，尽在手腕掌控"为主题的文案，其独特的视角和引人入胜的表述方式，在吸引用户注意力和激发用户购买欲望方面表现尤为突出。同时，AI工具还揭示了不同年龄、性别及兴趣偏好的用户对文案的差异化反应。

(4) 优化建议与迭代

基于测试结果，AI工具向该公司提出了多项优化建议，如微调文案措辞以增强情感共鸣，或调整推广渠道以更精准地触达目标用户。该公司迅速采纳建议，对文案进行迭代，并优化投放策略，进一步提升了推广效果。

> **案例效果**
>
> 　　此次AI工具助力的推广文案对比测试，不仅帮助该公司找到了与目标用户群体高度契合的推广文案，还显著提升了智能手表的市场曝光量和销售转化率。更重要的是，该公司积累了丰富的市场数据和用户洞察，为未来的产品推广和市场策略制定提供了坚实的数据支撑和决策依据。

1.3.6 AI基于数据的文案优化建议

在当今数字化时代，AI技术已成为文案优化的重要工具。通过深度分析用户数据、市场趋势及文案本身的表现，AI工具能够提供精准、高效的优化建议，帮助企业和个人提升文案的吸引力和转化率。

案例1　电商产品描述优化

▶▶　|案例背景|

随着消费者对厨房电器品质要求的不断提升，一家高端家电电商企业发现其主打电饭煲的购买转化率未能达到预期。为了打破销售僵局、增强产品竞争力，企业决定引入AI技术对产品描述进行深度优化，旨在吸引更多潜在顾客，加速购买决策。

> **✐原产品描述文案**
>
> 　　"【美味烹饪大师】××品牌电饭煲，精选优质材料，智能控制，让每一餐都香糯可口。一键操作，轻松享受家常美味。满足多种烹饪需求，是您厨房中的得力助手。"

AI工具优化建议如下。

◎ 强化技术亮点：介绍电饭煲采用的先进烹饪技术，如IH加热、多段温控等，以及这些技术如何提升烹饪效果。

◎ 细化功能解析：清晰列出电饭煲的主要功能及优势，如预约煮饭、保温保鲜、多种烹饪模式等，同时强调操作的简便性。

◎ 个性化使用场景：根据不同家庭或个人的饮食习惯提供使用建议，如宝宝辅食的制作方法、健康粗粮的制作技巧等，增加产品的实用性和吸引力。

◎ 情感化叙述：融入温馨的家庭场景或用户的真实体验，构建情感连接，让顾客感受到使用该产品能提升生活品质。

优化后的产品描述文案

【智能烹饪，美味每一刻】××品牌电饭煲，以科技引领厨房新风尚。

技术革新，烹饪新体验：采用IH立体加热技术，搭配多段温控系统，确保每一粒米都能均匀受热，口感香糯饱满。每一顿饭，都是对味蕾的极致宠爱。

功能全面，一键操作：集预约煮饭、智能保温、多种烹饪模式等功能于一身，无论是忙碌的工作日还是悠闲的周末，都能轻松满足您的不同烹饪需求。一键启动，美味即刻呈现。

场景多样，设计贴心：无论是制作宝宝营养辅食，还是制作家庭健康粗粮，××品牌电饭煲都能完美胜任。我们关注每一个细微需求，为您的家庭生活增添更多温馨与便利。

用户故事，共享幸福："自从有了这款电饭煲，家里的饭菜变得更加美味可口，连孩子也爱上了吃饭的时光。"——来自温馨家庭的真实分享，让我们一起感受烹饪带来的幸福与满足。

案例效果

该电商企业积极采纳了AI工具的优化建议，对电饭煲的产品描述文案进行了全面升级并成功上线。优化后的文案凭借先进的技术亮点、全面的功能解析、个性化的使用场景及情感化的叙述方式，迅速吸引了大量潜在用户的关注。在短短数日内，该电饭煲的点击率、加购率及转化率均实现了显著增长。用户反馈热烈，纷纷表示对产品的烹饪效果非常满意，并愿意向亲朋好友推荐。

案例2 社交媒体广告文案优化

▶▶ |案例背景|

一家时尚服饰公司计划通过社交媒体平台推广新款春季连衣裙,但初步设计的广告文案未能有效吸引目标受众的注意,点击率和转化率均不理想。为了提升广告效果,该公司决定借助AI技术优化文案,以期在竞争激烈的社交媒体环境中脱颖而出,吸引更多潜在顾客。

🖊 原广告文案

【春日新风尚】快来抢购××品牌春季连衣裙,设计优雅,面料舒适,让你成为街头最亮的风景线!限时优惠,错过等一年!

AI工具优化建议如下。

◎ 精准定位目标群体:根据品牌历史数据和社交媒体用户画像,明确目标受众的年龄、兴趣及消费习惯,调整文案风格,使文案更贴近用户的喜好。

◎ 强调独特卖点:突出连衣裙的独特设计元素或面料特性,如采用环保材料、独特剪裁等,以区别于其他同类产品。

◎ 引发情感共鸣:融入情感元素,讲述穿着这款连衣裙能带来的美好体验或情感价值,如自信、优雅等。

◎ 营造紧迫性:巧妙运用限时、限量等词汇,增加购买的紧迫性,促使目标受众尽快行动。

◎ 加入互动元素:加入提问、邀请用户分享自己的穿搭照片等互动元素,提高用户的参与度和广告的传播力。

🖊 优化后的广告文案

【春日里的优雅秘密】解锁××品牌春季限量款连衣裙,以环保丝绸轻抚肌肤,独特剪裁勾勒曼妙身姿。穿上它,不仅是时尚的选择,还是对自我风格的坚持。想象一下,漫步在春日花海,每一步都散发着自信与优雅。现在下单,前100名顾客还将获得定制配饰一份,让美丽不再等待!快来分享你的春日穿搭故事,让我们共同见证美好的发生吧!

> **案例效果**
>
> 该公司采纳了AI工具的优化建议,对社交媒体广告文案进行了精心调整并重新发布。优化后的文案不仅精准定位了目标群体,还通过强调独特卖点、引发情感共鸣、营造紧迫性及加入互动元素等多种手段,极大地提升了广告的吸引力和互动性。广告发布后,短时间内显著提升了曝光量、点击率和转化率。用户纷纷在评论区留言分享自己的穿搭照片和购买体验,形成了良好的口碑效应。优化后的文案不仅促使该品牌新款春季连衣裙的销售额显著增长,而且提升了该品牌在社交媒体上的影响力和美誉度。

1.4 AI文案工具操作要点

在AI文案写作中,正确使用AI工具是确保高效和高质量输出的关键。了解并掌握AI工具的操作要点,可以帮助用户更好地利用AI技术进行文案创作,从而提升工作效率并优化文案质量。

1.4.1 DeepSeek的注册、登录与有效提问

DeepSeek平台的注册及登录确保了用户身份的唯一性和信息的安全,为个性化服务提供基础;有效的提问能提高回答的质量,促进知识的积累与传承。

1. DeepSeek的注册及登录

通过注册,用户可以享受个性化的服务,如问题追踪、回答记录等,这不仅提升了用户的使用体验,也增强了用户的归属感。具体的注册及登录步骤如下。

(1)用户需要访问DeepSeek的官方网站,单击"开始对话",如图1-17所示。

图 1-17

（2）系统自动跳转至登录页面，可选择"验证码登录""密码登录""使用微信扫码登录"等方式。这里以选择"验证码登录"为例，填入手机号，单击"发送验证码"按钮，如图 1-18 所示。

（3）根据提示获取验证码并填写，然后选中"我已阅读并同意用户协议与隐私政策，未注册的手机号将自动注册"选项，单击"登录"按钮，如图 1-19 所示。

图 1-18　　　　　　　　　　图 1-19

（4）系统自动登录并跳转至提问页面，在输入框中输入问题或指令，DeepSeek 会根据上下文进行回答，如图 1-20 所示。

图 1-20

2. DeepSeek的有效提问

有效提问是DeepSeek平台价值的核心体现。如果问题或指令清晰、具体，就能提高回答的质量，同时也能为其他遇到类似问题的用户提供有价值的参考。有效提问的5个黄金法则及示例见表1-1。

表1-1 有效提问的5个黄金法则及示例

法则名称	错误示例	正确示例
明确需求	帮我写点东西	我需要一封求职邮件，应聘新媒体运营岗位，强调3年短视频运营经验
提供背景	分析这个数据	这是一家冷饮店过去3个月的销售数据，请分析周末和工作日的销量差异（附CSV数据）
指定格式	给出几个营销方案	请用表格形式列出3种火锅店元旦促销方案，包含成本预估和预期效果
控制长度	详细说明	请用300字左右解释供应链技术，让完全不懂技术的老人都能听懂
及时纠正	重写	这个方案成本太高，请提供预算控制在800元以内的版本

1.4.2 AI 有效提问技巧

在利用AI文案工具进行创作时，有效提问是激发AI工具生成优质内容的第一步。以下是几个有效的提问技巧。

1. 明确目标

任何创作活动的起点都是设定明确的目标。在利用AI工具时，首要任务是清晰界定创作目的或待解决的问题。例如，若目标是撰写一篇关于智能手表的推广文案，向AI工具提问时应直接指出："请为我撰写一篇关于智能手表的推广文案，强调其健康监测功能和时尚设计，面向科技爱好者和健康意识强的消费者。"这样的提问让AI工具能够更准确地把握我们对生成内容的需求。

2. 找准关键词

关键词是连接用户与AI工具的桥梁。使用准确、具体的关键词来描述我们的需求，可以显著提高AI工具理解我们意图的准确度，并引导它生成更加贴近主题的内容。同时，要避免使用模糊或泛泛而谈的词汇，如"很好""不错"等，而应选择如"精准监测心率""超长待机时间"等具体、可量化的描述。例如，向AI工具提问时可以说："请突出智能手表'24小时不间断心率监测'的功能。"

3. 结构化提问

结构化提问有助于将复杂的大问题拆解为简单、易于处理的若干小问题，引导AI工具更系统地思考和回答。例如，向AI工具提问时可以先问："智能手表的主要功能有哪些？"再根据AI工具的回答进一步提问："如何将这些功能与用户需求结合，编写吸引人的文案？"这种结构化分步提问的方式有助于确保文案内容的全面性和连贯性。

4. 情境设定

设定一个具体的情境或场景，可以激发AI工具生成更加生动、有代入感的文案。通过描述一个用户在使用产品时的真实场景，可以引导AI工具创作出更加贴近用户实际需求的文案内容。例如，向AI工具提问时可以说："一位都市白领在忙碌的工作间隙，通过智能手表快速查看自己的健康数据。请基于这一场景创作一段文案。"

5. 开放性与引导性并重

在提问时，既要保持问题的开放性，以激发AI工具的创造力和想象力；又要适当给予引导性提示，以确保AI工具输出内容符合你的基本期望。这种平衡有助于在保持内容多样性的同时，确保文案的准确性和有效性。例如，向AI工具提问时可以说："请自由发挥创意，但务必包含智能手表的核心卖点，并体现出智能手表为用户带来的便捷与舒适。"

6. 多次尝试与调整

不要害怕尝试不同的提问方式。通过多次试验和对比不同提问下 AI 工具的回应，不断调整和优化提问策略，直至找到最适合自己需求的提问方式。这种持续迭代的过程是提升 AI 文案创作效率和质量的重要途径。

> **案例** 智能家居设备控制

随着智能家居技术的飞速发展，如何精准地传达其便捷与高效，成为市场营销中的一大挑战。接下来，我们将通过一个具体案例，展示如何运用 AI 提问技巧，巧妙构思并编写出引人入胜的智能家居设备控制文案。

（1）明确目标

提问示例："请为我设计一段智能家居设备控制的推广文案，重点展示其通过语音控制实现全屋智能互联的便捷性，以及如何通过手机 App 远程操控提升生活品质，目标受众为科技追求者和注重生活质量的都市家庭。"

（2）找准关键词

提问示例："请特别强调智能家居设备的'无缝语音交互'能力，以及'跨设备远程控制'的灵活性，让文案能够清晰地表现这些核心优势。"

（3）结构化提问

第一步提问："智能家居设备主要提供哪些控制方式？每种方式的优势是什么？"

基于 AI 工具的回答做进一步提问："在了解了主要控制方式后，构思一个场景，展示用户如何在早晨起床时通过语音指令自动开启窗帘、咖啡机，并在离家时通过手机 App 一键关闭所有电器，从而提升生活便利性。"

（4）情境设定

提问示例："设想一个周末的早晨，用户躺在床上，只需简单地说一句'早安'，智能家居系统便自动开始工作：窗帘缓缓拉开，阳光洒入房间，咖啡机开始煮咖啡，同时智能音箱播放用户喜爱的音乐。请基于这个场景创作一段引人入胜的文案。"

（5）开放性与引导性并重

提问示例："请发挥创意，构想一个新颖的故事或场景来展示智能家居设备如何改变人们的生活方式，注意确保文案中明确提到语音控制和远程操控的便利性，以及这些功能如何帮助用户节省时间、提升生活品质。"

（6）多次尝试与调整

提问示例："第一次创作的文案虽然创意十足，但似乎对远程控制的便利性强调不够。请再次创作，重点突出用户外出时通过手机 App 远程操控家中设备的安心与便捷，比如检查家中安全状况、提前开启空调等。"

1.4.3 人工润色与 AI 辅助润色的结合使用

在内容创作和编辑方面，人工润色与 AI 辅助润色的结合使用已成为一种高效且富有成效的方法。这种结合不仅提升了工作效率，还保证了内容的质量与个性化。

1. 人工润色的优势

（1）情感与创意：人工润色能够深入理解并传达文本中的情感色彩和创意元素，确保内容在表达上更加贴近目标受众。

（2）深度理解与逻辑：人类具有强大的逻辑思维和上下文理解能力，能够确保内容的连贯性和深度。人工润色能够调整句子结构、优化段落布局，使内容更易于理解和接受。

（3）个性化与风格：每个作者或品牌都有其独特的风格，人工润色能够保持或强化这种个性化，使内容更具辨识度和吸引力。

2. AI 辅助润色的优势

（1）高效性：AI 工具能够迅速处理大量文本，快速识别并修正常见的语法错误、拼写错误和标点符号问题，这大大提高了编辑工作的效率。

（2）数据驱动：AI 工具基于大数据和机器学习算法，能够分析大量文本数据，识别出常见的语言模式和表达习惯，这使得 AI 工具在提供词汇替换、句式调整等建议时更加准确和有针对性。

（3）自动化处理：AI 工具能够自动化处理一些重复性高、耗时长的编辑任务，如格式调整、术语统一等，这减轻了人工编辑的负担，使人们能够专注于更具创造性的工作。

3. 结合使用的策略

（1）初步筛选与自动化处理：先利用 AI 工具对文本进行初步筛选和自动化处理，快速解决基本的语言问题，包括语法检查、拼写校正、格式调整等。

（2）人工深度润色：在 AI 工具处理的基础上，由人工对文本进行深度润色，包括调整句子结构、优化段落布局、增强情感表达、保持个性化风格等，确保润色后的内容既符合语言规范，又能够吸引目标受众。

（3）反馈循环与持续优化：将人工润色后的内容再次输入 AI 工具，做进一步的评估和优化。AI 工具可以基于新的内容提供新的建议或修正方案，而人工编辑可以根据这些建议进行微调或确认。这种循环反馈有助于不断优化润色效果，提升内容质量。

案例 润色广告营销文案

原文案

大促销！快来抢购我们的最新产品，价格超低，品质有保证！错过今天，再等一年！快来成为我们的幸运顾客吧！

润色后的文案

【超值特惠】"我们精心打造的最新产品，以史无前例的优惠力度震撼上市！每一份产品都承载着我们对品质的极致追求与承诺。这不仅是一次购物，还是一场关于品位与价值的盛宴。"

【限时尊享】"我们深知您的期待，因此特设限时折扣，只为让这份精致触手可及。错过此刻，或许您将遗憾整年。"

> 【幸运专享】"成为我们的尊贵顾客，不仅意味着您将拥有超值好物，还意味着您将开启一段专属的尊享体验之旅。我们诚邀您一同见证这份来自未来的惊喜。"
>
> 【行动号召】"别让犹豫成为遗憾，立即行动，拥抱这份专属于您的精彩！让每一次选择都成为提升生活品质的明智之举。"

☑ **润色分析**

（1）情感共鸣：润色后的文案通过"震撼上市""极致追求与承诺"等词汇，增强了文案的情感色彩，使受众感受到品牌的诚意与产品的独特性。

（2）价值塑造：明确指出了产品的"超值好物"属性和"专属尊享体验"，提升了产品的价值。

（3）紧迫感营造："限时尊享""错过此刻，或许您将遗憾整年"等表述，巧妙地营造了紧迫感，促使受众尽快采取行动。

（4）行动号召：通过"立即行动""拥抱这份专属于您的精彩"等强有力的号召语，直接引导受众进行购买。

（5）语言优化：整体语言更加流畅、生动，符合广告文案的语言风格，同时保留了原文案中的关键信息，如"价格超低，品质有保证"。

1.4.4 AI 生成文案的常见问题及解决方法

AI生成文案虽然给我们带来了极大的便利，但也存在一些常见问题。以下是针对这些问题的分析及相应的解决方法。

1. 生成错误或不准确的文案

原因分析：这可能是由于数据源的质量问题或模型训练不足导致的。AI工具依赖大量的数据进行训练，如果数据源存在错误或偏差，生成的文案也会受到影响。此外，模型训练时间不足或参数设置不当也可能导致生成的文案不准确。

解决方法：首先，应检查数据源的质量，确保使用权威、准确的数据进行训练；其次，增加模型的训练时间，优化训练参数，以提升模型的准确性和稳定性。

2. 生成速度缓慢

原因分析：这通常与硬件资源不足或网络问题有关。AI工具需要大量的计算资源来支持其运行，如果硬件设备性能不足或网络连接不稳定，就会导致生成速度变慢。

解决方法：升级硬件设备，如增加内存、更换更快的处理器等，以提升计算能力。同时，检查网络连接，确保网络稳定，减少因网络延迟导致的生成速度下降问题。

3. AI工具无法理解或正确执行指令

原因分析：这可能是由于指令模糊或上下文信息不足导致的。AI工具在理解指令时需要足够的上下文信息来辅助判断，如果指令模糊或缺乏必要的背景信息，就可能导致生成结果不符合我们的预期。

解决方法：确保指令清晰明了，避免使用模糊的表述。同时，为AI工具提供更多的上下文信息，以帮助它更好地理解和执行指令。

4. 生成重复或雷同的内容

原因分析：这可能是由于数据源单一或模型训练策略不当导致的。如果AI工具仅依赖有限的数据源进行训练，就可能导致生成的内容缺乏多样性，出现重复或雷同的情况。

解决方法：拓宽数据来源，增加数据的多样性。同时，调整模型的训练策略，如增加重复惩罚系数等，以鼓励其生成更多样化的内容。

5. 缺乏情感和创造力

原因分析：AI工具虽然能够模拟人类的写作过程，但在情感和创造力方面仍存在不足之处。由于它们缺乏真正的理解和感受能力，因此在生成涉及情感或创意性较强的文案时显得力不从心。

解决方法：在生成这类文案时，可以结合人工编辑来弥补AI工具的不足。通过人工的介入和调整，可以使生成的文案更加符合人类的审美和情感需求。

02 CHAPTER

第二章

AI 文案写作基本技能

随着AI技术的飞跃发展，文案创作迎来了智能化变革的新篇章。本章将深入剖析AI文案写作的基本技能，从策划爆款选题到搭建高效写作框架，再到打造吸引人的标题、开头与结尾，每一步都将展现AI如何精准赋能，助力创作者突破传统界限，轻松驾驭文案创作，引领内容营销的新风尚。通过实战案例，我们将解锁DeepSeek的精妙用法，让创意与效率并进，共同开启AI文案写作的无限可能。

2.1 AI 助力策划爆款选题

在内容为王的时代，如何策划出爆款选题很关键。AI 技术的融入，让选题策划更加精准高效。本节将揭秘 AI 如何助力捕捉热点趋势，以借势思维激发创意，让创作者轻松策划出吸引人的爆款选题。

2.1.1 掌握策划爆款选题的要点

一个成功的爆款选题往往能够迅速获得大量的关注，成为传播的焦点。掌握策划爆款选题的要点，是每位文案创作者必备的技能。以下是一些关键要素，能够帮助大家快速策划出吸引人的爆款选题。

1. 紧跟热点趋势

在瞬息万变的时代，时事热点、社会动态及节日庆典等话题层出不穷。文案创作者需保持敏锐的洞察力并及时捕捉这些热点，巧妙地将它们融入自己的内容领域。通过独特的视角和深入的解读，为受众提供新颖的观点和见解，从而获得大量的关注。

例如，在国庆假期来临之前，某旅游公众号以"国庆逆向旅游"为核心，精心策划了一篇标题为"国庆逆向旅游，网友推荐4个特别冷门又值得去的城市！看看是不是真的冷～"的文章，深度挖掘并呈现小众旅行地相关内容，如图2-1所示。精选景点，融合国

图 2-1

庆氛围，以独特视角解锁旅行新体验。这不仅满足大众探索未知的需求，而且彰显了平台选题的敏锐性与创意性，引发广泛讨论与关注。

2. 满足用户需求

深入了解目标受众是策划爆款选题的前提。通过市场调研、构建用户画像及收集反馈信息等方式，文案创作者可以精准地把握受众的需求、兴趣及痛点。基于这些信息，能够策划出解决受众实际问题或满足其情感需求的选题，使内容更具针对性和吸引力。

例如，针对年轻人群的时间管理焦虑，某自媒体精心策划了爆款选题"'3+1+2'真的可以克服拖延症"，如图2-2所示。该选题直击年轻人的痛点，以新颖实用的方法论为核心，不仅提供了高效的时间管理策略，还激发了广大年轻读者的共鸣与实践欲望，因此迅速在社交媒体上走红。

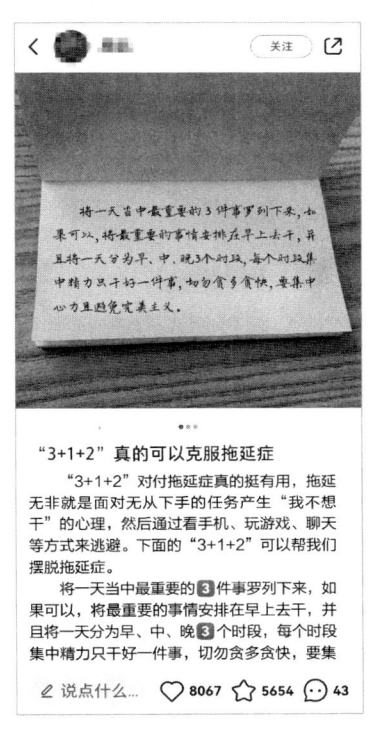

图 2-2

3. 独特性与创新性

在内容同质化日益严重的当下，独特性和创新性成为爆款选题的重要特征。文案创作者需勇于尝试新的观点、角度或表达方式，以差异化的内容吸引受众的眼球。同时，利用AI等现代技术与工具进行创意碰撞和灵感激发，为选题注入更多新鲜元素，使选题从众多内容中脱颖而出。

例如，某新媒体账号以独特视角发布了一篇标题为"未来已来！AI技术如何重塑我们的生活"的文章，通过深度剖析AI技术的影响，激发公众对未来生活的无限遐想，迅速成为科技领域的热门话题，如图2-3所示。

4. 情感共鸣

情感是连接创作者与受众的桥梁。挖掘选题中的情感元素，引发受众强烈的共鸣和思考，这样能够增强内容的感染力和传播力。

例如，一篇标题为"那些年，我们一起追过的人生梦想——关于青春、奋斗与回忆的故事"的新媒体文章，通过回忆往昔、展望未来，成功激发了读者的情感共鸣，如图2-4所示。

5. 实用性与可分享性

实用性是内容价值的体现，可分享性则是扩大内容传播范围的关键。文案创作者需确保选题内容具有实用价值，能够为受众提供有用的信息、技巧或解决方案。同时，优化内容的呈现形式和语言风格，使其易于被受众理解和接受，并具备较高的可分享性。这样不仅能够提升受众的满意度和忠诚度，还能

图 2-3

图 2-4

激发受众的传播欲望，让内容在社交网络中迅速扩散开来。

例如，某健康养生平台发布一篇标题为"20个舒服减肥方法，每天仅需一分钟，悄悄瘦下来！"的文章，其中不仅提供了实用的减肥技巧和方法，还通过生动有趣的呈现方式吸引了大量用户的关注和分享，如图2-5所示。

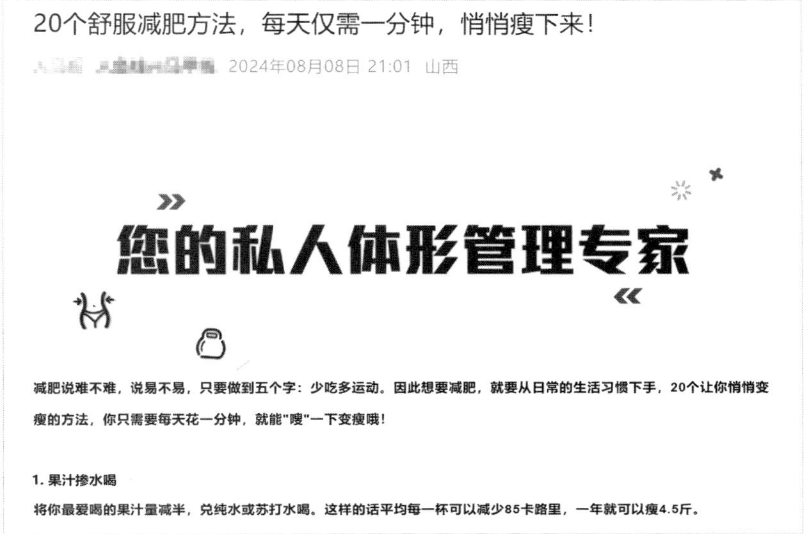

> 20个舒服减肥方法，每天仅需一分钟，悄悄瘦下来！
>
> ▇▇▇ ▇▇▇▇▇▇▇ 2024年08月08日 21:01 山西
>
> 您的私人体形管理专家
>
> 减肥说难不难，说易不易，只要做到五个字：少吃多运动。因此想要减肥，就要从日常的生活习惯下手，20个让你悄悄变瘦的方法，你只需要每天花一分钟，就能"瘦"一下变瘦哦！
>
> 1. 果汁掺水喝
> 将你最爱喝的果汁量减半，兑纯水或苏打水喝。这样的话平均每一杯可以减少85卡路里，一年就可以瘦4.5斤。

图 2-5

2.1.2 学会借势思维

在信息瞬息万变的当下，借势思维成为文案创作者与营销人员不可或缺的策略之一。通过巧妙地借助外部力量，能够迅速提升话题的热度与关注度，实现内容的快速传播与品牌的有效曝光。

1. 理解借势思维的核心

（1）顺势而为：借势思维的核心在于"顺势"，即紧跟时代潮流，把握社会脉搏。无论是国际大事、国内热点，还是行业趋势、文化现象，都是潜在的借势对象。通过将这些热点融入内容创作中，能够迅速吸引用户的注意力，增加内容的可读性和传播力。

（2）创意融合：单纯地"蹭"热点往往难以持久，关键在于如何将热点与自身品牌或产品特性巧妙融合。通过独特的创意和视角，将热点转化为与品牌相关的故事或话题，使内容既具有时效性，又不失个性与深度。

（3）快速响应：在信息爆炸的时代，速度往往决定成败。对于热点事件，需要保持高度的敏感，迅速做出反应，抢占先机。第一时间发布与热点相关的内容，能够最大化地利用热点的热度提升内容的曝光率。

2. 借势思维的实践策略

（1）紧跟时事热点：关注国内外重大新闻、节日庆典、体育赛事等时事热点，及时将这些元素融入文案创作中。通过独特的解读和呈现方式，吸引用户的关注，并引导用户进行分享和传播。

（2）利用名人效应：名人是公众关注的焦点，他们的言行举止往往能引发广泛的讨论和关注。通过邀请名人代言、合作或提及名人相关话题，能够迅速提升内容的知名度和影响力。同时，要注意选择与品牌调性相符的名人进行合作，以确保传播效果的最大化。

（3）挖掘行业趋势：关注所在行业的最新动态和发展趋势，将这些信息融入内容创作中。通过分享行业洞察、预测未来趋势等方式，展现品牌的专业性和前瞻性，从而获得目标用户的关注和信任。

（4）借助社交媒体平台：社交媒体是信息传播的重要渠道之一，通过微博、微信、抖音等社交媒体平台发布与热点相关的内容，能够迅速触达大量用户。同时，利用社交媒体平台的互动功能，与用户进行实时互动和沟通，增强用户的参与感和归属感。

实战 使用 DeepSeek 辅助策划爆款话题（时事热点借势）

▶▶ |背景设定|

某国政府宣布了一项雄心勃勃的碳中和计划，这一消息迅速成为全球媒体和公众热议的焦点，全球范围内对环境保护和可持续发展的关注达到了前所未有的高度。

▶▶ |目标设定|

作为一家专注于绿色能源技术的科技公司，希望通过借势这一时事热点，策划一场既能展现公司实力与愿景，又能引发公众广泛讨论和传播的话题营销活动。

▶▶ |策划过程|

(1) 利用DeepSeek进行话题挖掘与创意生成

◎ 在DeepSeek中输入关键词"碳中和""绿色能源技术""可持续发展"，要求生成一系列与品牌相关的创意话题建议。

◎ DeepSeek返回了多个创意点，其中包括"绿色未来，你我共筑——××科技助力碳中和之路""从零到净：××科技揭秘碳中和背后的绿色科技力量"等。

(2) 选定核心话题并细化内容

经过团队讨论，选定"绿色未来，你我共筑——××科技助力碳中和之路"作为核心话题。

细化内容框架，具体如下。

① 引言：简述碳中和的全球背景，强调其重要性和紧迫性。

② 公司介绍：简短介绍××科技公司在绿色能源技术领域的成就与贡献。

③ 技术展示：通过图文、视频等形式，展示公司最新的绿色能源技术产品和应用案例，如高效太阳能板、智能储能系统等。

④ 案例分享：分享几个成功案例，说明这些技术如何帮助企业和个人实现碳减排目标。

⑤ 呼吁行动：鼓励公众关注碳中和，倡导低碳生活方式，并邀请大家参与××科技公司发起的线上互动活动，如"碳中和知识竞赛""绿色生活打卡挑战"等。

(3) 快速响应与多渠道发布

◎ 迅速整理好文案、图片和视频素材，确保内容准确无误且符合品牌形象。

◎ 在微博、微信、抖音等社交媒体平台同步发布，利用平台的推荐算法和标签功能，提高内容的曝光率。

◎ 邀请行业意见领袖、环保组织等合作伙伴进行转发和评论，扩大话题的影响力。

(4) 实时互动与反馈收集

◎ 密切关注社交媒体平台上的用户反馈和讨论，及时回应用户的问题和关切信息。

◎ 收集用户反馈，以便后续优化内容和调整营销策略。

实战 | 使用 DeepSeek 辅助策划某时尚品牌营销宣传（名人效应借势）

▶▶ |背景设定|

某高端时尚品牌计划推出一系列限量版秋冬服饰，旨在吸引年轻、追求个性与品质的消费者群体。为了提升新品的曝光度和市场认知度，该品牌决定借助名人效应进行营销宣传。

▶▶ |目标设定|

◎ 利用名人的影响力，快速提升该品牌秋冬新品的市场知名度和关注度。

◎ 通过与名人的合作，塑造该品牌高端、时尚、个性的品牌形象。

◎ 激发目标消费群体的购买欲望，促进新品销售。

▶▶ |策划过程|

(1) 利用 DeepSeek 进行名人筛选与匹配

在 DeepSeek 中输入关键词"时尚""年轻""影响力""目标消费群体特征"，要求 DeepSeek 筛选出与品牌调性相符、在年轻消费群体中具有高度影响力的名人候选名单。

经过筛选，DeepSeek 推荐了多位热门明星和时尚博主，其中包括知名演员李某、超模张某及时尚达人王某。

(2) 选定合作名人并确定合作方式

根据品牌定位和新品特点，最终选定演员李某作为合作对象。李某拥有独特的时尚品位和广泛的粉丝基础，与品牌的形象高度契合。

确定合作方式：邀请李某担任新品代言人，并拍摄一系列宣传照片和短视频，展示其穿着该品牌秋冬新品的时尚风采。

(3) 内容策划与创意执行

◎ 与李某及其团队沟通合作细节，确定拍摄时间、地点和风格。

◎ 利用 DeepSeek 进行内容策划，提出多个创意方案，包括故事线设定、场景布置、服装搭配等。最终选定一个以"城市探索与时尚碰撞"为主题的方案。

◎ 拍摄过程中，实时监控拍摄进度，确保内容质量和创意效果。

(4) 多渠道发布与互动

◎ 拍摄完成后，整理好宣传素材，包括照片、短视频和文案。

◎ 在微博、微信、抖音等社交媒体平台及该品牌官方网站同步发布，利用李某的明星效应和平台的推荐算法，提高内容的曝光率。

◎ 发起话题挑战"#××品牌××同款"，鼓励用户分享自己穿着该品牌秋冬新品的照片或视频，参与互动赢取奖品。

◎ 邀请时尚媒体和意见领袖进行报道和点评，进一步扩大影响力。

(5) 效果评估与优化

◎ 实时监测各渠道的发布效果，包括曝光量、点赞数、评论数、转发数等关键指标。

◎ 利用 AI 工具进行数据分析，评估营销活动的效果，包括品牌知名度提升情况、用户反馈和购买转化率等。

◎ 根据评估结果及时调整后续营销策略，优化内容输出和互动方式，确保营销活动的持续效果。

2.2 AI 助力搭建文案写作框架

在 AI 技术的辅助下，搭建一个有效的文案写作框架变得更加高效和精准。创作者利用 AI 的数据处理能力和模式识别技术，可以快速识别出文案的核心要素和结构布局，从而构建一个清晰、有逻辑性的文案写作框架。

2.2.1 搭建写作框架的重要性

搭建写作框架是文案创作的核心，能确保内容条理清晰、逻辑严密，避免混乱和主题偏移，简化写作流程，提升创作效率和文案可读性。对读者而言，清晰的框架能引导其深入理解文案要点，提升阅读体验。在商业营销中，框架更是精准传达信息的关键，确保文案契合市场需求和受众心理，有效吸引目标群体，促进产品销售。

例如，某电商品牌在推广一款茉莉花茶产品时，其文案团队首先搭建了"问题引入—制作工艺—产品亮点—限时优惠"的框架。这一框架直接对应了消费者的购物决策路径，有效吸引了目标受众的注意，并促进了产品销售，最终文案的部分效果如图2-6所示。

随着AI技术的融入，搭建写作框架的过程变得更加便捷和高效。AI工具能够基于大数据分析，智能推荐合适的框架结构和内容要点，为创作者提供有力的支持。

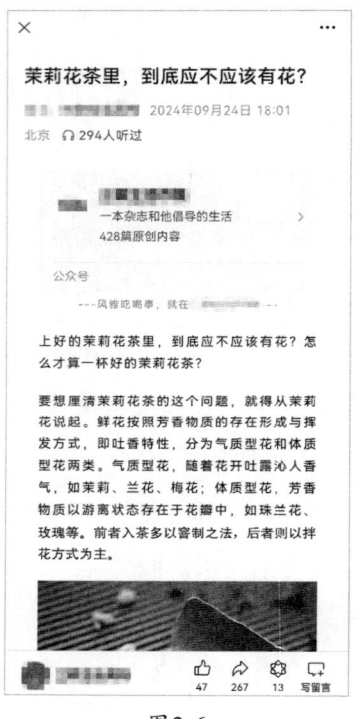

图2-6

2.2.2 初始素材准备与整理

在搭建文案框架之前，初始素材的准备与整理至关重要，这包括收集与文案主题相关的信息、数据、案例，以及任何可能增强文案说服力和吸引力的元素。初始素材准备与整理的具体步骤如图2-7所示。

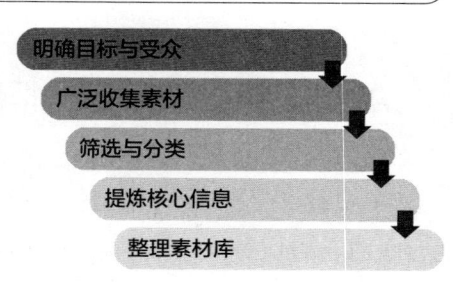

图2-7

(1) 明确目标与受众

清晰界定文案的目标（如提升品牌形象、推广新产品、介绍活动等）及受众的特征（如年龄范围、性别比例、兴趣点等），这是为了确保所收集的素材能够精准地服务于文案目标，并有效触达目标受众。

(2) 广泛收集素材

利用多种渠道，如互联网搜索、行业研究报告、市场调研结果及用户直接反馈等，全面收集与文案主题紧密相关的各类资料。这些资料包括文字描述、图片展示、视频介绍及关键统计数据等。

(3) 筛选与分类

对收集到的海量素材进行仔细筛选，剔除冗余、过时或与文案主题不相关的信息。然后，根据素材的性质和内容进行整理，比如将产品特点、用户评价、市场趋势等分别归类，以便于后续快速检索和使用。

(4) 提炼核心信息

在分类整理的基础上，进一步提炼出文案所需的核心信息点。这些核心信息点能够准确传达文案的主旨，支撑文案的论点，并吸引目标受众的注意力。它们将成为文案框架的重要组成部分，为文案内容的丰富性和准确性提供有力保障。

(5) 整理素材库

将筛选、分类并提炼后的素材整理成结构清晰、易于查阅的素材库。可以采用文档、表格或图片库等形式进行存储和管理，以便在后续写作过程中快速调用所需素材。一个组织有序的素材库将大大提高文案创作的效率和质量。

通过这一系列准备与整理工作，创作者能够确保文案内容的丰富性、准确性和针对性，为构建有效的文案写作框架奠定坚实基础。

2.2.3 框架搭建方法与优化建议

在初始素材准备与整理完成后，接下来的关键步骤是搭建文案的框架。一个清晰、合理的框架不仅能够确保文案内容的逻辑性，还能提升读者的阅读体验。

1. 框架搭建方法

（1）明确主题与核心观点：基于素材提炼出核心信息，明确文案的主题和核心观点。这将作为整个框架的基石，确保所有内容都围绕这一主题展开。

（2）构建结构层次：根据文案的复杂度和信息量，构建合适的结构层次。通常包括引言（吸引注意、提出问题）、正文（详细阐述、支持观点）、结论（总结要点、呼吁行动）等部分。对于复杂的文案，还可以在正文中设置小标题，以进一步细分内容层次。

（3）安排逻辑顺序：确保框架中的各个部分按照逻辑顺序排列，这有助于读者跟随作者的思路逐步深入理解文案内容。

（4）设计过渡与衔接：在各部分之间设计自然的过渡和衔接内容，使整体文案更加流畅。可以使用过渡句、连接词等手法来实现这一点。

2. 框架优化建议

（1）简化结构：避免过度复杂或冗余的结构，尽量使框架简洁明了，这有助于读者快速抓住文案的核心要点。

（2）突出亮点：在框架中突出文案的亮点或独特之处，以吸引读者的注意力并提升文案的说服力。

（3）灵活调整：根据实际情况和读者反馈，灵活调整框架结构和内容安排。有时，一个小小的调整就能让文案焕发新的生命力。

（4）注重平衡：确保框架中的各个部分在信息量、重要性等方面保持平衡，避免某些部分过于冗长或过于简略。

（5）强化呼吁：在框架的结尾部分强化文案的呼吁或行动号召，这有助于激发读者的共鸣和行动意愿，实现文案的最终目标。

实战 使用 DeepSeek 搭建广告文案写作框架

▶▶ ｜背景设定｜

一家新兴智能家居品牌公司要为即将推出的智能音箱产品撰写一篇广告文案。

为了确保文案既吸引人又高效传达产品优势，他们决定利用DeepSeek来辅助搭建文案框架。

▶▶ |操作步骤|

◆ 步骤一：明确主题与核心观点

先向DeepSeek中输入产品的核心信息，包括智能音箱的主要功能（如高保真音质、智能语音助手、智能家居控制等）、目标受众（如科技爱好者、家庭用户等）及品牌理念（如便捷、智能、高品质生活）。DeepSeek基于这些信息，迅速提炼出文案的主题——"<u>听见未来，智享生活</u>"。

◆ 步骤二：构建结构层次

要求DeepSeek根据主题构建文案的结构层次。DeepSeek生成了如下内容。

以下是基于"听见未来，智享生活"主题的文案结构层次，旨在清晰传递产品功能、目标受众需求和品牌理念，同时吸引用户并引导用户行动。

1. 开篇引入：场景化共鸣（吸引注意力）

目标：通过描绘未来生活的场景，引发用户对智能生活的向往。

内容：

以未来生活的画面切入。例如："清晨，阳光透过窗帘洒进房间，轻柔的音乐缓缓响起，咖啡机自动开始工作，空气中弥漫着咖啡的香气……"

用一句话点题："这一切，只需一句话，就能轻松实现。"

2. 产品核心功能展示（解决用户需求）

目标：突出智能音箱的核心功能，展现其如何满足用户需求。

内容：

高保真音质："无论是清晨的轻音乐，还是夜晚的激情摇滚，[品牌名称]智能音箱以高保真音质，还原每一个音符的细腻与震撼。"

智能语音助手："只需一句话，它就能为你播放音乐、查询天气、设定提醒，甚至讲笑话，成为你生活中的贴心助手。"

智能家居控制:"连接家中的智能设备,一句话控制灯具、空调、电视,让家真正懂你所需。"

3. 目标受众需求匹配(情感共鸣)

目标:针对科技爱好者和家庭用户,分别突出产品的价值点。

内容:

科技爱好者:"如果你是科技爱好者,[品牌名称]智能音箱的尖端技术和无缝连接体验,将让你感受到未来科技的魅力。"

家庭用户:"如果你追求温馨舒适的家庭生活,它将成为全家人的好帮手,让生活更简单、更美好。"

4. 品牌理念传递(提升品牌价值)

目标:将品牌理念"便捷、智能、高品质生活"融入文案,增强用户对品牌的认同感。

内容:

"[品牌名称]始终致力于用科技赋能生活,让每一个家庭都能享受便捷、智能的高品质生活。我们相信,科技不是为了改变生活,而是为了让生活更美好。"

5. 行动号召(引导用户行动)

目标:鼓励用户立即体验或购买产品。

内容:

"现在,就让[品牌名称]智能音箱成为你生活中的一部分,开启未来生活的无限可能。"

"点击链接,立即体验智能生活新方式!"

6. 结尾升华(强化主题)

目标:用一句简洁有力的话强化主题,给人留下深刻印象。

内容:

"听见未来,智享生活——[品牌名称],让科技点亮你的每一天。"

◆ 步骤三:安排逻辑顺序与设计过渡

与DeepSeek进一步讨论,确保各部分的逻辑顺序合理,并在段落间添加自然的过渡句，结果如下。

正文

　　清晨，阳光透过窗帘洒进房间，轻柔的音乐缓缓响起，咖啡机自动开始工作，空气中弥漫着咖啡的香气……这一切，只需一句话，就能轻松实现。

　　想象一下，这样的生活不再是科幻电影中的场景，而是触手可及的现实。[品牌名称]智能音箱，正是开启未来生活的钥匙。

　　[品牌名称]智能音箱，以高保真音质还原每一个音符的细腻与震撼，让你沉浸在音乐的海洋中。无论是清晨的轻音乐，还是夜晚的激情摇滚，它都能完美呈现。

　　不仅如此，它还是你生活中的全能助手。只需一句话，智能语音助手就能为你播放音乐、查询天气、设定提醒，甚至讲笑话，成为你生活中的贴心伙伴。

　　连接家中的智能设备，一句话控制灯具、空调、电视，让家真正懂你所需。无论是忙碌的工作日，还是悠闲的周末，它都能让你的生活更加轻松自如。

　　无论你是科技爱好者，还是追求温馨舒适的家庭用户，[品牌名称]智能音箱都能满足你的需求。如果你是科技爱好者，[品牌名称]智能音箱的尖端技术和无缝连接体验，将让你感受到未来科技的魅力；如果你追求温馨舒适的家庭生活，它将成为全家人的好帮手，让生活更简单、更美好。

　　这一切的背后，是[品牌名称]对品质与创新的不懈追求。[品牌名称]始终致力于用科技赋能生活，让每一个家庭都能享受便捷、智能的高品质生活。我们相信，科技不是为了改变生活，而是为了让生活更美好。

　　现在，就让[品牌名称]智能音箱成为你生活中的一部分，开启未来生活的无限可能。点击链接，立即体验智能生活新方式！

　　听见未来，智享生活——[品牌名称]，让科技点亮你的每一天。

◆ **步骤四：框架优化**

初步框架搭建完成后，根据DeepSeek的建议和自身经验进行优化。

◎ 简化结构：去除冗余描述，使文案更加精练。

◎ 突出亮点：在功能亮点部分增加用户评价或行业奖项，增强说服力。

◎ 强化呼吁：在文末增加限时优惠的具体信息，如"前100名下单用户将获得一个价值××元的智能灯泡！"，通过提供额外的福利来增强购买的紧迫性和产品的吸引力。

DeepSeek优化框架的结果如下。

听见未来，智享生活

正文

清晨，阳光透过窗帘洒进房间，轻柔的音乐缓缓响起，咖啡机自动开始工作，空气中弥漫着咖啡的香气……这一切，只需一句话，就能轻松实现。

[品牌名称]智能音箱，正是开启未来生活的钥匙。

核心功能亮点

高保真音质：还原每一个音符的细腻与震撼，让你沉浸在音乐的海洋中。用户评价为"音质清晰细腻，低音浑厚，完全不输专业音响"，还荣获××年"最佳智能音箱音质奖"。

智能语音助手：只需一句话，播放音乐、查询天气、设定提醒，甚至讲笑话，它都能轻松搞定。用户评价为"反应超快，识别准确，家里的老人小孩都能轻松使用"。

智能家居控制：一句话控制灯具、空调、电视，让家真正懂你所需。用户评价为"再也不用到处找遥控器了，一句话就能搞定所有家电"。

适合人群

科技爱好者：尖端技术和无缝连接体验，让你感受未来科技的魅力。

家庭用户：全家人的好帮手，让生活更简单、更美好。

品牌理念：[品牌名称]始终致力于用科技赋能生活，让每一个家庭都能享受便捷、智能的高品质生活。我们相信，科技不是为了改变生活，而是为了让生活更美好。

结尾

听见未来，智享生活——[品牌名称]，让科技点亮你的每一天。

限时优惠：前100名下单用户将获得一个价值××元的智能灯泡！

想象一下，灯光随音乐缓缓亮起，家的氛围瞬间被点亮。这不仅是一个灯泡，还是你智能生活的完美搭档。数量有限，先到先得！立即点击链接，开启你的智能生活新篇章！

2.3 AI 助力文案标题，吸引读者点击

在信息爆炸的时代，一个引人入胜的标题是吸引读者点击的关键。AI技术通过分析大量的用户数据和内容趋势，能够有效预测什么样的标题更能引起目标受众的兴趣。利用AI工具，创作者可以快速生成多个标题，并通过算法预测每个标题的潜在吸引力和阅读量，然后从中选择最佳的标题来最大化文章的曝光率和互动率。

2.3.1 掌握多种技巧，轻松写出爆款标题

撰写爆款标题是吸引读者点击、提升内容传播力度的关键。掌握多种技巧，能够帮助你更轻松地创作出既吸引人眼球又富有信息量的标题。下面为大家介绍几种撰写爆款标题的实用策略。

1. 引发好奇心

好奇心是人类探索未知世界的动力源泉。在撰写标题时，巧妙地利用疑问句式和留下悬念，能够迅速吸引读者的注意力，激发他们点击阅读的欲望。例如，“极简生活大揭秘，我再也不买的东西，你绝对想不到！”这个标题利用“绝对想不到”这一强烈反差，引发读者对未知内容的极大好奇，促使他们点击进去一探究竟，如图2–8所示。

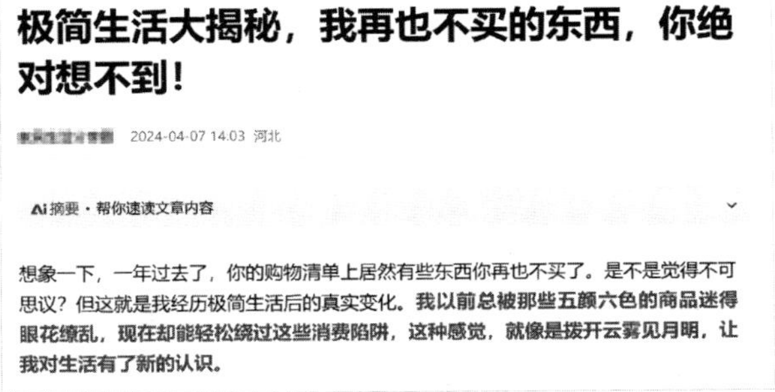
极简生活大揭秘，我再也不买的东西，你绝对想不到！

2024-04-07 14:03 河北

AI摘要·帮你速读文章内容

想象一下，一年过去了，你的购物清单上居然有些东西你再也不买了。是不是觉得不可思议？但这就是我经历极简生活后的真实变化。**我以前总被那些五颜六色的商品迷得眼花缭乱，现在却能轻松绕过这些消费陷阱，这种感觉，就像是拨开云雾见月明，让我对生活有了新的认识。**

图 2–8

2. 强调利益点

在快节奏的现代生活中，人们往往更倾向于关注那些能够直接带来利益或解决其痛点的内容。因此，在标题中直接告诉读者能够获得什么或如何解决他们的烦恼，是吸引点击的有效策略。例如，"揭秘大学生就业秘籍：掌握这5个技巧，让你轻松斩获理想工作"，通过明确列出具体数量（5个技巧）和预期效果（轻松斩获理想工作），让读者一目了然地看到阅读此文将带来的实际利益，如图2-9所示。

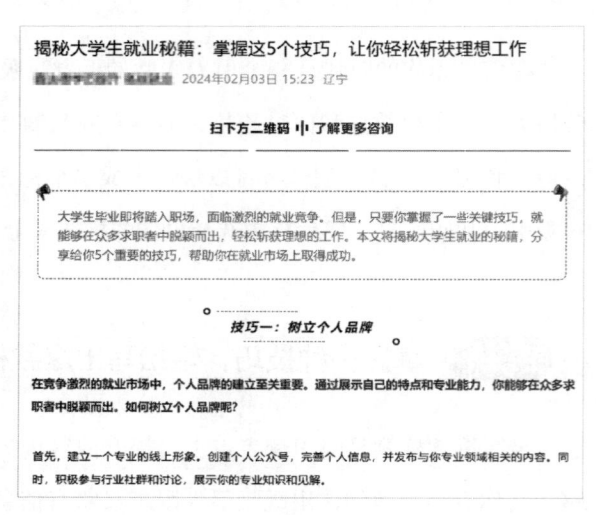

图 2-9

3. 使用数字

数字具有直观性和概括性，能够迅速传达信息的关键点。在标题中使用数字，可以大幅提升标题的吸引力和可读性。例如，"考场小技巧，学霸都说好，10个实用考场拿高分技巧，中学生都适用"，通过列出10个具体技巧，让读者感受到内容的丰富性和实用性；同时"考场拿高分"这一明确目标也激发了读者的学习动力，如图2-10所示。

图 2-10

4. 情感共鸣

情感是人类共通的语言。通过标题触动读者的情感，能够引发他们的共鸣和认同感，从而增加点击率。例如，"曾记否 | 90后那些年追过的星，今天就来一起回顾那些青春记忆！"，通过回忆青春时光中的共同记忆，唤起了读者的怀旧情感和对

青春岁月的怀念，如图 2-11 所示。

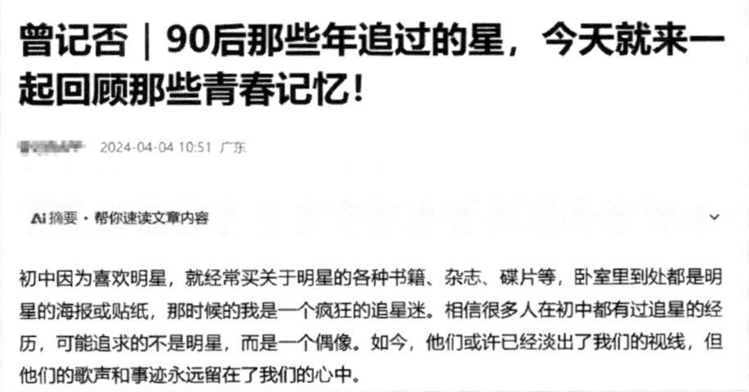

> **曾记否｜90后那些年追过的星，今天就来一起回顾那些青春记忆！**
>
> 2024-04-04 10:51 广东
>
> Ai 摘要·帮你速读文章内容
>
> 初中因为喜欢明星，就经常买关于明星的各种书籍、杂志、碟片等，卧室里到处都是明星的海报或贴纸，那时候的我是一个疯狂的追星迷。相信很多人在初中都有过追星的经历，可能追求的不是明星，而是一个偶像。如今，他们或许已经淡出了我们的视线，但他们的歌声和事迹永远留在了我们的心中。

图 2-11

5. 借用权威人士效应

权威人士在社会中具有广泛的影响力和公信力。在标题中借用他们的背书或效应，可以迅速提升内容的可信度和吸引力。例如，"秋季养生有讲究！专家推荐的这些养生技巧赶紧学起来"，通过专家的权威推荐，让读者相信这些养生技巧的科学性和实用性，如图 2-12 所示。

> **秋季养生有讲究！专家推荐的这些养生技巧赶紧学起来**
>
> 2024-09-27 12:01 北京
>
> 随着脸颊两侧疯狂爆皮和嘴唇干裂，小编发现，秋天真的来了！
>
> 在这个疾病易发的"多事之秋"，稍有不慎，便容易引发感冒、咳嗽、胃肠不适等症状，我们又该如何养生呢？
>
> 由██省卫生健康宣传教育中心与██广播电视台综艺体育频道共同打造的大型融媒体健康节目《████》，本期邀请到██中医药大学第二附属医院主任医师██教大家秋季如何养生。

图 2-12

6. 营造限时/限量的紧迫感

人类天生具有对稀缺资源的追求和珍惜心理。在标题中营造限时或限量的紧迫感可以促使读者尽快采取行动。例如，"抓紧最后 24 小时，全场特惠 4 折起"，通过明确的时间限制和优惠信息激发读者的购买欲望，如图 2-13 所示。

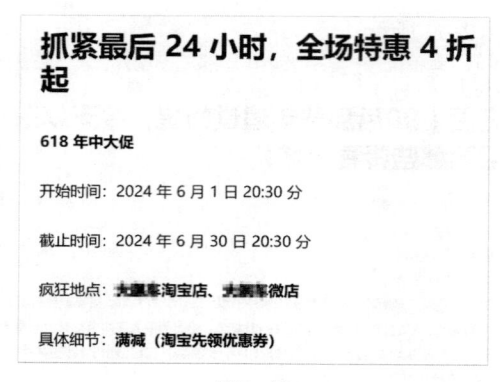

```
抓紧最后 24 小时，全场特惠 4 折
起

618 年中大促

开始时间：2024 年 6 月 1 日 20:30 分

截止时间：2024 年 6 月 30 日 20:30 分

疯狂地点：███淘宝店、███微店

具体细节：满减（淘宝先领优惠券）
```

图 2-13

7. 对比与冲突

对比与冲突能够引发读者的思考和讨论兴趣。在标题中运用对比手法或制造冲突点可以吸引读者的注意力并激发他们的兴趣。例如，"从月薪 3000 到年薪超百万，普通人如何逆袭？"，通过强烈的薪资对比展示了主人公的巨大转变和成功故事，如图 2-14 所示。

```
从月薪3000到年薪超百万，普通人如何
逆袭？

████████      2024-08-18 22:50 福建

Ai 摘要 · 帮你速读文章内容                                ▼

普通青年的逆袭之路：从月薪3000到年薪超百万
```

图 2-14

8. 紧跟时事热点

时事热点是吸引读者关注的重要因素之一。在撰写标题时，紧跟时事热点或结合当前热门话题/事件，可以迅速提升标题的曝光度和点击率。例如，"元宇宙：重塑未来互联网的沉浸式奇境，探索无限可能的数字新世界"，利用当时热门的"元宇宙"概念引发了读者对未来互联网发展的兴趣和关注，如图 2-15 所示。

元宇宙：重塑未来互联网的沉浸式奇境，探索无限可能的数字新世界

2024-08-31 14:47 北京

Ai摘要・帮你速读文章内容

元宇宙（Metaverse）作为一个融合了多种前沿技术的新兴概念，正逐步塑造着互联网的未来形态与人类的数字生活方式。它不仅是一个技术上的革新，还是一场深刻的社会、文化和经济变革。以下是对元宇宙几个关键方面的进一步探讨。

图 2-15

9. 使用具体的词汇和场景描绘

生动形象的词汇能够让标题更加鲜活有趣、引人入胜。在撰写标题时尽量使用具体的词汇和场景描绘来增强标题的画面感和感染力。例如，“云端漫步，河北白石山玻璃栈道惊险之旅”，通过“云端漫步”的具象化描述，让读者仿佛置身于高空之中，感受那份惊险与刺激，如图2-16所示。

云端漫步，河北白石山玻璃栈道惊险之旅

2024-09-25 11:08　+订阅

在河北白石山的怀抱中，隐藏着一场令人心跳加速的冒险——云端漫步玻璃栈道。这不仅是一场旅行，还是一次对自我勇气的极限挑战。

踏上那透明的玻璃栈道，仿佛置身于云端之上，脚下的山谷深邃而遥远，四周的山峦在薄雾中若隐若现，宛如仙境。每一步都踏出了心跳的节奏，既紧张又兴奋，让人不由自主地想要征服这份恐惧，享受这份独一无二的刺激。

图 2-16

2.3.2 爆款标题的打造方法

要想打造爆款标题，需要深入了解目标受众、结合热点趋势，并巧妙运用多种技巧。以下是一些关键的爆款标题打造方法，旨在帮助创作者更有效地吸引目标受众，提升内容的传播力。

1. 目标受众分析

打造爆款标题的第一步是深入了解目标受众，包括明确受众的年龄、性别、兴趣、职业背景及他们在特定情境下的需求与痛点。通过目标受众分析，创作者可以更加精准地定位标题的语言风格、内容主题及情感色彩，确保标题能够与目标受众产生共鸣，激发其阅读欲望。

例如，针对年轻职场人士，标题可以更加直接、简洁，强调内容的实用性与效率；而对于家庭主妇，则应该更注重情感共鸣与生活上的实用性，标题中可融入温馨、关怀的元素。

2. 关键词研究与趋势分析

关键词是连接内容与读者的桥梁。利用SEO工具及社交媒体趋势分析工具，挖掘与内容高度相关的高热度关键词。这样不仅能够优化标题，提升搜索引擎排名，还能确保标题内容的新鲜度与话题性，吸引更多潜在读者的关注。

同时，创作者应密切关注行业动态、社会热点及节日庆典等，将这些元素融入标题中，使内容更具时效性与话题性。例如，在世界杯期间，与足球相关的内容更容易吸引读者的眼球；在春节期间，则可以围绕团圆、祝福等主题进行创作。

3. 创意构思与头脑风暴

创意是爆款标题的灵魂。创作者应通过个人思考、团队讨论及参考成功案例，激发新颖独特的标题创意，尝试不同角度与表达方式，打破常规，让标题从众多内容中脱颖而出。

定期组织头脑风暴会议，集合团队成员的智慧，共同探讨并生成多个标题选项，可以增加选择的多样性，提高标题的吸引力。在头脑风暴过程中，鼓励团队成员大胆想象，不拘一格，甚至可以尝试一些看似不可能但极具吸引力的标题构思。

4. AI辅助生成与评估

随着AI技术的不断发展，AI文案生成工具已成为创作者的重要助手。这些工具能够基于大数据分析和机器学习算法，快速生成多个标题，并预测哪些标题更有可能吸引读者。

然而，AI工具生成的标题仍需人工评估与优化。创作者应先利用A/B测试或数据分析工具，评估不同标题的点击率、阅读量和转化率等指标，再根据评估结果优化标题内容，然后选择表现最佳的标题进行发布。这一过程不仅是对AI工具生成结果的验证，还是对创作者创意与判断力的考验。

5. 情感共鸣与利益驱动

情感共鸣与利益驱动是打造爆款标题的两大法宝。在标题中融入情感元素，如亲情、友情、爱情等，能够触动读者的内心，引发共鸣。同时，明确告诉读者阅读内容能够获得什么利益或解决什么问题，这种直接的利益驱动能够激发读者的阅读欲望和行动意愿。

例如，一个关于家庭教育的标题为"同沐书香，陪伴成长，在亲子共读中搭建心灵的桥梁｜'阅'见一夏"，如图2-17所示。该标题既提醒家长重视亲子关系，又明确告诉家长阅读内容能够获得增进亲子关系的方法。

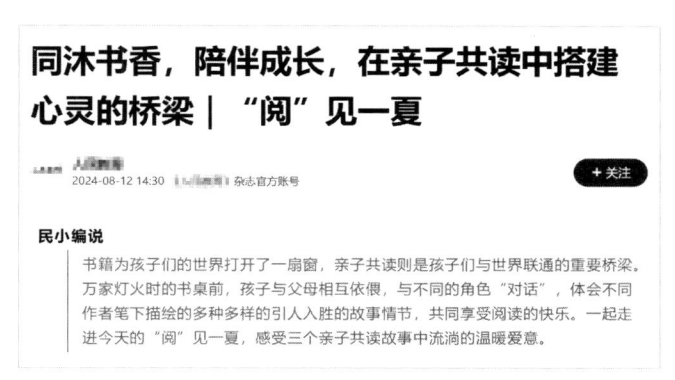

图2-17

6. 简洁明了与视觉吸引

在信息爆炸的时代，读者的耐心与注意力都是有限的。因此，标题必须简洁明了，避免冗长和复杂的句子结构。用精练的语言传达核心信息，让读者一目了然，是打造爆款标题的基本要求。

同时，还可以利用加粗、设置斜体、添加引号等排版技巧，以及图片或图标等视觉元素，使标题更加醒目和吸引人。

2.3.3 使用 AI 工具搜索爆款词汇，提高文案的点击率

在数字营销和内容创作中，利用 AI 工具搜索爆款词汇（也称为热门关键词、流行语或趋势话题）是提高文案点击率的一种有效策略。以下是如何使用 AI 工具搜索爆款词汇，并巧妙融入文案中以提高其吸引力的具体步骤。

1. 明确目标受众与主题

了解目标受众至关重要，他们的年龄、性别、兴趣爱好及购买习惯，都将直接影响文案的风格和内容。因此，在开始创作之前，务必进行深入的受众分析。

确定了受众后，接下来要做的就是明确文案的主题。无论是推广新产品、分享行业资讯，还是进行节日促销，都需要一个清晰的主题来引领整个文案的创作方向。一个明确且吸引人的主题，能够迅速抓住读者的眼球，激发他们的阅读兴趣。

2. 借助 AI 工具进行关键词挖掘

AI 工具在关键词研究方面发挥着至关重要的作用。你只需根据主题输入初始关键词，AI 工具便会迅速分析并提供一系列相关且搜索量高的关键词列表。这些词汇往往能够迅速传播并产生巨大的影响力，它们被形象地称为"病毒式"词汇。将这些词汇融入文案中，无疑能够大幅提升文案的吸引力和点击率。

3. 分析竞品与紧跟行业动态

确定了目标受众、主题及爆款词汇后，下一步便是分析竞品与紧跟行业动态。通过查看竞争对手的文案和广告，你可以了解他们是如何运用爆款词汇来吸引用户的。

这不仅可以为你提供灵感，还能帮助你跳出同质化竞争的困局。

同时，利用社交媒体监听工具（如Hootsuite、Brandwatch等）追踪行业内的热门话题和讨论，也是确保文案紧跟潮流的关键。只有与读者的兴趣和关注点保持同步，你的文案才能更容易引起他们的共鸣和关注。

4. 创意融合与文案测试

最后，将筛选出的爆款词汇与品牌信息、产品特点巧妙结合，创造出既吸引人又符合品牌调性的文案。这需要一定的创意和技巧。请记住，好的文案不仅是信息的传递者，还是与读者建立情感连接的桥梁。

同时，进行文案测试也是必不可少的步骤。通过对比不同版本的文案效果，你可以找出最吸引读者的文案风格，从而进一步提高点击率。

实战 使用DeepSeek写出"时尚穿搭"主题的小红书爆款标题

▶▶ ｜案例背景｜

在小红书平台上，时尚穿搭一直是热门话题之一，吸引了大量用户的关注和讨论。为了在这个竞争激烈的领域脱颖而出，我们需要创作出既吸引人又符合用户兴趣的爆款标题。本案例将借助DeepSeek工具生成几个"时尚穿搭"主题的爆款标题。

▶▶ ｜案例实施｜

（1）确定主题与关键词

先明确文案的主题是"时尚穿搭"，并提取相关的关键词，如"潮流""搭配""时尚单品"等。这些关键词将是后续生成标题的重要参考。

（2）使用DeepSeek生成标题

在DeepSeek中输入与"时尚穿搭"相关的关键词和描述性信息，如"潮流搭配""时尚单品推荐""秋季穿搭指南"等。然后，让DeepSeek根据这些信息生成一系列可能的标题。

在生成的过程中，注意保持标题的简洁性、吸引力和相关性。同时，还可以对生成的标题进行微调，使其更符合小红书平台的用户习惯和审美标准。

（3）筛选与优化

生成了一系列标题后，根据以下标准来评估标题，并进行筛选和优化。

◎ 是否具有吸引力，能够引起用户的兴趣和好奇心？

◎ 是否与主题紧密相关，能够准确传达文案的核心内容？

◎ 是否符合小红书平台的用户习惯和审美标准？

经过多轮筛选和优化，最终确定了以下几个爆款标题。

> 1. 🔥2025秋季潮流搭配，让你秒变时尚icon！
>   今年秋季最in穿搭公式，照着穿就对了！👗
> 2. 👗秋季5件必备时尚单品，轻松穿出高级感！
>   衣柜里少了它们，别说你会穿！✨
> 3. 👀时尚单品推荐，让你走在潮流最前线！
>   从外套到配饰，每一件都让你回头率爆表！👀
> 4. 🚴秋季穿搭灵感，7套搭配让你一周不重样！
>   从慵懒风到职场风，总有一套适合你！💼
> 5. 🌟秋季最火穿搭公式，轻松穿出明星范儿！
>   跟着时尚博主学穿搭，让你美得毫不费力！✏️

2.4 AI助力文案开头，迅速抓住读者眼球

通过智能分析用户偏好和阅读习惯，AI工具能够生成引人入胜、独具特色的文案开头。这不仅能够有效吸引读者的注意力，还能为后续的文案内容奠定坚实的基础，让文案创作更加高效、精准。

2.4.1 迅速抓住读者眼球的开头技巧

在文案创作中，开头部分至关重要，它决定了读者是否愿意继续阅读下去。以下是一些迅速抓住读者眼球的开头技巧，无论是人工撰写还是借助AI工具生成，都可以加以运用。

1. 提出问题

一个紧扣主题且引人深思的问题，往往能够迅速激发读者的好奇心和求知欲。在文案开头提出这样的问题，可以引导读者思考，并促使他们继续阅读以寻找答案。提出的问题要与文案主题紧密相关，并确保能够引起读者的共鸣和兴趣。

例如："你是否想过，孩子的未来会被什么决定？大道理、学习成绩，还是天赋？其实，真正决定孩子命运的，往往是那些看似微不足道的小习惯。"这样的开头直击家长痛点，既激发了他们的好奇心，又引导他们探索小习惯对孩子未来的深远影响，从而促使家长继续阅读，如图2-18所示。

小习惯如何影响孩子的未来？你绝对想不到的秘密！

2024-09-27 13:35　发布于：北京市

你是否想过，孩子的未来会被什么决定？大道理、学习成绩，还是天赋？其实，真正决定孩子命运的，往往是那些看似微不足道的小习惯。这些小习惯就像是潜移默化的力量，悄悄影响着孩子的思维方式和行为模式。让我们一起探讨，如何通过这些小习惯，为孩子铺就成功之路。

图2-18

2. 设置悬念

设置悬念是吸引读者继续阅读的有效手段。在文案开头设置悬念，能够激发读者的探索欲，让他们对后续内容充满期待。

例如:"对于普通人来说,如何实现阶层的跨越,如何实现人生的逆袭呢?"这样的文案开头,不仅抛出了一个极具吸引力的悬念,还让读者心中充满了探求未知的渴望,驱使他们迫不及待地想要继续阅读,寻找那可能的答案与启示,如图2-19所示。

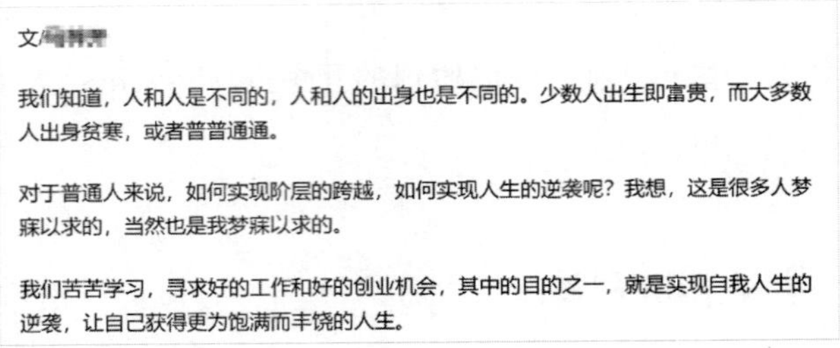

图 2-19

3. 引人入胜的故事

人们天生对故事感兴趣。在文案开头讲述一个简短、有趣或富有启发性的故事,可以立即吸引读者的注意力。通过故事引入主题,既能够增加文案的趣味性,又能够激发读者的好奇心。

例如:"一个小男孩因为一次偶然的机会,得到了一个神秘的××果冻。"这样的文案开头,不仅用故事紧紧抓住了读者的心,还巧妙地与文案主题相连,让读者在享受趣味故事的同时,对后续内容产生了浓厚的好奇与期待,如图2-20所示。

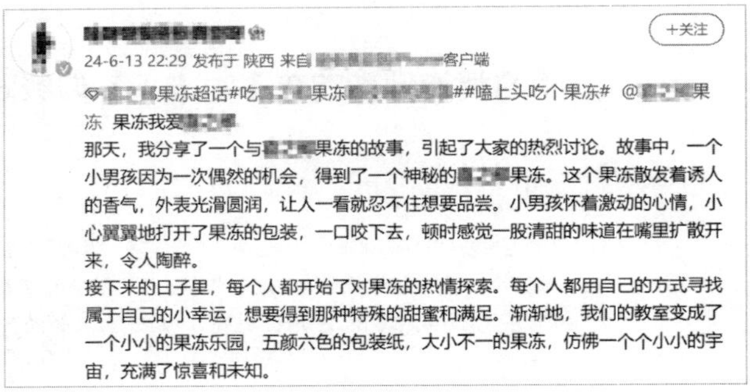

图 2-20

4. 引用名言或数据

引用名人名言或令人震惊的数据作为开头,可以迅速提升文案的权威性和可信度。名言能够传递智慧和启示,数据则能够增强文案的说服力。这样的开头能够吸引读者的关注,并为后续内容奠定坚实的基础。

例如:"爱因斯坦曾言:'我没有什么特别的才能,我只是热情地好奇。'但若大脑被高温'绑架',这份好奇与创造力恐将无处安放。"这样的文案开头,以名言为引,不仅巧妙引出主题，还彰显了文案的深度，如图2-21所示。

> 你是否曾在炎炎夏日里，感觉自己仿佛"热傻了"？这可不是一句戏言，其背后藏着大脑健康的严峻真相！想象一下，当大脑温度悄然攀升至39.5℃甚至更高，那些灵光一闪的创意、敏捷的思维，是否正悄悄离我们而去？
>
> "热傻了"，原来是大脑无声的求救信号！科学家警告，高温环境下，人体调节机制若不堪重负，大脑功能将首当其冲受损。爱因斯坦曾言："我没有什么特别的才能，我只是热情地好奇。"但若大脑被高温"绑架"，这份好奇与创造力恐将无处安放。

图 2-21

5. 利用对比或反差

对比能够凸显差异，反差则能够产生冲击。在文案开头运用对比或反差技巧，可以激发读者的思考，并引导他们更加深入地了解文案内容。

例如："32岁前一无所有，一朝逆袭为全球顶级首富"，前半句描绘了主人公曾经的困顿与无助，后半句则表明了主人公如今非凡的成就与地位，前后形成强烈的对比，激发了读者的好奇心，引导他们迫不及待地想要探究这背后的故事，如图2-22所示。

> **32岁前一贫如洗，却凭借"好口才"过上奢靡生活，身价6099亿**
>
> ▇▇▇▇ -04-26 19:09
>
> 本文为您阐述的主人公是：32岁前一无所有，一朝逆袭为全球首富的▇▇▇，我相信他的故事值得我们学习，也值得我们深思，因为现在的我们太懒惰，不愿吃苦受累，而以前的这些成功人士恰好可以成为我们学习的对象。

图 2-22

6. 直接陈述价值

在文案开头直接陈述价值，可以让读者感受到阅读这篇文案的必要性和紧迫性，这是吸引读者继续阅读的有效方法。

例如："这篇文章将带你探索那些在职场中容易被忽视的'隐形'机会，并提供一些实用的方法来帮助你发现并利用这些机会，让你在职场上脱颖而出。"这样的文案开头直击读者需求，让价值感扑面而来，瞬间点燃读者的阅读兴趣，如图2-23所示。

> 【xx职场】晋升必读：职场中的"隐形"机会，你发现了吗？
>
> xx 职场　　　　　　　　　　　　　　　　+ 关注她
>
> 1人赞同了该文章
>
> 在职场的激烈竞争中，机会往往不是显而易见的。它们像隐形的翅膀，需要我们用心去发现和把握。
>
> 这篇文章将带你探索那些在职场中容易被忽视的"隐形"机会，并提供一些实用的方法来帮助你发现并利用这些机会，让你在职场上脱颖而出。
>
> 职场如战场，竞争激烈，机会转瞬即逝。
>
> 然而，并非所有的机遇都会以明显的方式出现。
>
> 有些机会隐藏在日常工作中，需要我们具备敏锐的洞察力和创造性思维。

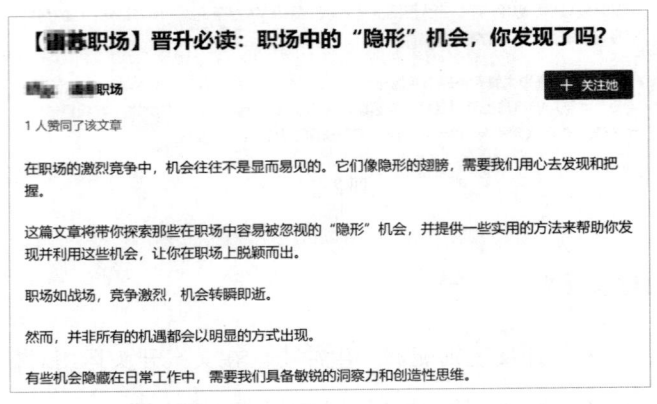

图 2-23

2.4.2 AI助力文案开头策略

在数字化时代，AI技术正逐步渗透到文案创作的各个环节，尤其在文案开头的构思上，AI工具能为我们提供前所未有的创意与策略支持。通过大数据分析和机器学习，AI工具能够精准捕捉目标受众的兴趣点、痛点及阅读习惯，从而生成极具吸引力的文案开头。

1. 个性化兴趣引导

AI工具通过对目标受众在社交媒体上的行为轨迹、浏览记录及购买历史进行深入分析，能够精准识别出他们的个性化兴趣点。在文案开头，AI工具可以巧妙地运用这些信息，以"你是否对……感兴趣？"或"让我们一起探索……的奇妙世界"等句式，直接触及读者的兴趣点，瞬间拉近与他们的距离。

2. 痛点直击式提问

AI工具在数据分析方面的优势还体现在对目标受众痛点的精准捕捉上。AI工具可以运用直接而尖锐的问题，直击受众的痛点，这不仅能够激发读者的共鸣，还能唤起他们求解的欲望，促使他们产生强有力的阅读动力。

3. 数据驱动的事实陈述

AI工具在搜集和整理数据方面同样表现出色。它能够迅速搜集到与目标受众相关的最新数据或统计信息，并将这些数据或信息作为文案开头的引子。这种数据驱动的事实陈述，不仅增强了文案的说服力，还营造出一种紧迫感和危机感，促使读者更加关注文案内容。

4. 情感共鸣的故事开头

AI工具还能根据目标受众的情感偏好，生成与之共鸣的简短故事或场景描述。这些故事或场景往往能够触动读者的情感神经，激发他们的共鸣和认同感。以情感为纽带，AI工具为文案开头增添了一抹温馨的色彩，使读者在情感上更加愿意接受和关注文案内容。

5. 趋势预测与未来展望

AI工具在预测和分析行业趋势方面同样具有独到的优势。在文案开头，AI工具可以运用这种优势，以"未来已来，你准备好了吗？"或"预见未来，从……开始"等句式，引导读者关注未来、展望未来。这种趋势预测与未来展望的开头方式，不仅能够激发读者的好奇心和期待感，还能为文案内容增添一份前瞻性和时代感。

> **实战** 使用 DeepSeek 辅助写电商平台商品推广文案的开头

（1）背景与目标

在电商平台中，商品推广文案的开头至关重要，它需要在第一时间吸引消费者的注意力，激发他们的购买欲望。本案例将使用 DeepSeek 工具，为某款智能手表撰写推广文案的开头部分，旨在通过精准、吸引人的内容，提升文案的点击率和转化率。

(2) 准备阶段

① 明确目标受众：首先需要明确智能手表的目标受众，如科技爱好者、运动健身人士、商务人士等。这有助于更准确地定位文案的风格和内容。

② 收集产品信息：收集智能手表的详细信息，包括功能特点、材质、设计、价格等。这些信息将作为文案创作的基础。

③ 了解市场趋势：通过市场分析和竞品研究，了解当前智能手表市场的热门话题和消费者的关注点，以便在文案中融入这些元素。

(3) 使用DeepSeek创作文案开头

输入关键词：在DeepSeek中输入与智能手表相关的关键词，如"智能手表""科技""时尚""健康监测"等。这些关键词将帮助DeepSeek生成与智能手表相关的词汇和短句，为文案创作提供灵感。

生成文案开头：根据目标受众和市场趋势，结合产品信息，使用DeepSeek生成多个文案开头方案。DeepSeek生成的文案开头示例如下。

腕间新宠，智享未来：[产品名称]智能手表，开启你的科技时尚新生活！

科技与时尚的碰撞，会擦出怎样的火花？[产品名称]智能手表，以精湛的工艺诠释科技美学，将前沿科技融入时尚设计，为你带来前所未有的智能穿戴体验。

不止于颜值，更关注你的健康。[产品名称]智能手表搭载先进的健康监测系统，24小时守护你的身心健康。心率、血氧、睡眠等全方位的数据监测，让你更了解自己的身体，开启健康生活新方式。

[产品名称]智能手表，不只是一款智能设备，还是你腕间的私人健康管家、时尚搭配利器。

优化文案开头：根据DeepSeek生成的文案开头，做进一步的优化和调整，确保文案开头简洁明了、吸引力强，同时与后续文案内容紧密衔接。

(4) 评估与调整

评估文案效果：将优化后的文案开头在电商平台进行测试，观察其点击率和转化率等指标。这有助于评估文案开头的效果，为后续的优化提供数据支持。

调整文案策略：根据测试结果，对文案开头进行必要的调整和优化。例如，点击率较低时，可以考虑增加一些更具吸引力的词汇或短句；转化率较低时，可以进一步强调产品的独特卖点或优惠活动。

2.5 AI 助力文案结尾，激发读者主动转发

通过智能分析读者心理和社交媒体趋势，AI 工具能够生成富有感染力的文案结尾，这不仅有助于强化品牌形象，还能精准触动读者情感，引导他们成为内容的传播者。

2.5.1 轻松写出精彩结尾的常用技巧

在文案创作中，一个精彩的结尾往往能起到画龙点睛的作用，让读者印象深刻，甚至激发他们的转发欲望。以下是一些轻松写出精彩结尾的常用技巧。

1. 总结要点

精彩的结尾往往需要对文案的核心内容进行简要的回顾和总结。这不仅能够帮助读者巩固记忆，还能确保信息的准确传达。在总结时，可以突出文案中的关键信息或亮点，让读者在看完结尾后能够清晰地记住文案的核心内容，从而加深对品牌的印象。

例如，在一篇关于新款手机的文案中，结尾这样写："总而言之，环球科技的×系列手机体现了当前智能手机科技发展的趋势，展示了如何通过创新技术提升用户体验及满足市场需求。这款设备不仅成为消费者的理想之选，也为行业标准的提升提供了新的动力。消费者可以期待，随着科技的不断进步和品牌之间的良性竞争，未来的智

能手机将变得更加智能化、多样化，这无疑会为我们的生活带来更多的便利与乐趣。"这样的总结不仅简洁明了，还能让读者一目了然地掌握文案的重点。

2. 情感共鸣

情感共鸣是激发读者转发欲望的重要因素。在结尾处，使用富有情感的语言能够触动读者的内心，引起他们的共鸣。这种共鸣可以是喜悦、感动、愤怒或思考等，但无论如何，都需要确保情感表达真实、自然，避免过于生硬或虚假。通过情感共鸣，读者更容易将文案视为自己的心声，从而愿意主动分享给他人。

例如，在一篇关于环保的文案中，结尾这样写："不要等到失去的时候，才知道保护环境的重要性，环保不再是一个名词，我们要转化为实际行动，保护环境，人人有责！"这样的结尾真情流露，让读者感同身受，自然愿意分享传递。

3. 呼吁行动

在结尾处明确告诉读者接下来该做什么，是增强文案互动性的有效手段。这种呼吁可以是转发、点赞、参与讨论或购买产品等，具体取决于文案的目的和受众。通过呼吁，读者能够清晰地了解文案的期望，从而更容易采取行动。

例如，某篇展会宣传文案的结尾明确呼吁读者："关注我们的官方微信账号，获取更多活动详情和展会资讯。让我们一起，在北京共赴这场潜水盛宴！"这样的号召既清晰直接，又激发了读者的浓厚兴趣与参与意愿，有效提升了文案的互动性和吸引力。

4. 留下悬念

一个引人深思的问题或未解的谜团能够激发读者的好奇心，促使他们主动寻找答案或分享给他人。在结尾处留下悬念，可以让读者在看完文案后仍然保持对品牌的关注和兴趣，从而增加他们转发文案的可能性。同时，悬念也能够提升文案的趣味性，让读者在享受阅读的过程中产生更多的思考。

例如，在一篇关于汽车测评的文案中，结尾这样写："我们不禁好奇，它在未来会带给我们哪些惊喜？答案会在不久的将来揭晓，让我们一同拭目以待。"这样的结尾不仅能留下悬念，还能让读者保持对品牌的持续关注与期待，如图2-24所示。

> 然而，任何产品都不是完美的，░░░░也不例外。对于那些追求极致性能的车友而言，尽管它提供了丰富的动力选择，但在加速性能上或许还有提升的空间。此外，虽然新的车机系统带来了显著的升级，但在实际使用过程中，系统是否会遇到卡顿或操作不流畅的问题，目前还难以给出定论。
>
> 尽管存在这些小瑕疵，░░░░在同级别的竞争中依然展现出了强大的竞争力。我们不禁好奇，它在未来会带给我们哪些惊喜？答案会在不久的将来揭晓，让我们一同拭目以待。
>
> 同时，作为你们的忠实伙伴，我会持续关注░░░░P的动态，第一时间为大家带来最新的消息和评测。无论是车辆的性能测试、市场反馈，还是未来的更新迭代，我都会尽心尽力为大家提供详尽的信息。让我们一起期待这款新车的精彩表现吧！

图 2-24

5. 创意结尾

运用幽默、比喻或排比等修辞手法，可以使结尾更加生动有趣，给读者留下深刻印象。这样的创意结尾不仅能够提升文案的吸引力，还能让读者在看完后产生愉悦的情感体验，从而更愿意将文案分享给朋友或社交媒体上的粉丝。

例如，在一篇关于情感的文案中，结尾这样写："人生如同一幅画卷，每一笔都需精心勾勒，方能绘出心中的风景。真正的成长，是从学会独立思考，不再盲目跟随他人开始的。人生就像一场盛宴，五味杂陈，只有亲自品尝，才能体会其中的滋味。每一次跨越障碍，都是对自我潜能的一次深度挖掘，让我们更加了解自己。"这样的创意结尾，既生动有趣，又让读者在回味中收获愉悦，如图2-25所示。

> 珍惜与家人共度的时光，因为他们是你生命中永远的依靠和港湾。人生就像一场寻宝之旅，不断寻找那些能够点亮你心灵深处的东西。勇敢地追求自己的梦想，因为梦想是心灵的灯塔，指引你前行的方向。人生苦短，及时行乐，但也要懂得节制与责任，让快乐更加持久。最终你会发现，人生的价值不在于你得到了多少，而在于你给予了多少。
>
> 人生如同一幅画卷，每一笔都需精心勾勒，方能绘出心中的风景。真正的成长，是从学会独立思考，不再盲目跟随他人开始的。人生就像一场盛宴，五味杂陈，只有亲自品尝，才能体会其中的滋味。每一次跨越障碍，都是对自我潜能的一次深度挖掘，让我们更加了解自己。

图 2-25

2.5.2 AI 写作文案结尾的要点

在使用AI工具进行文案结尾的写作时，需遵循以下要点，以确保文案的吸引力、感染力和传播效果。

1. 精准定位目标受众

在利用AI工具创作文案结尾时，首要任务是精准定位目标受众。这不仅仅是对受众的基本属性（如年龄、性别、地域）进行分析，更重要的是深入洞察他们的兴趣偏好、心理需求及阅读习惯。大数据与AI技术的结合，能够实现对受众的个性化用户画像，从而生成与受众特点高度契合的结尾文案，有效增强文案的针对性和吸引力。

2. 精准突出关键词

结尾作为文案的点睛之笔，其关键词的选择与运用至关重要。利用AI智能分析，识别文案中的核心价值词汇，如"创新""高效"等，并在文案结尾中予以精准突出。这有助于在读者心中留下深刻印象，增强文案的记忆点。

3. 巧妙融入创意元素

创意是文案的灵魂，也是吸引读者注意力的关键。AI工具在生成文案结尾时，应巧妙融入创意元素，如比喻、象征、对比等修辞手法，使文案结尾具有独特的风格和辨识度。这不仅能够提升文案的趣味性，还能激发读者的想象力，增强文案的感染力。

4. 简洁明了

在信息爆炸的时代，读者的耐心和注意力都极为有限。因此，用AI工具生成的文案结尾应简洁明了，直击核心，确保读者能够在短时间内理解文案的主旨。这样的结尾不仅有助于提升读者的阅读体验，还能提高文案的传播效率。

5. 强化主题

结尾是文案的收尾之处，也是强化主题的关键环节。AI工具应通过重复关键词、情感渲染等方式，再次强调文案的主题或核心观点，从而加深读者对内容的理解。

6. 与开头呼应

如果文案开头设置了悬念或问题，应在结尾处给予回应或解答。这种形成闭环的叙事结构，不仅增强了文案的完整性，还能提升读者的阅读兴趣和满意度。

7. 数据支持，增强说服力

在涉及数据或统计信息的文案中，应在结尾处再次提及关键数据，这有助于强化文案的说服力，使读者更加信服文案中的观点和建议。同时，数据支持也能提升文案的专业性，增强读者对品牌的信任感。

实战 使用 DeepSeek 辅助写社交媒体活动推广文案的结尾

▶▶ |案例背景|

本案例旨在利用 DeepSeek 工具为一场即将在社交媒体上举行的线上音乐分享会撰写一个具有吸引力和感染力的文案结尾。该活动旨在通过分享不同风格的原创音乐作品，增进音乐爱好者的交流与互动，并推广音乐创作者的作品。

▶▶ |案例实施|

（1）明确目标受众

首先明确本次活动的目标受众为热爱音乐、喜欢探索不同音乐风格的年轻人。他们通常活跃在各大社交媒体平台上，对新鲜事物充满好奇，愿意参与线上互动。

（2）分析活动亮点

对活动的亮点进行梳理，包括：

◎ 精选多位原创音乐人，同时分享风格多样的音乐作品；

◎ 设置线上互动环节，观众可以实时发表评论，与音乐人进行互动；

◎ 设置抽奖环节，参与活动的观众有机会获得音乐人亲笔签名的专辑或周边产品。

(3) 构思结尾文案

基于以上分析，开始构思文案结尾。希望结尾能够：

◎ 强调活动的亮点，激发观众的参与热情；

◎ 留下悬念，引导观众关注后续活动。

(4) 使用DeepSeek生成文案结尾

将以上构思输入DeepSeek中，得到如下所示的文案结尾。

> 线上原创音乐分享会邀你共赴音乐之约！多位风格迥异的原创音乐人将带来震撼心灵的表演，让你在旋律中感受最真实的情感共鸣。实时互动环节让你与音乐人零距离交流，更有机会赢取亲笔签名专辑等惊喜好礼！神秘嘉宾空降、未公开新作首演——这场音乐盛宴还有多少未知惊喜？快来加入我们，一起揭开悬念，见证音乐的力量！关注我们，精彩即将揭晓！
>
> #原创音乐 #音乐分享 #线上音乐会 #音乐无界

☑ **案例分析**

该结尾充分体现了DeepSeek在文案创作中的优势。它首先强调了活动的亮点，即精选的原创音乐人和多样的音乐作品，以及线上互动和抽奖环节，有效激发了观众的参与热情。然后留下悬念，引导观众关注后续活动，为活动的持续推广打下良好的基础。

同时，该结尾也符合社交媒体文案的特点，语言简洁明了，富有感染力，能够迅速吸引读者的注意力并激发他们的兴趣。

第三章 AI 软文写作

随着AI技术的飞速发展，AI软文写作正逐步改变着传统的内容创作方式。本章将了解软文的特点与写作形式，并揭秘AI软文的生成流程。通过多个实战案例，展示如何利用AI工具生成各类软文，包括产品介绍、品牌推广、情感故事、行业分析、生活方式等。最后，本章还将分享打造AI爆款软文的策略，帮助大家在内容营销的激烈竞争中脱颖而出，实现品牌价值的最大化传播。

3.1 软文的特点与写作形式

软文作为一种独特的营销手段,在品牌传播中发挥着至关重要的作用。它具备5个显著特点,如图3-1所示。

软文以其隐蔽性、故事性、价值性、互动性和灵活性成为品牌推广的有效手段。隐蔽性是指软文以非直接方式推广,如新闻报道或生活随笔,打消了读者的抵触心理,提高了信息的传递效率;故事性是指软文通过讲述品牌或产品背后的故事,增强品牌印象;价值性是指软文通过传递生活理念、行业知识等,提升读者的阅读体验,赢得信任和好感;互动性是指软文激发读者讨论和分享,形成口碑传播;灵活性是指软文能根据不同平台和受众定制,实现精准营销,确保品牌信息准确地传达给目标受众。

为了更好地适应读者的阅读习惯和兴趣,软文作者需要灵活运用不同的写作形式。在软文写作中,常见的形式有4种,如图3-2所示。

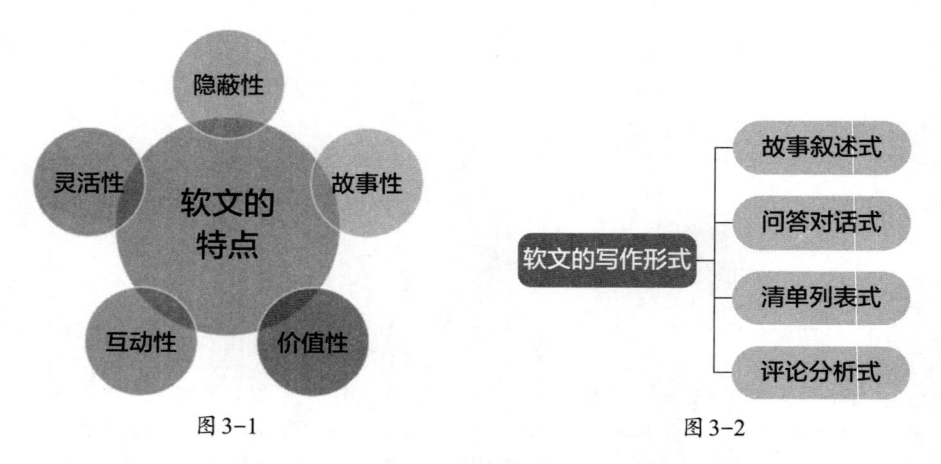

图3-1

图3-2

故事叙述式软文以引人入胜的情节融入品牌元素,激发读者的兴趣并引发读者的共鸣;问答对话式软文则直接互动,解答疑问并植入品牌信息,拉近与读者的距离;清单列表式软文简洁明了,快速传递品牌或产品核心卖点,提高阅读效率和转化率;评论分析式软文深入剖析话题,结合品牌特点提出独到见解,展现品牌的专业性和前瞻性。这4种软文写作形式各具特色，若灵活运用可有效提升品牌的影响力和市场竞争力。

3.2 AI 软文的生成流程

AI软文的生成是一个精细且高效的过程，旨在通过AI技术，快速创作出符合营销需求的优质软文。AI软文的生成流程主要包括4个步骤，如图3-3所示。

明确目标与搜集素材
↓
设定请求与输入指令
↓
文案生成与初步评估
↓
文案优化与最终输出

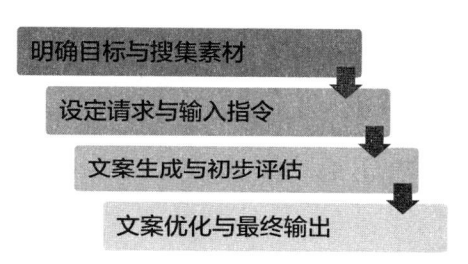

图 3-3

1. 明确目标与搜集素材

在利用AI生成软文之前，首要任务是明确软文的目标。假设推广一款针对年轻职场人士的智能手表，其目标是提升品牌知名度和市场占有率。基于这一目标，我们需要搜集智能手表的功能特点、市场趋势、竞争对手信息及年轻职场人士的喜好和消费习惯等素材。这些素材为软文创作提供了丰富的信息支撑，确保内容既专业又具有针对性。

2. 设定需求与输入指令

明确了软文的目标后，就进入设定需求与输入指令阶段。这一步骤要求我们将软文的具体需求转化为AI文案生成工具的输入指令。以智能手表推广为例，我们可以设定以下指令。

◎ 长度：约800字，适合在社交媒体平台发布。
◎ 风格：轻松幽默，符合年轻职场人士的审美偏好。

◎ 结构：引言（吸引注意）、正文（产品特点、使用场景）和结尾（呼吁行动）。

◎ 目标受众：25～35岁的年轻职场人士，关注健康、效率与时尚。

在输入指令时，我们需要确保指令的准确性和清晰性，以便AI工具能够准确理解并生成符合要求的软文。例如，可以输入"描述智能手表如何帮助年轻职场人士提高工作效率，同时保持健康的生活方式"这样的具体指令。

3. 文案生成与初步评估

输入指令后，AI工具会自动生成一篇软文。以智能手表推广为例，生成的软文包含智能手表的多项功能介绍（如心率监测、消息提醒、运动追踪等），以及这些功能如何帮助年轻职场人士在忙碌的工作和生活中找到平衡。

软文生成后，我们需要进行初步评估，即检查软文是否符合指令要求、逻辑是否清晰、语法是否正确，以及是否足够吸引人。如果发现有任何问题，可以提出修改建议，并将这些建议反馈给AI工具进行再次生成或优化。

4. 文案优化与最终输出

初步评估完成后，就进入文案优化阶段。这一步骤旨在进一步提升软文的可读性和吸引力。以智能手表推广软文为例，可以通过以下方式进行优化。

◎ 增加细节描述：详细描述智能手表的某个独特功能，如通过具体场景展示其如何帮助用户提高工作效率。

◎ 替换同义词：使用更生动、更贴近目标受众语言的词汇替换一些常见词汇，以提升软文的趣味性。

◎ 调整结构：根据读者的阅读习惯调整软文的段落分布和逻辑顺序，使软文更加流畅易读。

在优化的过程中，可以充分利用自然语言处理技术来辅助完成一些烦琐的修改工作，如语法修正、拼写检查等。

最后，将优化后的软文输出为可供采用的文本格式，用于后续的营销活动。

3.3 AI 生成软文应用实战

通过 AI 技术，我们能够快速、高效地生成符合品牌调性、吸引目标受众的软文内容。下面将深入探讨用 AI 工具生成软文的应用实战。

3.3.1 产品介绍类软文

产品介绍类软文，即通过文字描述来推广和介绍产品的营销文案。它融合了产品的功能介绍、使用场景、用户评价等多个元素，旨在全面、生动地展示产品的特点和优势，从而吸引消费者的注意力，激发他们的购买欲望。这类软文的特点在于信息丰富、语言生动，能够精准地传达产品的核心价值，帮助品牌在激烈的市场竞争中脱颖而出。

例如，一篇关于旅行背包的产品介绍类软文，如图 3-4 所示。该软文以"背负梦想，轻装前行——旅行背包，开启你的自由之旅"为主题，强调了背包的高品质材料、时尚外观、宽敞收纳空间及舒适背负体验，并突出了其防水、防刮等功能。同时，通过特别优惠来刺激消费者的购买欲望。

> "背负梦想，轻装前行——旅行背包，开启你的自由之旅"
>
> 每个人都有一颗渴望自由的心，想要探索这个美丽的世界。那么，你需要一款既实用又时尚的旅行背包，为你的旅程添上一抹亮丽的色彩。
>
> 这款旅行背包采用高品质的材料制作，具有出色的耐用性和承重性。精美的外观设计让人一见倾心，让你在人群中脱颖而出。
>
> 这款背包的内部空间宽敞，可以容纳足够的行李和随身物品。同时，它还配备了多个口袋和小隔层，让你能够分类存放各种物品，轻松找到你需要的东西。
>
> 这款旅行背包还具有舒适的肩带和背部设计，让你在长时间的旅行中感受到舒适的背负体验。同时，它还配备了防水和防刮功能，有效保护你的物品免受损坏。
>
> 现在购买这款旅行背包，我们将为你提供特别优惠！让它在你的旅行中发挥出最大的作用，为你的旅程带来更多快乐和便捷。还等什么呢？快来购买这款令人心动的旅行背包吧！背负梦想，轻装前行，开启你的自由之旅！

图 3-4

实战 使用 DeepSeek 生成产品介绍类软文

▶▶ |案例背景|

在数字化营销时代，产品介绍类软文成为品牌与消费者之间建立联系、传递价值的重要工具。为了提升软文创作效率与质量，我们决定采用DeepSeek来生成一篇关于智能手环的产品介绍类软文。

▶▶ |案例实施|

(1) 明确产品信息与目标受众

首先需要明确智能手环的产品信息，包括外观设计、功能特点、使用场景等。同时，也要确定目标受众，即这款智能手环主要面向哪些人群。

◎ 产品信息：智能手环采用时尚简约的外观设计，具备心率监测、血氧检测、睡眠监测、运动追踪、消息提醒、遥控拍照等功能。

◎ 目标受众：主要面向年轻人和健康生活追求者，特别是那些关注自身健康状况、喜欢运动并希望日常生活沟通便捷的人群。

(2) 准备关键词与描述

为了引导DeepSeek生成符合要求的软文，我们需要准备一些关键词和描述。

◎ 关键词：智能手环、健康监测、运动追踪、消息提醒、时尚简约。

◎ 描述：请帮一款集健康监测、运动追踪、消息提醒等功能于一体的智能手环写一篇营销软文，这款表的外观设计时尚简约，适合年轻人和健康生活追求者使用。

(3) 输入产品信息与关键词

在DeepSeek中输入准备好的产品信息、目标受众和关键词等。例如："请帮我生成一篇关于智能手环的产品介绍软文。这款智能手环外观设计时尚简约，具备心率监测、血氧检测、睡眠监测、运动追踪、消息提醒、遥控拍照等功能。它主要面向年轻人和健康生活追求者，特别是那些关注自身健康状况、喜欢运动并希望日常生活沟通便捷的人群。关键词包括智能手环、健康监测、运动追踪、消息提醒、时尚简约。"

(4) 生成软文

单击DeepSeek的"生成"按钮，DeepSeek将根据输入的信息生成一篇产品介绍类软文。

(5) 优化软文

仔细阅读生成的软文，根据需要进行修改和优化。例如，可以调整语言风格、增加个性化元素、调整文案结构等。在优化的过程中，可以多次使用 DeepSeek 的生成功能，通过对比不同版本的软文，找到最适合自己需求的版本。

(6) 预览与发布

完成优化后，预览软文。如果满意，可以将软文发布到合适的渠道上，如品牌官网、社交媒体平台等。同时，也可以将软文分享给团队成员或客户，收集他们的反馈意见，以便进一步改进和优化。

使用 DeepSeek 生成的产品介绍类软文，经过多次优化后的最终效果如下所示。

告别烦琐，拥抱智能生活：××智能手环，你腕上的健康管家！

你是否厌倦了手机不离身，却依然错过重要消息的情况？你是否想要更了解自己的身体，却苦于没有便捷的工具？你是否渴望拥有更健康的生活方式，却不知从何开始？

现在，这一切都能轻松实现！××智能手环，一款集健康监测、运动追踪、消息提醒等功能于一体的智能穿戴设备，将为你开启智能生活新篇章！

时尚简约，腕间潮流新宠

××智能手环采用简约大方的外观设计，并用流畅的线条勾勒出时尚质感，再搭配多种颜色，满足你的个性化需求。机身轻盈，佩戴舒适，无论工作、运动还是休闲，都能轻松驾驭，是你腕间不可或缺的潮流单品。

精准监测，你的健康贴身管家

××智能手环搭载高性能传感器，24小时实时监测你的心率、血氧、睡眠等健康数据，并生成详细报告，帮助你更全面地了解自身健康状况。久坐提醒、心率异常预警等功能，更是为你提供贴心的健康守护，让你时刻掌握身体变化，防患于未然。

运动追踪，激发你的运动潜能

××智能手环支持多种运动模式，精准记录你的步数、距离、卡路里消耗等运动数据，并提供专业的运动分析，帮助你制订更科学的运动计划。无论是跑步、骑行还是游泳，××智能手环都能陪你一起挥洒汗水，见证你的每一次进步！

智能提醒，重要信息不错过

××智能手环与手机蓝牙连接后，来电、短信、微信、QQ 等消息都能及时提醒，让你不错过任何重要信息。闹钟、久坐提醒、日程安排等功能，更能帮助你合理安排时间，提高工作效率，轻松应对每一天的挑战。

超长续航，持久陪伴

××智能手环采用低功耗设计，一次充电即可续航××天，告别频繁充电的烦恼，让你尽情享受智能生活带来的便利。

××智能手环，不仅是一款智能穿戴设备，还是你追求健康、时尚生活的得力助手。现在就行动起来，开启你的智能生活之旅吧！

××智能手环，你腕上的健康管家，你值得拥有！

3.3.2 品牌推广类软文

品牌推广类软文作为一种以软性植入方式传递品牌信息、提升品牌形象、增强品牌影响力的营销手段，在现代营销体系中占据着举足轻重的地位。它通常以故事化、场景化的形式呈现，通过细腻的情感描绘和生动的场景再现，旨在引起目标受众的情感共鸣，进而激发其购买欲望。

例如，美团外卖发布的一篇品牌推广类软文，通过讲述骑手李某的励志故事，巧妙融入品牌信息，如图3-5所示。从兼职骑手到俄罗斯世界杯之旅，李某的微笑服务、耐心沟通及其对家人的关爱，展现了美团骑手的优秀品质。

> **骑手李■：为减肥而成为美团兼职骑手，后来副业变"主业"**
>
> 骑手世界杯之旅圆满结束了，我们在骑手归国后的第一时间对其中几位进行了采访，和他们一起聊聊这次旅行。
>
> 李■是11位骑手中的一位，来自内蒙古■■市，他近三个月的准时率平均达到了99.9%，满意度为100。当问到他知道自己可以去俄罗斯看世界杯时是什么心情，李■说接到电话刚开始不敢相信，后来反应过来就直接飞奔回家拿上身份证去办急护照了。开心激动的心情久久难平复……
>
> **圆梦世界杯 为足球克服坐飞机的恐惧**
>
> 李■上中学的时候就很喜欢足球，那时候国内还不太流行"世界杯"这个词，大家追的都是国内的五大联赛。为了能在第一时间看比赛，他那时每天晚上熬夜看，会为自己喜欢的球队欢呼，也会因为自己的偶像没进球而失落。可以说，足球是他学生时期重要的陪伴。
>
> 大男孩总要长大，毕业、工作、结婚、开始顾家，开始为生活得更好而奔波，学生时期的爱好暂时放一边。李■说自己有时候也经常会想："什么时候能有这么一次机会，让我再次为足球呐喊。"这次的俄罗斯之行，圆了他多年的梦想。

图3-5

实战　使用 DeepSeek 生成品牌推广类软文

▶▶ ｜案例背景｜

某知名化妆品品牌计划推出一款全新的保湿面霜，希望借助线上营销的力量，提高产品的知名度和市场占有率。为了实现这一目标，该品牌决定通过发布一篇具有吸引力和说服力的品牌推广软文，来吸引潜在消费者的注意。

▶▶ ｜案例实施｜

(1) 目标受众定位

该品牌明确了目标受众为25～45岁的女性消费者，特别是那些注重肌肤保养、追求生活品质的女性。这些消费者对护肤品的成分、功效及使用体验有着较高的要求，因此软文需着重展现产品的专业性、高品质及独特卖点。

(2) 软文主题与核心观点设定

软文主题确定为"[品牌名]全新保湿面霜，解锁水嫩肌肤的秘密"。核心观点包括产品的独特成分（珍稀海洋深层水、天然植物萃取精华等）、卓越的保湿效果（24小时长效保湿、深层滋养肌肤），以及愉悦的使用体验（轻盈不油腻、快速吸收）。

(3) 使用DeepSeek生成软文

① 输入关键词与核心信息：在DeepSeek中输入软文主题、核心观点、产品名称、品牌故事及特色等信息。关键词如"保湿面霜""海洋深层水""天然植物精华""水嫩肌肤"等，旨在提升SEO排名并精准传达产品卖点。

② 构建软文结构：根据DeepSeek提供的段落引导语，品牌逐步构建了软文结构，包括引言、产品介绍、功效分析、使用感受及总结等部分。

◎ 引言：以都市女性面临的肌肤保湿挑战为引子，引出产品。

◎ 产品介绍：详细介绍产品成分、技术特点及研发背景。

◎ 功效分析：结合科学数据和用户反馈，展示产品的保湿效果。

◎ 使用感受：引用品牌创始人、产品经理或真实用户的使用体验，增强说服力。

◎ 总结：强调产品优势，鼓励读者尝试并分享使用体验。

③ 加入生动元素：在软文中加入用户的前后对比照片、品牌创始人的使用心得

及产品研发过程中的趣事，以增强文章的可读性和吸引力。

④ 润色与优化：利用DeepSeek的改写功能，对软文进行多次润色和优化，确保语句流畅、表达准确，并符合品牌形象和营销策略。

(4) 人工审阅与调整

生成软文后，该品牌团队进行了细致的人工审阅与调整，确保内容符合品牌形象和营销策略，同时修正了语法或拼写错误，提升了软文的专业性和可读性。

(5) SEO优化与阅读吸引

关键词融入：在软文中自然融入相关关键词，以提高搜索引擎的排名。

副标题与引言设计：设计吸引人的副标题和引言，以激发读者的阅读兴趣。

使用DeepSeek生成的品牌推广类软文示例如下。

[品牌名]全新保湿面霜，解锁水嫩肌肤的秘密

都市生活，繁华背后，你的肌肤是否也在默默承受着压力？

空调房里的干燥，雾霾天的侵袭，熬夜加班的疲惫，让肌肤水分悄然流失，暗沉、粗糙、细纹接踵而至。你是否也在寻找一款能真正解渴的保湿面霜，让肌肤重现水润光泽？

[品牌名]深知都市女性的肌肤困扰，潜心研发，推出全新升级版保湿面霜，为你揭开肌肤水嫩的秘密！

[品牌名]全新保湿面霜，蕴含三大核心成分，直击肌肤干燥根源

[成分1]：如同肌肤的"蓄水池"，源源不断地为肌肤注入水分，持久锁水，令肌肤时刻水润饱满。

[成分2]：强化肌肤屏障，抵御外界环境侵害，减少水分流失，让肌肤由内而外焕发健康光彩。

[成分3]：促进肌肤新陈代谢，改善粗糙、暗沉，淡化细纹，令肌肤细腻柔滑，重现年轻活力。

[品牌名]全新保湿面霜，不止于保湿，更带来多重护肤体验

轻盈质地，丝滑触感：一抹化水，快速吸收，不黏腻，不厚重，肌肤零负担。

温和配方，安心呵护：不含酒精、香精等刺激性成分，敏感肌也可安心使用。

淡雅清香，愉悦身心：清新淡雅的花香，舒缓身心，开启愉悦护肤时光。

[品牌名]全新保湿面霜，见证肌肤水润蜕变

使用1周：肌肤干燥得到缓解，触感更加柔软细腻。

使用2周：肌肤水润度显著提升，光泽感增强。

使用4周：肌肤屏障得到强化，细纹淡化，重现水嫩年轻态。

告别干燥，拥抱水润，从[品牌名]全新保湿面霜开始！

[品牌名]全新保湿面霜现已上市，欢迎前往各大专柜及官方线上商城选购！

[品牌名]，与你一起，解锁水嫩肌肤的秘密！

3.3.3 情感故事类软文

情感故事类软文是一种通过讲述真实或虚构的情感故事来触动读者内心，进而传递品牌信息或价值观的软文类型。这类软文往往以情感为核心，通过细腻的情感描绘和情节展开，使读者在共鸣中产生对品牌的认同感。

例如，某保温杯品牌撰写的情感故事类软文，通过孩子"偷拿"老师保温杯的温情事件，展现了幼儿园中的误解与真相。故事以失窃的保温杯为线索，引出孩子为老师"治病"的纯真举动。最终误会解开，温馨收尾。通过细腻的情感描绘，传递出该品牌对幼师的关怀与敬意。

在创作情感故事类软文时，关键在于找到一个与品牌或产品相契合的情感点，并将其融入故事中。

实战 使用 DeepSeek 生成情感故事类软文

▶▶ |案例背景|

在当今信息爆炸的时代，情感故事类软文因其共鸣性强、传播速度快的特点，深受读者喜爱。下面将展示如何利用DeepSeek生成一篇情感故事类软文，从而帮助企业或个人更好地进行品牌宣传或情感营销。

▶▶ ｜案例实施｜

(1) 确定主题与背景

◎ 主题：一段跨越时间与空间的爱情故事。

◎ 背景：一个古老的小镇，时间跨度从20世纪50年代至今。

(2) 设定角色与情节

◎ 主角：男主角阿杰，一位从海外归来的摄影师；女主角小雨，一位在小镇经营书店的女子。

◎ 情节：阿杰因寻找祖父留下的线索回到小镇，偶然间在小雨的书店中发现了一本祖父留下的日记，两人之间的情感故事就此展开。

(3) 编写故事框架

◎ 开头：阿杰回到小镇，偶然进入小雨的书店，发现祖父的日记。

◎ 发展：阿杰与小雨共同研究日记，逐渐揭开祖父年轻时的爱情故事。同时，两个年轻人也互生情愫。

◎ 高潮：阿杰决定留在小镇，与小雨共同经营书店，但此时他收到了海外的工作邀请，面临选择。

◎ 结尾：阿杰最终选择留在小镇，与小雨共度余生。他们的故事也成了小镇上流传的佳话。

(4) 使用DeepSeek生成软文

将上述框架内容输入DeepSeek，并根据生成的文本进行适当修改和润色。

使用DeepSeek生成的情感故事类软文示例如下。

跨越时空的爱恋：一段小镇书店里的浪漫故事

初秋的午后，阳光透过古老的梧桐树洒在青石板路上，斑驳的光影仿佛在诉说着岁月的痕迹。阿杰拖着行李箱，走在这座他从未踏足却倍感熟悉的小镇上。这里是祖父的故乡，也是他此行的目的地。作为一名摄影师，他走遍世界各地，却从未想过会在这样一个宁静的小镇停下脚步。

小镇的街道并不宽阔，两旁的建筑还保留着20世纪的风格。阿杰漫无目地走着，直到一家书店映入眼帘。书店的门牌上写着"时光书屋"，橱窗里摆着几本泛黄的旧书，透出一股淡淡的怀旧气息。他推开门，风铃轻轻响起，仿佛在欢迎他的到来。

书店里，一位女子正低头整理书架。她穿着一件素色的连衣裙，长发随意地挽在耳后，侧脸在阳光下显得格外柔和。听到脚步声，她抬起头，微微一笑："您好，需要帮忙吗？"阿杰愣了一下，随即点头："我想随便看看。"

书店不大，却十分温馨。阿杰的目光扫过书架，忽然被一本破旧的日记本吸引。他伸手取下，翻开第一页，心跳骤然加快——那是祖父的笔迹！日记本的扉页上写着："致我永远的爱人，1952年。"

"这本日记……"阿杰的声音有些颤抖。女子走过来，看了一眼他手中的日记本，轻声说道："这是我奶奶留下的，她说这是一位故人寄存在这里的。"阿杰抬起头，与她的目光交汇，仿佛有什么东西在两人之间悄然萌生。

从那天起，阿杰和小雨开始一起研究那本日记。日记里记录了祖父年轻时在小镇的生活，以及他与一位女孩的深情爱恋。那个女孩正是小雨的奶奶。两人在字里行间感受到了一段跨越时空的爱情故事，也逐渐被彼此吸引。

阿杰用相机记录下小镇的每一个角落，小雨则为他讲述小镇的历史与传说。他们在书店里度过了一个又一个午后，分享着彼此的梦想与过去。阿杰发现，自己越来越离不开这个小镇，也越来越离不开小雨。

然而，一封来自海外的工作邀请打破了这份宁静。一家知名摄影杂志邀请阿杰担任首席摄影师，这是他职业生涯的一次重要机会。阿杰陷入了两难：是选择事业，还是留在这座小镇，守护这段刚刚萌芽的感情？

那天傍晚，阿杰站在小镇的河边，望着夕阳下的流水，心中充满了挣扎。小雨走到他身边，轻声说道："无论你做什么决定，我都会支持你。"阿杰转过头，看着小雨温柔的眼神，忽然明白了自己的心意。

"我不走了。"他握住小雨的手，坚定地说，"这里有我的根，也有我的未来。"

小雨的眼中闪过一丝泪光,嘴角却扬起幸福的笑容。她知道,他们的故事才刚刚开始。

多年后,时光书屋成了小镇上最受欢迎的地方。书店的墙上挂满了阿杰拍摄的照片,记录着小镇的变迁与他们的爱情。每当有客人问起这些照片背后的故事,小雨总会笑着说:"这是一个关于爱与选择的故事,也是一段跨越时间与空间的缘分。"

阿杰依然用他的镜头捕捉着生活的美好,只是他的镜头里多了一个永远的主角——小雨。他们的故事成了小镇上流传的佳话,也成了时光书屋最美的篇章。

3.3.4 行业分析类软文

行业分析类软文是一种专注于特定行业深度剖析的内容营销形式。它通过详细研究行业的市场动态、发展趋势、竞争格局、政策法规及关键参与者等多个维度,为读者提供全面、深入且有价值的信息。

实战 使用 DeepSeek 生成行业分析类软文

▶▶ |案例背景|

随着数字化转型的加速,企业对于数据分析的需求日益增长。数据分析师成为市场上的热门职位。然而,对于许多企业来说,如何选择合适的数据分析师,以及如何评估数据分析师的工作效果,成了一个挑战。为了帮助企业更好地理解数据分析师的角色和价值,我们计划编写一系列行业分析类软文,旨在提供行业洞察,分析数据分析师的市场需求,以及提供选择和评估数据分析师的建议。

▶▶ |案例实施|

(1)市场调研

首先通过互联网和行业报告,收集数据分析师的市场需求、薪资水平、技能要求等信息。在 DeepSeek 中输入"数据分析师 市场需求""数据分析师 薪资水平"和"数据分析师 技能要求"等关键词,获取相关的信息。

(2)用户画像分析

确定目标读者群体，包括企业决策者、人力资源经理，以及对数据分析感兴趣的个人。在 DeepSeek 中输入"数据分析师 目标读者群体"，获取更多关于潜在读者的信息。

(3)内容规划

根据调研结果和用户画像，规划软文的主题和结构。在 DeepSeek 中输入"行业分析类软文 结构"，获取行业分析类软文的标准结构，然后根据具体的需求进行调整。

(4)撰写软文

在 DeepSeek 中输入"生成数据分析师行业分析软文草稿"，并提供一些特定的指导，比如要求文章包含市场规模、增长趋势、技能要求、薪资水平等部分。DeepSeek 快速生成了一篇内容丰富、结构清晰的软文草稿。

(5)SEO优化

生成草稿后，在 DeepSeek 中输入"SEO 优化技巧"和"数据分析行业热门关键词"进行优化，以确保软文能够被搜索引擎有效索引，并吸引目标读者。

(6)内容润色

将 DeepSeek 生成的草稿交给专业编辑进行润色，确保文章的语言风格符合行业标准，同时增加一些案例研究和专家访谈，以提高文章的可信度和吸引力。

(7)发布与推广

在公司网站、社交媒体、行业论坛等多个渠道发布软文，并进行推广。在 DeepSeek 中输入"行业分析类软文 发布渠道"，获取有效的发布渠道。

(8)效果评估

通过网站分析工具跟踪软文的阅读量、分享量和转化率，评估软文的效果，并根据反馈进行调整。在 DeepSeek 中输入"软文效果评估 方法"，获取评估软文效果的有效方法。

使用 DeepSeek 生成的行业分析类软文如下。

数据分析师：企业数字化转型的关键引擎

在数字经济时代，数据已经成为企业最重要的战略资产。IDC预测，到2025年，全球数据总量将达到175ZB，这些数据中蕴含着巨大的商业价值。数据分析师作为数据的解读者和价值挖掘者，正成为企业数字化转型过程中不可或缺的关键角色。当前，数据分析师市场需求持续攀升，薪资水平水涨船高，技能要求也在不断升级。

一、数据分析师：数字化转型的核心驱动力

数据分析师在企业数字化转型中扮演着多重角色。他们不仅是数据的解读者，还是业务决策的智囊团。通过数据清洗、建模分析、可视化呈现，数据分析师将海量数据转化为可执行的商业洞察，帮助企业实现数据驱动的精准决策。

在零售行业，数据分析师通过消费者行为分析，优化商品陈列和营销策略；在金融领域，他们构建风控模型，降低业务风险；在制造业，他们通过设备数据分析，实现预测性维护。这些应用场景充分展现了数据分析师的价值创造能力。

随着数字化转型的深入，企业对数据分析师的需求呈现爆发式增长。LinkedIn数据显示，数据分析师连续三年位列最受欢迎职位前三位，市场需求年增长率超过30%。与之相对应的是数据分析师薪资水平的持续攀升，一线城市资深数据分析师年薪在40万～60万元，具备机器学习能力的高级分析师年薪更是突破80万元。

二、优秀数据分析师的核心能力图谱

技术能力是数据分析师的立身之本。当前对数据分析师的技能要求已从基础的Excel、SQL扩展到Python、R等编程语言，以及Tableau、Power BI等数据可视化工具。传统机器学习、深度学习等技术的应用能力也成为高级数据分析师的必备技能。

优秀的数据分析师需要深入理解行业特性和业务流程，能够将数据分析结果与业务场景结合，提出切实可行的解决方案。沟通能力也不可或缺，他们需要将复杂的数据分析结果，用通俗易懂的方式传达给决策层。

持续学习能力是数据分析师保持竞争力的关键。数据领域技术更新迅速，数据分析师需要不断学习新工具、新方法，保持技术前沿性。据调查，85%的数据分析师每年会参加至少两次专业技能培训。

三、构建数据分析师价值评估体系

评估数据分析师的绩效,需要建立科学的指标体系。除了常规的项目完成度、报告质量等指标,更应关注其分析成果带来的实际业务价值。例如,通过分析优化营销策略带来的销售额增长,或通过风险预测避免的损失金额。

企业可以通过建立数据中台、完善数据治理体系,为数据分析师创造良好的工作环境。同时,建立数据分析师与业务部门的协同机制,确保数据分析与业务需求紧密结合。

在数字化转型的道路上,数据分析师的价值将越发凸显。企业需要重新定义数据分析师的角色,将其从技术支持者提升为战略决策参与者,充分发挥数据资产的价值,推动企业数字化转型迈向新高度。

数据分析师不仅是数据的解读者,还是企业数字化转型的隐形引擎。他们用数据描绘商业图景,用分析指引发展方向,在数字经济时代扮演着越来越重要的角色。面对持续增长的数据分析师市场需求和不断升级的技能要求,企业需要制定科学的人才战略,为数据分析师创造良好的发展环境,共同开启数字化转型的新篇章。

3.3.5 生活方式类软文

生活方式类软文,是一种将产品或服务巧妙地融入日常生活场景中的软文形式。它不仅是推销产品,还是倡导一种生活方式,通过描绘一种理想的生活状态或场景,激发读者的共鸣和向往,从而引导读者接受并尝试这种生活方式,并在这个过程中自然地接触到产品或服务。

例如,一篇标题为"用阅读给生活加勺糖——推荐几本让我受益的好书"的生活方式类软文,编者以自身午休阅读为引子,分享阅读带来的心灵宁静与快乐,如图3-6所示。文章指出,物质刺激难填精神空虚,唯有阅读能带来智慧与精神上的快乐,倡导通过阅读丰富生活,并在最后推荐了几本令自己受益的好书给读者。

> **用阅读给生活加勺糖——推荐几本让我受益的好书**
>
> 【编者的话】我是办公室里唯一利用午休时间看闲书的人,这是个延续了好多年的习惯,每天坚持沉浸在与技术无关的书籍里的我好像是个异类。有人说我因为心静才能看得进去,其实是因为看书让我感到宁静,阅读能让我由浮躁归于平静……我享受阅读,阅读使我快乐,我要分享我的心得并推荐几本好书,献给在工作和生活中战斗的姐妹们,愿我的天使们在凡间快乐!
>
> 生活是什么味道?它淡淡的,淡有淡的好处,你可以给生活加料,让它变得有滋味。
>
> 把酒言欢的快乐如烟花,绚烂之后留给夜空更深的寂寞;旅行总有归期,继续苟且地生活时发现,归于宿命的劫数一个也没逃掉;用礼物奖励那个辛苦的自己,之后用加倍的辛苦去换下一个奖励,如此往复,万劫不复……加这样的料,让生活产生的那点小甜头很快又归于平淡。其实没有一种肉体上的刺激可以填补精神上的空虚,而快乐却是一种精神上的体验。化不开的、看不透的、放不下的……总是让人烦躁、焦虑。其实,不是缺少获得更多的能力,而是没有放下的智慧。
>
> 要到哪里去寻找智慧呢?书籍里就保存着人类的智慧,等你翻开它……

图 3-6

生活方式类软文的特点在于其贴近生活,通常以享受生活、快乐健康、轻松愉快等为主题,将新的生活理念、新的便捷方式、新的享乐主义等相关日常生活的素材与产品结合。这种写作方式让读者在阅读的过程中感到放松自在,仿佛是在了解一种新的生活方式,而不是在阅读广告。

实战 使用 DeepSeek 生成生活方式类软文

▶▶ |案例背景|

在快节奏的现代生活中,人们越来越追求平衡、健康和有品质的生活方式。企业也意识到,通过推广积极的生活方式,可以增强品牌形象,并与消费者建立更深层次的情感联系。因此,这里计划编写一系列生活方式类软文,旨在提供实用的建议和灵感,帮助读者改善日常生活质量,同时推广相关的健康产品。

▶▶ |案例实施|

(1)市场调研

首先对目标市场进行调研,了解消费者对生活方式的期望和需求。通过问卷调查、社交媒体分析和行业报告等方式收集信息。

(2) 用户画像分析

确定目标读者群体，包括追求健康生活的年轻人、忙碌的职场人士及对提高生活质量感兴趣的中老年人。在 DeepSeek 中输入"生活方式类软文 目标读者群体"，获取更多关于潜在读者的信息。

(3) 内容规划

根据调研结果，决定围绕健康饮食、运动健身、心理健康和家庭和谐等主题来编写软文。在 DeepSeek 中输入"生活方式类软文 结构"，获取软文的标准结构，并根据具体需求进行调整。

(4) 撰写软文

在 DeepSeek 中输入"生成生活方式类软文草稿"，并提供一些特定的指导，比如要求文章包含实用的建议、科学依据和产品信息等部分。DeepSeek 快速生成了一篇内容丰富、结构清晰的软文草稿。

(5) SEO 优化

生成草稿后，在 DeepSeek 中输入"SEO 优化技巧"和"生活方式关键词"进行优化，以确保软文能够被搜索引擎有效索引，并吸引目标读者。

(6) 内容润色

将 DeepSeek 生成的草稿交给专业编辑进行润色，同时增加一些故事性和情感元素，以提高文章的可读性和吸引力。

(7) 发布与推广

在公司网站、社交媒体、博客等多个渠道发布软文，并进行推广。在 DeepSeek 中输入"生活方式类软文 发布渠道"，获取有效的发布渠道。

(8) 效果评估

通过网站分析工具跟踪软文的阅读量、分享量和转化率，评估软文的效果，并根据反馈进行调整。在 DeepSeek 中输入"软文效果评估 方法"，获取评估软文效果的有效方法。

使用 DeepSeek 生成的生活方式类软文如下。

慢下来，才是快节奏生活的解药

清晨6点，手机闹铃准时响起。你习惯性地伸手关掉闹钟，眼睛还未完全睁开，大脑已经开始飞速运转：今天的第一场会议在9点，中午要和客户吃饭，下午要赶3个方案，晚上还要加班……这样的生活节奏已经成为现代都市人的常态。

我们生活在一个被速度支配的时代。地铁里奔跑的人群，写字楼里此起彼伏的电话铃声……快，似乎成了衡量效率的唯一标准。但在这看似高效的节奏中，我们的身体和精神正在付出沉重的代价。

慢生活不是懒惰的代名词，而是一种更高级的生活智慧。在东京，越来越多的上班族开始参加"慢食运动"，用一顿精致的早餐开启新的一天；在硅谷，科技精英们热衷于"数字排毒"，在特定时段远离电子设备；在哥本哈根，"hygge"生活理念风靡全城，人们学会在简单的事物中寻找幸福感。

改变可以从细微处开始。早晨提前半小时起床，给自己准备一份营养均衡的早餐；工作间隙，放下手机，做5分钟的深呼吸；下班后，换上运动鞋，在公园慢跑30分钟；睡前，泡一杯温热的草本茶，读几页喜欢的书。这些看似简单的习惯，正是构建健康生活的基石。

生活不应该是一场永无止境的赛跑。放慢脚步，不是停滞不前，而是为了更好地前行。当我们学会在快与慢之间找到平衡，生活才会展现出它最美好的模样。让我们从今天开始，重新定义属于自己的生活节奏，在繁忙中寻找宁静，在快节奏中创造慢生活。

3.4 AI 爆款软文的打造策略

AI技术的应用不仅提高了软文创作的效率，还在创意融合、情感连接、内容互动、社交传播、品牌故事化与人格化塑造等方面为软文创作带来了全新的视角和策略。

1. 创意融合与情感连接

如今的软文创作不再局限于传统的文字表达，而是能够融合图像、视频、音频等多种元素，呈现多样化的创意风格。结合目标受众的喜好，AI可以智能分析并生成独特且富有创意的软文内容，如采用新颖的视角解读产品特点，运用独特的叙事方式讲述品牌故事，或融入趣味性的元素增加软文的吸引力。这种创意融合不仅提升了软文的可读性和观赏性，还在无形中拉近了与受众的距离。

同时，情感是连接软文与受众之间的桥梁。AI技术能够通过分析受众的社交媒体行为、浏览记录等数据，深入挖掘产品或品牌背后的情感价值，并将其融入软文创作中。通过讲述真实、感人的品牌故事，或展现产品如何满足受众的某种情感需求，从而触动受众的心弦，建立深厚的情感纽带。这种情感连接不仅增强了受众对品牌的认同感，还在无形中提升了品牌的忠诚度和美誉度。

2. 内容互动与社交传播

互动性是提升软文影响力的关键。AI技术能够智能分析受众的偏好和行为模式，从而在软文中设计符合受众口味的互动环节，如提问、投票、评论等。这些互动环节不仅激发了受众的参与热情，还鼓励他们分享自己的看法和体验，形成了良好的口碑传播效应。

此外，利用社交媒体平台的传播优势，AI技术可以智能推荐软文给潜在的受众群体，并鼓励受众将软文分享给更多的人。通过AI技术的精准投放和数据分析，可以实时监测软文的传播路径和速度，为优化传播策略提供数据支持。这种社交传播不仅扩大了软文的覆盖面，还在无形中提升了品牌的知名度和影响力。

3. 品牌故事化与人格化塑造

品牌故事是连接产品与受众的纽带，能够赋予产品更深层次的情感价值。AI技术能够将品牌故事数字化、可视化，使其更加生动、有趣。通过AI技术的智能分析和生成，可以创作出符合品牌调性的故事脚本，并结合图像、视频等多媒体元素进行呈现。这种故事化的呈现方式不仅增强了受众对品牌的认知度，还在无形中传递了品牌的价值观和文化内涵。

　　同时，通过人格化塑造，可以让品牌更具温度和人情味儿。AI技术能够分析受众的社交媒体行为和偏好，从而创作出符合受众口味的品牌形象和个性特征。通过赋予品牌以人的特质和情感，拉近了与受众的距离，使品牌更加亲切、可信。这种人格化塑造不仅增强了受众对品牌的认同感，还在无形中提升了品牌的忠诚度和美誉度。

第四章

AI 电商文案写作

在电商领域,文案不仅是商品的展示窗口,还是触动消费者购买欲望的关键。随着AI技术的革新,AI电商文案写作正引领着行业的新风尚。本章将重点阐述AI在电商文案写作中的应用,通过对主图文案、详情页文案、品牌文案、商品海报文案、新品活动文案和用户评价文案的讲解,全方位展示AI如何助力电商文案创作,提升营销效果。

4.1 电商文案写作的基础知识

电商文案是指在电子商务平台上，为了促进商品销售、推广品牌、提升用户转化率而创作的文字内容。电商文案往往采用图文结合的形式来传递信息，有的文案中还会添加视频、音频及超链接等多媒体元素，以满足消费者多元化的需求。电商文案的特点主要体现在针对性强、信息丰富、创意突出、实效更新、互动频繁和引导明确等方面，如图4-1所示。

图 4-1

4.1.1 电商文案的写作要点

撰写电商文案时，需从吸引消费者注意开始，引导消费者逐步了解产品，最终促成购买。文案开头要有吸引力，主体部分要详细阐述产品特色与优势，结尾则强化购买理由，促成消费者行动。此外，情感共鸣要贯穿全文，增强消费者的认同感。将以上内容紧密配合，可实现精准营销，提升转化率。

1. 开头：吸引注意，激发兴趣

文案的开头是消费者与产品初次接触的关键部分。在开头，要明确文案的主题，即产品的核心卖点或解决的主要问题，让消费者一眼就能抓住重点。

可以在开头设置一个悬念、提出一个问题、描述一个有趣的场景或介绍一个引人深思的观点，这些元素能够激发消费者的好奇心，促使他们继续阅读下去。

例如，一款智能手表的文案开头："想象一下，只需轻轻一抬手腕，便能掌握世界的时间脉动……"这样的开场白通过构建一个未来感的场景，引发了消费者对产品的好奇心。同时，开头还需简明扼要地揭示产品的核心卖点，如"智能健康管理，让生活更便捷"，确保消费者迅速抓住重点。

2. 主体：详细阐述，建立信任

文案的主体部分需要展示产品的特点和优势。在这一部分，我们需要详细阐述产品的功能、性能、材质、使用场景等，让消费者全面了解产品的价值。同时，通过与其他同类产品的对比，突出该产品的独特性和优势，增强消费者的购买信心。此外，还可以结合用户评价、专业评测等第三方证明，进一步建立消费者对产品的信任感。

例如，某品牌的电饭煲产品文案，通过与其他品牌电饭煲进行对比，强调该品牌电饭煲在容量、功能、操作和外观等方面的优势，如图4-2所示。

图 4-2

3. 结尾：强化行动号召，促成购买

文案的结尾是促成购买行动的关键。在这一部分，我们需要强化行动号召，即明确告诉消费者如何购买产品，包括提供购买链接、优惠信息、限时促销等。同时，

通过强调产品的稀缺性、限时优惠等，营造紧迫感，促使消费者尽快做出购买决策。此外，还可以提供售后服务保障、退换货政策等，消除消费者的后顾之忧，进一步促进购买。

例如，某婴幼儿用品商家在店铺"双十一"活动文案结尾强调"全店前50名下单低至249.5元"，这样的限时优惠往往能有效激发消费者的购买欲望，如图4-3所示。

4. 情感共鸣：贯穿始终，增强黏性

除了以上3个部分，情感共鸣也是完善电商文案整体构思的重要一环。在文案中，我们需要找到与消费者共鸣的点，如生活场景、价值观、情感需求等，用富有感染力的语言触动他们的心弦。

例如，一款关于家庭健身器材的文案，可以围绕"健康是送给家人最好的礼物"这一主题，讲述一个温馨的家庭健身故事，用情感的力量触动消费者的心弦。这样的文案，不仅能够增强消费者对产品的认同感，还能激发他们对品牌的忠诚度，实现长期的价值转化。

图 4-3

4.1.2 电商文案的创意技巧

创作电商文案，创意思路是关键，它决定了文案的吸引力、独特性和市场反响。创作电商文案时，需紧抓以下创意技巧：紧跟市场趋势，巧妙融合热点，让文案与时俱进；深挖产品特性，凸显差异化优势，让文案独树一帜；运用创意联想，跨界融合元素，让文案焕发新意；洞察用户场景与需求，精准触达心灵，让文案直击痛点。掌握这些技巧，激发无限创意，打造爆款文案不再是梦。下面将结合案例详细讲解创意技巧的相关内容。

1. 市场趋势与热点结合

市场趋势与热点,是激发文案创作者创意的重要源泉。首先,文案创作者需要保持对市场动态的高度敏感性,通过新闻、社交媒体、行业报告等多种渠道,实时掌握热门话题和趋势。其次,将热门话题或趋势与产品或品牌结合,寻找它们之间的契合点,创造出新颖独特的文案主题。

例如,近年来,随着露营文化的兴起,露营装备成为热门话题。某文案创作者抓住这一趋势,推出与露营相关的产品文案。该文案中介绍了一款便携式露营椅产品,强调其使用场景、产品优点等,同时还配以露营场景的图片,吸引露营爱好者的关注,如图4-4所示。

图 4-4

2. 产品特性与差异化

深入了解产品特性,提炼差异化优势,是文案创作者明确创意思路的关键。文案创作者需要深度挖掘产品的功能、设计、材质等方面的独特之处,并通过对比竞争对手,提炼出与众不同的优势。在文案中,要突出这些优势,用简洁明了的语言进行表达,让消费者一眼就能看出产品的独特价值。

例如,在一款智能门锁产品文案中,文案创作者深度挖掘产品的安全、便捷等特性,罗列了选择该产品的八大理由,强调其多种解锁方式、Wi-Fi直连、1年持久续航等功能优势,精准定位注重家庭安全防护的消费者,直观展现产品的独特价值,如图4-5所示。

图 4-5

3. 创意联想与跨界融合

创意联想与跨界融合，是打造独特文案风格的有效方法。文案创作者可以尝试将不同领域或行业的元素进行融合，创造出新颖独特的文案风格。例如，将时尚元素与科技产品结合，可以设计出既具有科技感又符合时尚潮流的文案。同时，从产品的某个特性或功能出发进行联想拓展，寻找与之相关的有趣元素或故事，也能够为文案增添趣味性和可读性。例如，智能手表可以联想到健康生活、运动健身等场景，从而创作出与这些场景相关的文案，如图 4-6 所示。

4. 用户场景与需求洞察

深入洞察用户场景与需求，是筛选适合创意思路不可或缺的一环。文案创作者需要想象用户在使用产品时的场景，并据此构建出引人入胜的文案情境。通过深入了解用户的需求和痛点，可以确保文案能够精准地解决他们的实际问题。例如，一款针对上班族设计的咖啡杯的文案，描述上班族在忙碌的工作之余，随时都能够享受一杯热咖啡或清凉的冰饮，从而触动消费者的情感共鸣，如图 4-7 所示。同时，文案中还可以加入一些使用建议或技巧，提升文案的实用性和吸引力。

图 4-6

图 4-7

4.2 AI 在电商文案写作中的应用实战

在电商领域，文案不仅是产品的直观展示，还是与消费者建立情感联系的纽带。下面将带领大家深入探索 AI 在电商文案写作中的应用。本节将通过 DeepSeek 这款先进的 AI 工具，从主图文案到品牌文案，再到新品活动文案和用户评价文案，全方位解析如何利用 AI 提升文案的吸引力和转化率。

4.2.1 主图文案

主图文案是指在电商平台上商品主图中的描述文字，它承载着商品的基本信息，能迅速吸引消费者的注意，引导他们深入了解产品详情，甚至促成购买决策。例如，某款女装商品的主图文案搭配模特身着该服装的精美照片，突出服装优雅的设计与舒适的面料，瞬间吸引女性消费者的注意，激发她们进一步了解并购买的欲望，如图 4-8 所示。

利用 AI 工具生成主图文案，需明确目标受众与产品亮点，输入精准关键词，确保文案创意独特且贴合市场

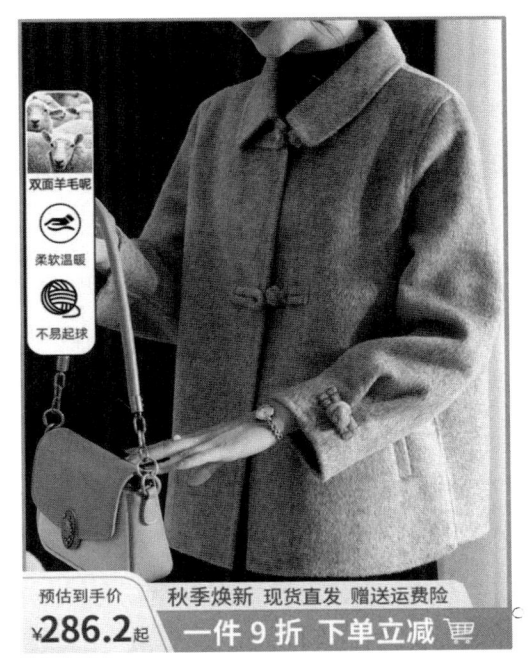

图 4-8

趋势。然后通过对生成的文案进行测试，选出最能吸引目标受众点击的文案。最后，再次优化文案，使其简洁有力，直击消费者的痛点，提高转化率。

实战　使用 DeepSeek 写主图文案

▶▶ |案例背景|

某知名咖啡品牌计划推出一款新品咖啡，为了吸引消费者的目光，提升产品的市场认知度，该品牌决定借助 DeepSeek 为新品咖啡设计一个独特且吸引人的主图文案。这款新品咖啡主打"浓郁口感，醇厚回味"，目标消费群体是热爱咖啡、追求品质生活的年轻人。

▶▶ |案例实施|

（1）设定文案主题与风格

该品牌团队设定文案的主题为"新品咖啡上市"，并设定文案的风格为"时尚、简洁、富有吸引力"。这些设定将指导 DeepSeek 生成符合品牌调性和新品特点的文案。

（2）输入关键信息

为了确保文案的准确性和针对性，在 DeepSeek 中输入新品咖啡的关键信息，包括产品名称、主要特点（浓郁口感、醇厚回味）、目标消费群体（热爱咖啡、追求品质生活的年轻人）等。这些信息将帮助 DeepSeek 生成更加贴合实际的文案。

（3）生成文案并筛选

设定好主题、风格和关键信息后，单击"生成"按钮。DeepSeek 迅速根据输入的信息，生成了多条不同风格的文案。对生成的文案进行筛选，从中挑出几条符合品牌调性、新品特点及目标消费群体喜好的文案。

（4）优化文案

对筛选出的文案进行优化，调整文案的措辞，使其更加简洁明了，同时保留了产品的核心卖点。

最终确定的主图文案简洁明了、富有吸引力，且能够很好地传达新品咖啡的核心卖点，如下所示。

[品牌Logo] 醇香觉醒，每一口都是热爱，等你来尝

这个文案不仅突出了新品咖啡的特点，还通过"等你来尝"这一富有亲和力的措辞，激发了消费者的购买欲望。

4.2.2 详情页文案

详情页文案是指在电商平台或企业网站上，用于全方位展示产品核心信息的文字内容。它是消费者在购买决策过程中获取产品信息的重要渠道，也是商家展示产品优势、提升品牌形象的关键环节。优秀的详情页文案能够准确传达产品信息，激发消费者的购买欲望，提升转化率。

详情页文案通常包括标题、产品描述、功能特点、使用说明、材质说明、具体尺寸、售后服务等多个部分，每个部分都有其特定的作用，共同构成了一个完整的产品信息展示体系。例如，一款高端耳机产品的详情页文案，通过突出产品的性能特点和优势，同时配以生动图片，有效激发消费者的购买欲望，并提升转化率，如图4-9所示。

利用AI创作吸引人的详情页文案时，先深度了解产品特性与用户需求。

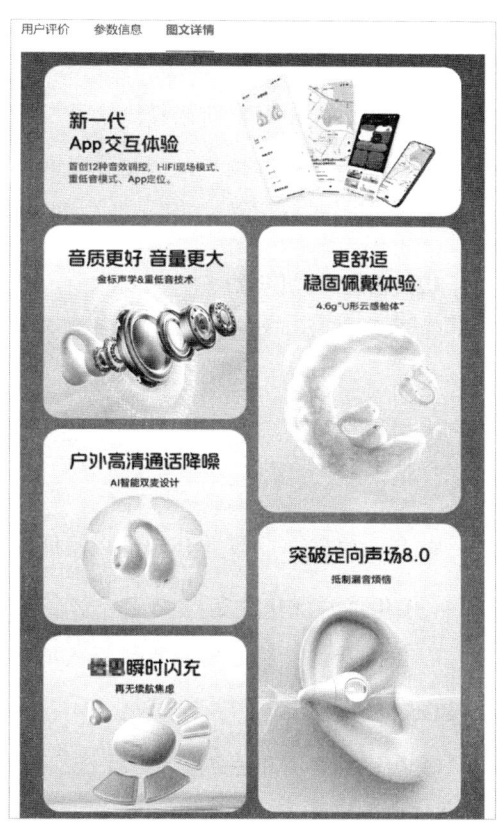

图4-9

然后，在AI工具中输入详尽的产品信息及目标用户画像，接着生成多样化文案。最后，筛选突出产品优势、解决用户痛点的文案，并结合真实用户评价增强可信度。

实战 使用DeepSeek写详情页文案

▶▶ |案例背景|

某知名家电品牌计划推出一款新型智能扫地机器人，旨在通过其高效的清洁能力和高科技功能,如智能导航、自动回充、App远程控制等,吸引消费者的眼球,提升产品的销量。为了精准传达产品优势,下面用DeepSeek来撰写智能扫地机器人的详情页文案。

▶▶ |案例实施|

(1) 明确文案目标

◎ 核心诉求:突出智能扫地机器人的高效清洁能力和高科技智能化特点。

◎ 情感共鸣:强调产品的便捷性和智能化,提升消费者对智能生活的向往和购买意愿。

(2) 收集产品信息

◎ 详细参数:整理智能扫地机器人的各项技术参数,如吸力、电池容量、导航系统等。

◎ 功能描述:详细列出产品的各项功能,如智能导航、自动回充、App远程控制等。

◎ 用户反馈:收集并分析用户评价,了解潜在消费者的关注点、需求和痛点。

(3) 生成并优化文案

◎ 输入信息:将智能扫地机器人的产品名称、功能特点、用户评价等关键信息输入DeepSeek。

◎ 生成文案:单击"生成"按钮,生成多个版本的详情页文案。

◎ 初步筛选:从生成的多个文案版本中筛选出与品牌调性、产品特性等契合的文案。

◎ 人工优化:对筛选出的文案进行细致的人工优化,确保信息的准确性、表达的流畅性和语言的吸引力。

◎ 内部评审:组织内部团队对优化后的文案进行评审,确保文案质量符合品牌调性和市场标准。

使用DeepSeek生成的详情页文案示例如下。

[品牌名]智能扫地机器人：智享洁净，净享生活

解放双手，从此刻开始！

厌倦了烦琐的家务？渴望拥有更多的自由时间？[品牌名]智能扫地机器人震撼来袭，以尖端科技重新定义清洁体验，为您开启智能家居新生活！

核心优势

强劲吸力，洁净无忧： 搭载[吸力数值]Pa超强电机，轻松吸除地面灰尘、毛发、碎屑等各类垃圾，即使是地毯深处的顽固污垢也能一扫而光，还您洁净如新的居家环境。

智能导航，精准高效： 配备[导航系统名称]智能导航系统，如同为机器人装上"智慧大脑"，可精准构建家居地图，智能规划清洁路线，避免重复清扫和漏扫，清洁效率提升[百分比]。

超长续航，畅快清洁： 内置[电池容量]mAh大容量锂电池，一次充电可续航[续航时间]分钟，轻松应对大面积户型清洁需求，告别频繁充电的烦恼。

自动回充，省心省力： 当电量不足时，机器人会自动返回充电座充电，无须人工干预，充满后还可继续完成未完成的清洁任务，真正实现全自动清洁。

App远程控制，随时随地： 下载专属App，即可远程操控机器人，实时查看清洁状态、预约清洁时间、设置清洁区域等，即使出门在外，也能轻松掌控家居清洁。

功能亮点

智能避障： 配备多种传感器，可灵敏识别家居环境，有效避开桌椅、拖鞋、电线等障碍物，防止碰撞和缠绕，保护家具和机器人自身安全。

多种清洁模式： 支持[清洁模式数量]种清洁模式，如扫地、拖地、静音模式等，可根据不同清洁需求自由选择，满足多样化清洁场景。

语音控制： 支持[语音助手名称]语音控制，动动嘴就能指挥机器人，开始、暂停、回充等操作一句话搞定，解放双手，享受智能生活带来的便捷。

智能分区： 可通过App自定义清洁区域，设置虚拟墙，避免机器人进入特定区域，如宠物进食区、儿童玩耍区等，清洁更贴心。

OTA在线升级： 支持在线升级功能，可不断更新地图数据和清洁算法，让您的机器人越用越聪明，清洁效率越来越高。

[品牌名]智能扫地机器人，您值得拥有的智能清洁管家！

现在购买，享受[优惠活动]！

点击下方链接，立即抢购！

[购买链接]

> **提示**
>
> 文案制作完成以后，还需要为文案配备高质量的产品图片，如产品外观、功能演示、使用场景等，并制作产品演示视频，直观展示智能扫地机器人的清洁效果、操作便捷性和高科技功能。图片、视频与文案内容要确保紧密相关，形成图文并茂的详情页。注意，发布前，内部要严格审核文案与视觉素材，确保内容的合规性、合法性及品牌一致性。通过审核后，将制作好的内容上传至电商平台的产品详情页面，并设置展示方式与排版，提升视觉体验。发布后，要持续监测展示效果、用户反馈和转化率，根据数据反馈进行必要的调整与优化，提升详情页的整体点击率和转化率。

4.2.3 品牌文案

品牌文案是指为了塑造和传播品牌形象，通过文字来传递品牌理念、价值、特点和故事的一种文案形式。它通常包括品牌口号、广告语、宣传文案等，是品牌与消费者沟通的重要媒介。

优秀的品牌文案往往简洁明了，却蕴含着丰富的品牌信息。同时，品牌文案还富有创意和感染力，能够触动消费者的情感，引发共鸣，从而强化消费者对品牌的认知和记忆。

例如，"褚橙"的品牌文案——"人生总有起落，精神终可传承"，这句文案不仅传达了褚橙产品的独特之处，还融入了品牌背后的励志故事，让消费者在品尝橙子时，也能感受到品牌所传递的精神力量，如图4-10所示。

在使用AI工具创作品牌文案的过程中，我们需要深入挖掘品牌的核心价值，理解品牌的独特性和差异化优势，这样才能创作出与消费者产生情感共鸣的品牌文案，为品牌的长期发展奠定坚实的基础。

图 4-10

实战 使用 DeepSeek 写品牌文案

▶▶ |案例背景|

"悠享茶语"是一家专注于高端茶饮的品牌,致力于为消费者提供高品质的茶叶产品和独特的茶文化体验。在日益激烈的市场竞争中,商家想通过创新的营销手段提升品牌影响力和市场占有率,于是选择使用 DeepSeek 来创作一系列品牌文案,以吸引更多的目标受众,并强化他们对品牌的认知和记忆。

▶▶ |案例实施|

(1) 明确品牌信息与定位

首先了解品牌的核心理念、产品特点、目标受众及市场定位。品牌强调"品质、文化、享受"3个关键词,致力于为消费者提供优质的茶叶和独特的茶文化体验。目标受众为追求生活品质、喜爱茶文化的高端消费者。

(2) 输入品牌信息

将品牌的核心理念、产品特点、目标受众等信息输入 DeepSeek,并要求文案的风格为"诗意、雅致、有文化内涵"。

(3) 生成与筛选文案

DeepSeek 根据输入的信息,生成了多条风格各异的文案。根据品牌的定位和目标受众的喜好,筛选出以下3条文案作为备选。

文案一：品味时光，悠享茶语——让每一口茶都成为心灵的宁静之旅。

文案二：茶香四溢，悠享生活——在茶香中遇见更好的自己。

文案三：传承文化，悠享品质——让茶香承载千年的智慧与优雅。

(4) 优化与定稿

对筛选出的3条文案进行优化和打磨，确保文案既符合品牌的定位，又能吸引目标受众的注意。最终，选择了文案二作为主打文案，因为它不仅体现了品牌的核心理念，还富有诗意和感染力。

使用DeepSeek生成的品牌文案示例如下。

主打文案

茶香四溢，悠享生活——在茶香中遇见更好的自己。

辅助文案

生活不止眼前的忙碌，还有茶香四溢的悠闲时光。悠享茶语，为您带来高品质的茶叶，让您在繁忙之余，享受一杯茶的宁静与美好。无论是独自品味，还是与友共饮，悠享茶语都能为您带来独特的茶文化体验。让我们一起，在茶香中感受生活的美好，享受每一刻的宁静与满足。

通过以上案例，可以看到DeepSeek在品牌文案创作中的巨大潜力。它不仅能够帮助品牌快速生成多条风格各异的文案，还能够根据品牌的定位和目标受众的喜好进行筛选和优化，为品牌的传播提供有力的支持。同时，这也展示了AI技术在品牌营销领域的广阔应用前景。

4.2.4 商品海报文案

商品海报文案是指专为商品推广而精心设计的文字表述，它通常与视觉元素（如图片、色彩、布局等）紧密结合，共同构成一张吸引人的商品海报。这些文案不仅要求语言精练、信息准确，还要富有创意和感染力，以便在第一时间吸引消费者的注意力，并引导他们深入了解商品。

例如，华为Mate60系列手机的商品海报文案，精练传达了产品的核心卖点与价格，精准定位受众，确保信息真实可信，富有创意，有效引导消费者深入了解该产品，如图4-11所示。

图4-11

商品海报文案的主要任务在于传达商品的核心卖点、独特优势或促销信息。它可能是一句简洁有力的标语，也可能是一段富有故事性的描述，但无论如何，都必须紧密围绕商品本身，确保信息的真实性和可信度。

> **提示**
>
> 创作商品海报文案时还需考虑目标受众的喜好和阅读习惯，以确保文案的针对性和有效性。通过精准定位受众群体，采用他们熟悉的语言风格，可以进一步提高文案的吸引力和转化率。

使用AI工具生成商品海报文案时，将商品的基本信息（如名称、功能、特点等）输入AI工具中，它会根据这些信息生成多个文案选项。根据实际需求筛选并优化文案，调整语言风格、增加情感元素或强化促销信息，使文案符合品牌形象和市场定位。

实战 使用DeepSeek写商品海报文案

▶▶ |案例背景|

随着开学季的到来，文具市场迎来了销售旺季。某文具品牌推出了一款集创意、实用与趣味性于一体的文具套装，旨在吸引年轻学生群体的关注。该套装包含多种文具，如彩色铅笔、马克笔、便笺纸、笔记本等，设计新颖，色彩丰富，非常适合学生日常学习使用。为了提升文具套装的市场竞争力，该文具品牌决定使用DeepSeek写商品海报文案。

▶▶ |案例实施|

(1) 明确商品特点与目标受众

首先详细分析文具套装的特点，包括其创意设计、丰富的文具种类、色彩搭配及实用性等。同时，明确目标受众为年轻学生群体，特别是追求个性化、喜欢有趣事物的学生。

(2) 输入商品信息

将文具套装的特点、目标受众及品牌调性等信息输入DeepSeek。要求文案风格为"活泼、创意、年轻化"，并希望文案能够突出文具套装的创意设计和实用性。

(3) 生成与筛选文案

DeepSeek根据输入的信息，生成了多条风格各异的文案。根据文案的创意性、吸引力、与目标受众的契合度及是否符合品牌调性，筛选出以下3条文案作为备选。

文案一：🎨 开学新装备，创意大爆发！

文案二：[品牌名]文具套装，让你的学习桌变身创意工坊！

文案三：✨ 你的学习，缺一套高能文具！

(4) 优化与定稿

对筛选出的3条文案进行优化和打磨。最终，选择文案一作为主打文案，因为它不仅活泼有趣地突出了文具套装的创意设计和色彩搭配，还强调了其在学习中的实用性，非常符合年轻学生群体的喜好。

使用DeepSeek生成的商品海报文案示例如下。

> 🎨 开学新装备，创意大爆发！
>
> [品牌名]文具套装，颜值与实力并存！
>
> 彩色铅笔、马克笔、便笺纸、笔记本……
>
> 设计酷炫，实用满分，学习也能玩出花样！
>
> 年轻就要不一样，快来Pick你的专属文具！

4.2.5 新品活动文案

新品活动文案是指为了推广新产品而撰写的宣传文案,它通常包括产品的特点、优势、使用方法、促销信息等关键内容。它旨在引起消费者的兴趣,提升产品的知名度和美誉度,从而促进销售。

例如,某食品品牌的新品活动文案通过有奖互动话题的方式,吸引消费者评论留言来参与活动,赢取奖品。其中不仅展示了产品的独特风味,还极大地提升了品牌曝光度和用户参与度,如图4-12所示。

在撰写新品活动文案时,需要深入了解目标受众的需求和喜好,以及市场竞争态势,从而精准定位文案的风格和调性。文案不仅要突出产品的独特卖点,还要与品牌形象和市场定位保持一致。

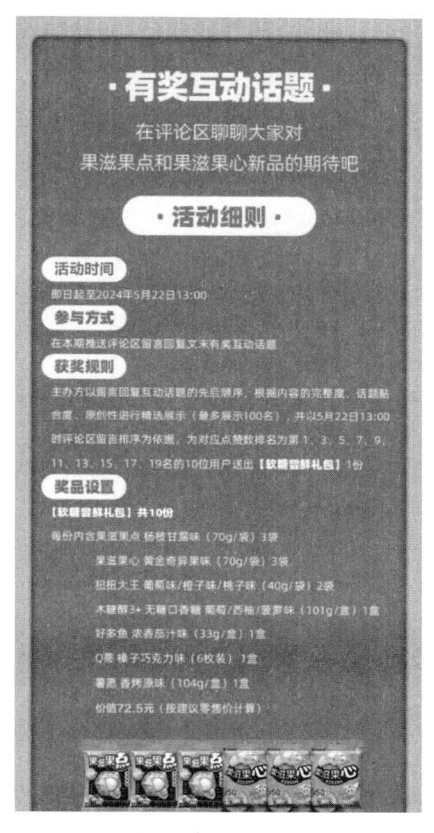

图 4-12

> **提示**
>
> 创作新品活动文案时还需要注重创意性和趣味性,通过生动的语言、形象的比喻或引人入胜的故事情节,吸引消费者的注意力,激发他们的购买欲望。此外,文案的排版和视觉设计也是不可忽视的一环,它们需要与文案内容相辅相成,共同营造出引人入胜的视觉效果。

运用AI工具创作新品活动文案时,要先明确新品特色与活动亮点,将这些信息以指令的方式输入AI工具中,以激发创意。还可以结合热点,融入活动优惠等内容,保持文案简洁有力。当AI工具生成多个文案后,从中选择最具吸引力、最能引发情感共鸣的文案。

实战 使用DeepSeek写新品活动文案

▶▶ |案例背景|

随着智能家居市场的快速发展,越来越多的家庭开始引入智能设备来提升生活质量。某公司最近开发了一款新型智能照明系统,它可以通过语音控制、手机应用,甚至与其他智能设备联动,实现家庭照明的智能化管理。为了推广这款新品,需要撰写一系列新品活动文案,以吸引消费者的注意力并激发他们的购买欲望。

▶▶ |案例实施|

(1) 市场调研

首先对智能家居市场进行调研,特别是了解智能照明系统的市场需求和竞争对手的动态。通过在线调查、社交媒体和行业报告等方式来收集信息。

(2) 目标受众分析

目标受众确定为科技爱好者、环保意识强的消费者及追求高品质生活的年轻家庭。在DeepSeek中输入"智能家居 目标受众分析",获取更多关于潜在受众的信息。

(3) 确定活动主题

基于市场调研和目标受众分析,确定活动主题为"光影新体验,智能生活触手可及",旨在突出新品的智能化和便捷性。

(4) 文案结构规划

规划文案的结构,确保内容既有吸引力又易于理解。在DeepSeek中输入"新品活动文案结构",获取文案的写作结构,并根据具体需求进行调整。

(5) 生成并优化文案

在DeepSeek中输入"请帮我生成一篇智能照明系统新品活动文案"的指令,并提供一些特定的指导,比如要求文案包含产品特点和活动优惠等内容。

生成文案后,在DeepSeek中输入"SEO优化技巧"和"智能照明系统关键词"进行优化,以确保文案能够被搜索引擎有效索引,并吸引目标读者。

使用DeepSeek生成的新品活动文案示例如下。

光影新体验，智能生活触手可及

厌倦了千篇一律的灯光？渴望更便捷、更舒适、更个性化的照明体验？

［品牌名称］全新智能照明系统震撼上市，为你开启光影新纪元！

** 无须动手，一句指令，轻松掌控全屋灯光！ **

语音控制，解放双手：支持天猫精灵、小度、小爱同学等主流智能音箱，动动嘴就能开关灯、调节亮度、切换场景，彻底解放双手，享受智能生活的便捷。

App远程操控，随时随地掌控家中灯光：无论你是在公司加班还是在外度假，都能通过手机App远程控制家中灯光，营造舒适的居家环境。

智能场景，一键切换：预设多种灯光场景模式，如会客模式、观影模式、阅读模式、睡眠模式等，一键切换，轻松打造理想氛围。

** 个性化定制，打造专属你的光影空间！ **

1600万种颜色随心调，点亮生活每一面：超广色域，精准调色，满足你对色彩的所有想象。无论是浪漫温馨的暖色调，还是清新自然的冷色调，都能轻松实现。

亮度色温自由调节，呵护双眼更舒适：根据不同场景需求，自由调节灯光亮度和色温，营造舒适健康的光环境，呵护你和家人的双眼。

音乐律动，光影随行：灯光随音乐节奏律动变化，打造沉浸式视听盛宴，让你尽情享受音乐的魅力。

** 节能环保，智能更省心！ **

智能感应，人来灯亮，人走灯灭：内置人体感应传感器，自动识别人员活动，实现人来灯亮，人走灯灭，避免能源浪费，节能环保更省心。

定时开关，告别忘关灯的烦恼：自定义灯光开关时间，无须担心忘关灯，省心更省电。

** 品质保障，安心之选！ **

精选优质材料，安全耐用：采用高品质LED灯珠，光线柔和均匀，无频闪无蓝光危害，使用寿命长达25000小时。

专业团队，贴心服务：提供专业的安装指导和售后服务，为你消除后顾之忧。

** 全新智能照明系统，点亮你的未来家居！**

［品牌名称］智能照明系统，为你打造更智能、更舒适、更个性化的家居照明体验！

** 立即抢购，享受限时优惠！**

［产品链接］

#智能照明#智能家居#灯光控制#语音控制#远程控制#场景模式#个性化定制#节能环保

> **提示**
>
> 使用DeepSeek生成新品活动文案以后，还需要将文案交给专业编辑进行润色，确保文案的语言风格符合行业标准。同时，增加一些故事性和情感元素，以提高文案的吸引力和说服力。内容经过润色以后，便可在公司网站、社交媒体、电子邮件等多个渠道发布文案，并进行推广。最后，通过网站分析工具跟踪文案的阅读量、点击率和转化率，评估文案的效果，并根据反馈进行调整。

4.2.6 用户评价文案

用户评价文案是消费者在购买、使用或体验某产品或服务后，根据个人真实感受撰写的文字性反馈。用户评价文案的内容丰富多样，可能包含对产品的外观、性能、耐用性、性价比等方面的评价，也可能涉及对服务的态度、专业性、响应速度等方面的描述。消费者会根据自己的实际体验，用简洁明了的语言，将满意或不满之处一一列出，并给出相应的评分或等级，为其他潜在消费者提供了解产品或服务质量的重要参考。

例如，图4-13是某款电容笔产品的用户评价文案，文案中提及该产品受到全网超过

图4-13

10000+用户的推荐，并展示了部分用户的亲测案例和好评，这成为其他消费者了解产品品质的重要参考。

使用AI工具生成用户评价文案，是现代营销领域中的一项创新技术。这项技术能够模拟真实用户的反馈，为产品或服务提供多样化的评价内容。用AI工具生成用户评价文案的大致步骤如下。

（1）明确产品或服务的特点和优势，为AI工具提供准确信息。

（2）将产品特点和营销目标输入AI工具，生成多个文案选项。

（3）根据营销目标和受众需求筛选并优化文案，如调整措辞、增加创意元素，以提升吸引力和说服力。这一过程确保文案既能准确反映产品核心价值，又能与品牌调性一致，有效提升品牌的知名度并促进销售。

实战 使用DeepSeek写用户评价文案

▶▶ │案例背景│

一家新兴的电动滑板车公司最近推出了一款新型城市通勤滑板车，该产品具有轻便、快速充电和持久续航的特点。为了提升产品的市场认可度和销售量，该公司决定利用用户评价文案来展示产品的优势和用户的满意度。这种文案能够提供社会证明，增强潜在买家的信任感，从而促进购买决策。

▶▶ │案例实施│

(1) 产品特点梳理

首先梳理电动滑板车的主要特点，包括最高速度、续航里程、充电时间、轻便性等，并确定哪些特点最受用户关注。

(2) 目标受众分析

通过市场调研和用户反馈，确定了目标受众为城市通勤者、大学生和环保意识强的消费者。在DeepSeek中输入"电动滑板车 目标受众分析"，获取更多关于潜在用户的信息。

（3）用户评价收集

从电商平台、社交媒体和公司网站上收集真实用户的正面评价和反馈，特别关注那些突出产品特点的评论。

（4）文案结构规划

规划文案的结构，确保内容既有吸引力又易于理解。在DeepSeek中输入"用户评价文案 结构"，获取文案的写作结构，并根据具体需求进行调整。

（5）生成并优化文案

在DeepSeek中输入"请帮我生成一篇电动滑板车产品的用户评价文案"，并提供一些特定的指导，比如要求文案包含用户的真实评价、使用场景和产品优势等部分。

在生成文案后，在DeepSeek中输入"SEO优化技巧"和"电动滑板车 关键词"进行优化，以确保文案能够被搜索引擎有效索引，并吸引目标读者。

使用DeepSeek生成的用户评价文案如下。

告别拥堵，畅享城市出行！××电动滑板车，你的轻便出行新选择！

还在为早晚高峰堵在路上而烦恼？还在为找不到停车位而焦虑？××电动滑板车，为你开启城市出行新方式！

轻便易携，说走就走！ ××电动滑板车采用航空级铝合金材质，整车重量仅××千克，单手即可轻松提起。折叠后体积小巧，可轻松收纳，让你随时随地畅享骑行乐趣。

快速充电，告别等待！ ××电动滑板车搭载高性能锂电池，仅需××小时即可将电充满，让你告别漫长等待，随时出发。更有智能电池管理系统，有效延长电池寿命，让你骑行更安心。

超长续航，畅行无忧！ ××电动滑板车一次充电可续航××千米，轻松满足日常通勤、休闲娱乐等多种需求。无论是穿梭于城市街道，还是探索公园小径，××电动滑板车都能带你轻松抵达。

用户真实评价：

"这款电动滑板车真的太轻便了，我每天上下班都靠它，再也不用挤地铁了！"——来自××市的上班族小李

"充电速度很快,我一般晚上充电,早上就能骑,非常方便。"——来自××市的大学生小王

"续航能力很强,我经常周末骑它去郊游,一次充电可以骑很久。"——来自××市的骑行爱好者老张

××电动滑板车,你值得拥有!现在购买还可享受××优惠,赶快行动吧!

立即点击链接,了解更多产品信息![链接]

××电动滑板车,带你轻松出行,畅享城市生活!

第五章

AI 新媒体文案写作

在这个数字化时代，新媒体凭借其强大的传播力与互动性，已成为品牌推广与信息传播的主要阵地。文案，作为品牌与受众之间沟通的桥梁，其质量直接关系到信息的有效传递与品牌形象的塑造。本章将深入探讨新媒体文案的特点、创作步骤与创作方法，并引领您进入AI写作新媒体文案的实战领域。无论是小红书、公众号、头条号、微博还是知乎，我们都将通过具体案例，展示如何利用DeepSeek高效撰写吸引眼球的文案，帮助大家在新媒体浪潮中脱颖而出。

5.1 新媒体文案的特点与创作步骤

1. 新媒体文案的特点

新媒体文案以创新性、互动性、时效性、个性化和情感化为核心特点，如图 5-1 所示。在信息爆炸的时代，创新性使文案脱颖而出，吸引用户眼球；互动性即利用平台功能促进用户与品牌双向沟通；时效性即要求文案紧跟热点，快速响应，提升品牌或产品的曝光率；个性化即通过精准定位和定制满足多样化需求；情感化即触动用户内心，增强品牌忠诚度。这些特点共同赋予新媒体文案独特的魅力，促进品牌与用户深度交流，提升传播效果。

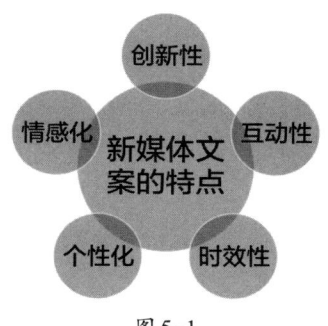

图 5-1

2. 新媒体文案的创作步骤

新媒体文案的创作是一个系统性的过程，需要经过明确目标、收集信息、构思框架、创作内容、审核与编辑、优化与发布等多个环节，如图 5-2 所示。

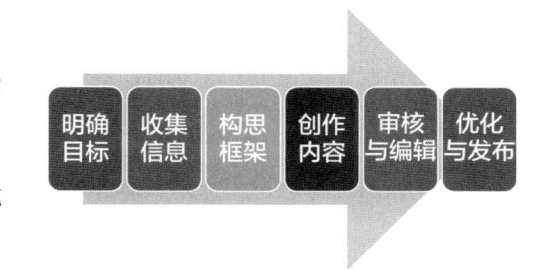

图 5-2

在创作新媒体文案时，明确目标是首要任务，它指导整个创作过程的方向和效果。随后，通过多渠道收集市场、竞争对手和目标受众的信息，为文案创作提供有力支持。在构思框架阶段，创作者需构建清晰、有条理的文案结构。进入内容创作阶段后，创作者需要灵活运用语言，注重文案的可读性和传播性。初稿完成后，需要对其进行细致的审核与编辑，确保文案准确无误且符合品牌调性。最后，对文案进行优化，并选择合适的发布时间和渠道，以实现最佳曝光和传播效果，同时关注受众反馈，灵活调整策略。

5.2 新媒体文案的创作方法

新媒体文案的创作方法多种多样，这些方法旨在帮助创作者更有效地传达信息、吸引受众并促进互动。以下是一些常用的新媒体文案创作方法。

1. 情感共鸣法

情感共鸣法是新媒体文案创作中极具感染力的方法之一，其核心在于通过融入情感因素，触动受众的内心，引发共鸣。在运用此方法时，创作者需要深入挖掘人们普遍经历的场景或情感，如家庭、友情、爱情等，使用富有感染力的语言进行描述，让受众在阅读过程中产生强烈的情感共鸣。

例如，一篇新媒体文章的标题为“每一个不曾起舞的日子，都是对生命的辜负”，这样的标题能够直击人心，引发受众对自我奋斗经历的共鸣和思考，从而加深对文案的印象，激发受众的认同感，如图5–3所示。

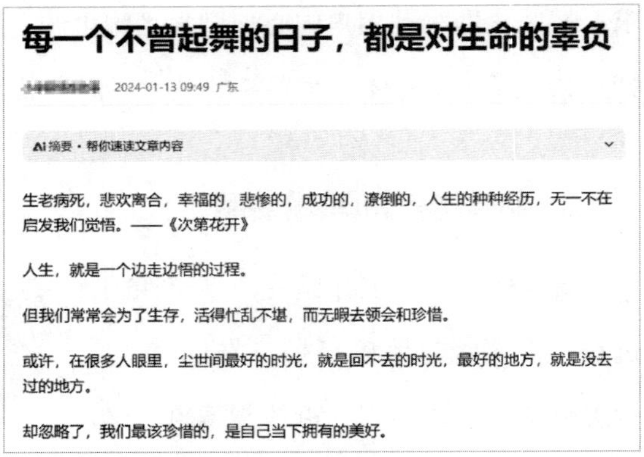
每一个不曾起舞的日子，都是对生命的辜负

2024-01-13 09:49 广东

AI 摘要 · 帮你速读文章内容

生老病死，悲欢离合，幸福的，悲惨的，成功的，潦倒的，人生的种种经历，无一不在启发我们觉悟。——《次第花开》

人生，就是一个边走边悟的过程。

但我们常常会为了生存，活得忙乱不堪，而无暇去领会和珍惜。

或许，在很多人眼里，尘世间最好的时光，就是回不去的时光，最好的地方，就是没去过的地方。

却忽略了，我们最该珍惜的，是自己当下拥有的美好。

图 5–3

2. 卖点突出法

卖点突出法的关键在于明确商品或服务的核心卖点，并直接告诉受众这些卖点能解决他们的某些问题或给他们带来某些好处。在运用此方法时，创作者需要精准把握受众的需求和痛点，将商品或服务的优势与受众的需求紧密结合，用简洁明了的语言进行表述。

例如，某品牌新款手机的推广文案中有：“摄影爱好者们注意啦！这次××配备了超感光夜摄系统，即使在夜晚也能拍出清晰明亮的照片，暗处的细节也能完美捕捉！无论是月光下的浪漫晚餐还是城市夜景中的灯火辉煌，都能轻松定格，美得令人惊叹！"这段文案突出了手机的摄像优势，并强调了该手机能满足受众在夜晚拍照的需求，从而吸引受众的关注和购买欲望，如图5-4所示。

图 5-4

3. 创意独特法

创意独特法就是运用独特的创意和表达方式，使文案在众多信息中脱颖而出。在运用此方法时，创作者需要打破常规思维，运用比喻、拟人、排比等修辞手法，或采用新颖的角度，使文案更加生动有趣。

例如："在这个瞬息万变的世界里，我们有时会感到迷茫。但请相信，你的内心拥有指引你前行的光芒。就像夜空中最亮的星，即使在最黑暗的时刻，也能找到方向。不要害怕探索，因为每一次尝试都是对自我的肯定。你的勇气和坚持，比任何困难都来得强大。让我们一起勇敢地追逐梦想，因为美好总是不期而遇。"这段文案巧妙运用比喻，富含深意，引人深思，如图5-5所示。

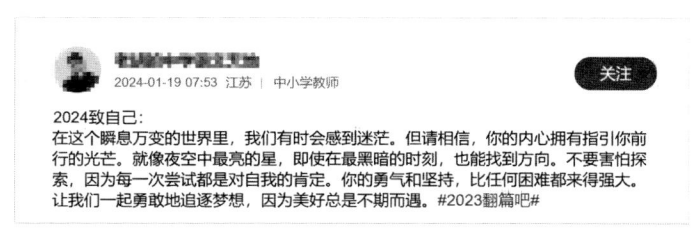

图 5-5

4. 互动参与法

互动参与法是指通过设计互动环节，激发受众的参与热情，增强文案的互动性。在运用此方法时，创作者可以设置问答、投票、抽奖等互动环节，鼓励受众参与并分享自己的见解和体验。

例如，"您最心仪哪一款文创礼品？快为它投出宝贵的一票吧"这样的文案，既能够吸引受众的注意力，又能够激发他们的参与热情，从而增强文案的传播效果，如图5-6所示。

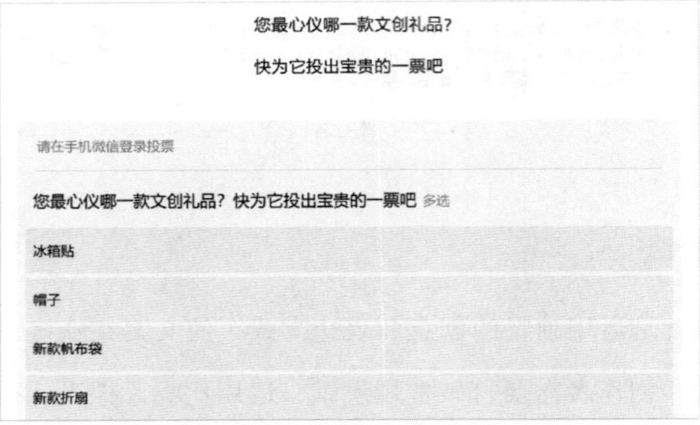

图 5-6

5. 数据支撑法

数据支撑法是运用具体的数据来支撑文案的观点和论据，使文案更加客观、准确。在运用此方法时，创作者需要引用权威的数据或研究结果，来支持自己的观点或描述某个现象。

例如："调查数据显示，近七成商家表示提供分期免息服务后，销售额明显提升。其中商家提供免息分期重点补贴产品销量平均提升30%，分期免息带动店铺的销量，平均提升15%。"这样的文案通过具体的数据，有力证明了"分期免息"对于电商销售的重要作用，直观展现了其对销量增长的积极影响，增强了文案的权威性和说服力，如图5-7所示。

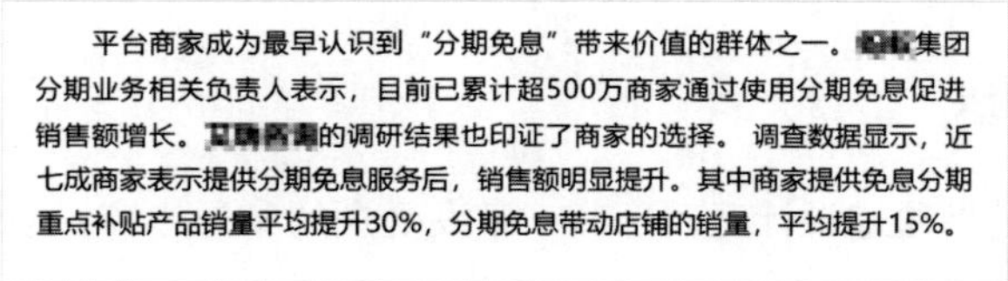

图 5-7

6. 故事叙述法

故事叙述法是通过讲述一个完整的故事来传达信息或观点，使文案更加引人入胜。在运用此方法时，创作者需要构建一个或几个角色，通过他们的经历或故事来传达品牌理念或产品信息。

例如，一篇新媒体文案讲述了一位90后农村青年返乡创业的故事，如图5-8所示。他经过不懈的努力不仅改变了自己的生活，也带动了整个村庄的经济发展，为巩固拓展脱贫攻坚成果和推进乡村振兴做出了积极贡献。故事贴近生活，展现了新时代青年的责任与担当，令人动容。

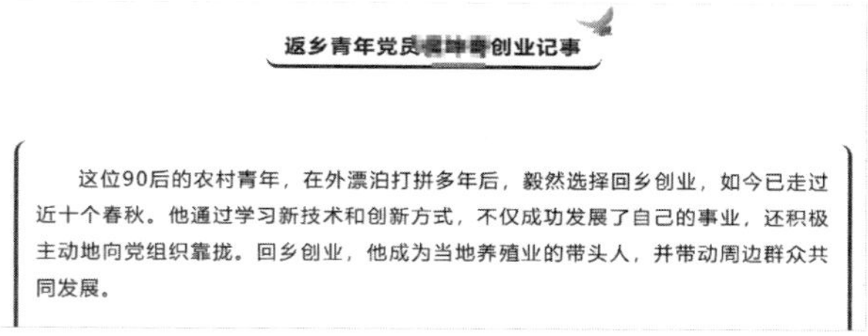

> 返乡青年党员▇坤▇创业记事
>
> 这位90后的农村青年，在外漂泊打拼多年后，毅然选择回乡创业，如今已走过近十个春秋。他通过学习新技术和创新方式，不仅成功发展了自己的事业，还积极主动地向党组织靠拢。回乡创业，他成为当地养殖业的带头人，并带动周边群众共同发展。

图 5-8

7. 热点借势法

热点借势法是指及时关注社会热点事件或流行趋势，并将其与文案内容结合，使文案更加贴近受众的生活和兴趣。在运用此方法时，创作者需要保持对社会热点和流行趋势的敏感度，及时捕捉并融入文案中。

例如，在世界杯期间，可以创作与足球相关的文案，如"为梦想而战，就像世界杯上的每一支球队一样"，这样的文案既能够紧跟世界杯的热点话题，又能够传达出品牌或产品的积极形象和理念。

这些方法并不是孤立的，而是可以相互结合、灵活运用的。创作者可以根据文案的目标、受众特点及传播渠道等因素，选择合适的创作方法并不断创新和优化。同时，也要注意保持文案的真实性和可信度，避免夸大其词或虚假宣传。通过巧妙运用这些方法，创作者可以创作出更加优秀的新媒体文案，更好地传达信息、吸引受众并促进互动。

5.3 AI 在新媒体文案写作中的应用实战

AI写作技术的应用，让文案创作变得更加高效与精准。AI工具不仅能够快速生成吸引眼球的文章标题，还能够根据用户行为分析，提供个性化的内容推荐。下面将深入探讨AI如何助力新媒体文案创作，通过实战案例展示AI在提升文案效率、优化内容质量方面的独特优势。

5.3.1 小红书文案

小红书文案是小红书平台上一种独特的文字表达方式。它不仅是一段文字，还是一种情感的传递、生活态度的展现。小红书文案将个人体验与感受置于首位，通过多样化的叙述方式，让读者仿佛置身于产品的使用场景中，从而拉近与品牌的距离。

例如，一篇小红书文案的标题为"春季限定｜樱花味的水润初恋唇甜晕你！"，如图5-9所示。这段文案简洁明了地传达了产品的特点和价值，同时用"水润初恋唇""甜晕你"等形象化描述，激发读者的美好联想和购买欲望。

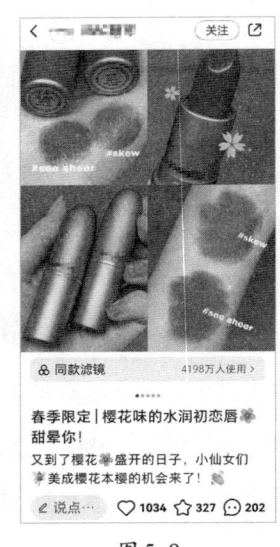

图5-9

小红书文案的特点主要体现在情感化、故事化、场景化和互动性4个方面，这些特点共同构成了小红书文案的独特魅力，如图5-10所示。

（1）情感化

小红书文案注重情感的传递，通过细腻的文字描绘，让读者在阅读的过程中产生共鸣。这种情感化的

图5-10

表达方式，让文案不仅是产品宣传，还是消费者与品牌之间的情感纽带。

(2) 故事化

小红书文案善于讲述小故事或经历，通过故事化的手法，让文案更加生动有趣，增加了可读性。这些故事往往与产品紧密相关，通过讲述产品的使用场景或效果，让读者更加直观地了解产品的价值。

(3) 场景化

小红书文案通过描绘具体的使用场景，让读者能够清晰地看到产品的应用场景和价值所在。这种场景化的表达方式，不仅增强了文案的代入感，还让读者更加容易理解产品的功能和用途。

(4) 互动性

小红书文案鼓励读者留言、点赞或分享，让文案成为社交的一部分。这种互动性不仅增强了文案的传播效果，还让读者在参与的过程中感受到品牌的关注和重视。

在创作小红书文案时，关键在于深入把握目标用户的需求与喜好，这要求我们先进行充分的市场调研和分析，了解他们的生活方式、消费习惯及情感需求。同时，文案的创意和趣味性至关重要，需结合产品特点和目标用户需求，发挥想象力，创造独特的风格和表达方式，以在众多内容中脱颖而出。此外，语言应简洁明了，符合年轻人偏好，提高可读性和理解度。最后，巧妙融入品牌元素，增强品牌认同感，提升品牌的知名度和美誉度，促进产品销售和口碑传播。这些要点共同构成了创作触动人心、引发共鸣的小红书文案的基础。

实战 使用 DeepSeek 写小红书文案

▶▶ |案例背景|

随着秋季的到来，家居装饰市场逐渐升温，许多消费者开始考虑如何为家中增添一些秋季的氛围。其中，一款名为"枫叶情"的香薰蜡烛因其独特的香味和精美的外观设计，成为市场上的热门商品。为了进一步提升该商品在小红书平台上的曝光度和销量，需要撰写一篇具有吸引力的商品文案。

▶▶ |案例实施|

(1) 明确目标受众

分析"枫叶情"香薰蜡烛的目标受众。她们主要是追求生活品质、喜欢家居装饰、对秋季氛围有特别偏好的年轻女性。

(2) 确定文案风格

针对目标受众的特点,采用温馨、浪漫、富有诗意的文案风格,以符合秋季的氛围和香薰蜡烛的产品特性。

(3) 生成文案

在DeepSeek中输入"枫叶情香薰蜡烛、秋季氛围、温馨浪漫、家居装饰、诗意文案"。DeepSeek会迅速生成多条文案建议,从中挑选一条最符合要求的文案。

(4) 文案优化

对DeepSeek生成的文案进行适当的修改和调整,使其符合小红书平台用户的阅读习惯。

使用DeepSeek生成符合小红书平台特点的商品文案示例如下。

🍁 **【枫叶情香薰蜡烛】秋季氛围感拉满!** 🍁

姐妹们!秋天到了 🍂

怎么能少了这款神仙香薰蜡烛呢!

一打开包装就被惊艳到了

枫叶红的瓶身也太高级了吧

放在家里瞬间提升氛围感 💯

点燃的瞬间

整个房间都弥漫着枫糖浆的甜香

混合着淡淡的木质调

仿佛置身于枫叶飘落的秋日森林

浪漫指数直接爆表 💗

最绝的是它的诗意文案

"一片枫叶一季秋"

"烛光摇曳心事微醺"

每一句都戳中我的心 😢

放在床头、茶几、浴室

随手一拍都是ins风大片

朋友来家里都问我要链接

简直是秋季必备神器

趁着双十一赶紧囤货

自用送人都超合适

姐妹们冲就完事了

#枫叶情香薰蜡烛#秋季氛围感#家居好物分享#香薰蜡烛#提升幸福感的小物

5.3.2 公众号文案

公众号文案是指在微信公众号上发布的，旨在推广品牌、产品、服务或传递信息的文字内容。它不仅是公众号与读者沟通的桥梁，也是品牌塑造、用户维护、流量引导的重要手段。公众号文案通过精心策划的内容，结合图片、视频、音频等多媒体元素，向读者传达特定的信息或情感，以达到提升品牌知名度、促进产品销售、增强用户黏性等目的。

例如，某时尚公众号发布了一篇标题为"入秋必备的10件衣服，时髦又高级！"的文案，如图5-11所示。其中通过精美的图片和详细的文字描述，向读者推荐了10件秋季必备的服装。该文案不仅吸引了大量读者的关注和讨论，还成功带动了相关产品的销售。

公众号文案是品牌与受众沟通的重要桥梁，其创作质量和效果直接影响品牌的形象和受众认知。为了提升文案的吸引力，需要明确目标受众，挖掘品牌的独特卖点，注重情感共鸣，运用视觉元素丰富内容形式，之后优化排版布局以提高可读性。此外，数据分析也是不可或缺的一环，通过收集和分析受众反馈，持续优化文案的内容和形式，以提升传播效果，塑造品牌形象，增强品牌的影响力。

图 5-11

实战 使用 DeepSeek 写公众号文案

▶▶ | 案例背景 |

随着秋季的到来，旅游市场逐渐升温，众多游客开始规划秋季出游计划。稻城亚丁被誉为"水蓝色星球上的最后一片净土"，其独特的自然风光和深厚的文化底蕴吸引了无数游客的目光。一家专注于分享旅游资讯的公众号计划推出一篇关于稻城亚丁的秋季旅游文案，以吸引读者的关注并激发他们的出游欲望。为了提升文案的创意与吸引力，下面使用 DeepSeek 来辅助完成这篇文案的创作。

▶▶ | 案例实施 |

（1）明确文案主题与目标受众

明确文案的主题为"探索秋日仙境：稻城亚丁"，目标受众为热爱自然风光、追求心灵洗礼的旅游爱好者。

（2）收集素材与灵感

在创作文案之前，收集关于稻城亚丁的大量素材，包括高清图片、旅游攻略、游客评价等，并浏览其他旅游公众号的优秀文案，以获取灵感。

（3）生成文案

在 DeepSeek 中输入"稻城亚丁秋季旅游"，并提供一些特定的指导，比如要求将"旅游攻略"作为文章类型。DeepSeek生成一个包含最佳旅游时间、如何到达、必游景点、摄影技巧、注意事项等结构的文案。

(4) 优化与调整

完成文案初稿后，对文案进行多次阅读与修改，确保语言流畅、逻辑清晰。同时，还可以根据DeepSeek提供的建议，对文案的排版、字体大小等进行优化与调整。

(5) 添加视觉元素

为了提升文案的吸引力，可以在文案中插入多张稻城亚丁的秋季美景图片，以及相关的旅游攻略视频链接。

使用DeepSeek生成的公众号文案示例如下。

探索秋日仙境：稻城亚丁

　　稻城亚丁，这个被誉为"水蓝色星球上的最后一片净土"的地方，在秋季展现出最迷人的一面。金黄的草甸、湛蓝的天空、巍峨的雪山，构成了一幅绝美的画卷。如果你正在计划一次难忘的秋季旅行，那么稻城亚丁绝对是不容错过的目的地。本文将为你提供一份详尽的稻城亚丁秋季旅游攻略，助你畅游这片人间仙境。

一、最佳旅游时间

　　从9月中旬持续到10月底，这段时间是观赏秋景的最佳时机。9月下旬至10月中旬，树叶开始变色，整个山谷被染成金黄色，景色最为壮丽。

二、如何到达

飞机：最快捷的方式是乘坐飞机到达稻城亚丁机场（海拔4411米），然后乘坐机场大巴或包车前往景区（约2小时车程）。

自驾：从成都出发，沿318国道行驶，全程约800千米，需2～3天。沿途风景优美，但路况较为复杂，建议有高原驾驶经验者选择。

公共交通：从成都新南门车站乘坐大巴到稻城县（约16小时），再转乘当地班车或包车前往亚丁景区。

三、必游景点

三大神山：仙乃日、央迈勇、夏诺多吉三座雪山是稻城亚丁的标志性景观。秋季的清晨,阳光洒在雪山上,金光闪闪,令人叹为观止。

珍珠海:位于仙乃日神仙脚下,湖水清澈见底,倒映着雪山和周围的彩林,宛如仙境。

五色海:海拔约4600米的高山湖泊,湖水会随着光线变化呈现不同颜色,神秘而美丽。

洛绒牛场:这里是观赏三座神山的最佳地点之一,秋季的草甸金黄一片,与蓝天白云相映成趣。

冲古寺:古老的寺庙,坐落在雪山脚下,是感受当地文化的好去处。

四、徒步路线推荐

短线:冲古寺—珍珠海(2~3小时)

长线:洛绒牛场—牛奶海—五色海(6~8小时)

建议根据自身身体状况选择合适的路线,注意高原反应。

五、实用贴士

高原反应:稻城亚丁海拔较高,建议提前做好准备,可携带抗高原反应药物。

穿着建议:秋季昼夜温差大,需准备保暖衣物,同时也要带上防晒用品。

住宿:可选择住在亚丁村或香格里拉镇,前者更靠近景区,后者设施更完善。

门票:旺季(4月1日—11月30日)门票××元,观光车××元。

环保:请自觉保护环境,不要随意丢弃垃圾。

六、摄影技巧

最佳拍摄时间为清晨和傍晚,光线柔和,色彩丰富。

使用偏振镜可以增强天空的蓝色和云彩的层次感。

拍摄雪山时,可以使用较小的光圈(如f/8~f/16)以获得更大的景深。

注意构图,可以利用前景的树木、经幡等元素增加画面层次。

七、当地美食

酥油茶:藏族传统饮品,有助于适应高原环境。

糌粑:青稞面制成的传统主食,营养丰富。

牦牛肉:当地特色,可以尝试牦牛肉火锅或烧烤。

八、注意事项

尊重当地的文化和习俗。景区内禁止吸烟和使用明火。保护生态环境,不要采摘植物或惊扰野生动物。提前预订住宿,特别是在国庆黄金周期间。

稻城亚丁的秋天是一场视觉盛宴,每一处风景都令人流连忘返。通过这份攻略,相信你已经对这次旅程有了初步的了解。准备好行囊,踏上探索秋日仙境的旅程吧!在这片净土上,你将领略到大自然最纯粹的美,收获一段难忘的回忆。

5.3.3 头条号文案

头条号文案是指专为今日头条平台设计的文字内容,旨在吸引用户点击、阅读、分享,并促进内容的广泛传播。

例如,一篇标题为"揭秘!那个神秘小镇为何突然成了网红打卡地?"的头条号文案,其标题本身就充满了悬疑感与吸引力,令人不禁想要一探究竟,如图5-12所示。该文案开头像是一位风趣的说书人,用幽默而富有感染力的语言,吊足了读者的胃口,这样的文案无疑能够迅速吸引读者的注意力,激发他们的好奇心与阅读欲望。

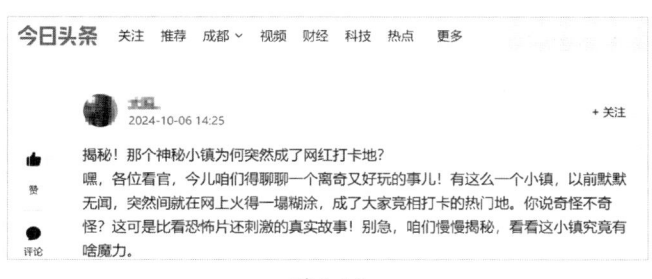

今日头条 关注 推荐 成都 视频 财经 科技 热点 更多

土豆
2024-10-06 14:25   + 关注

👍 赞

揭秘!那个神秘小镇为何突然成了网红打卡地?
嘿,各位看官,今儿咱们得聊聊一个离奇又好玩的事儿!有这么一个小镇,以前默默无闻,突然间就在网上火得一塌糊涂,成了大家竞相打卡的热门地。你说奇怪不奇怪?这可是比看恐怖片还刺激的真实故事!别急,咱们慢慢揭秘,看看这小镇究竟有啥魔力。

💬 评论

图 5-12

在信息爆炸的时代,头条号文案以其简洁明了、吸引眼球、情感共鸣及针对性强的特点脱颖而出。简洁明了的文案迅速传达核心价值;吸引眼球的标题和导语激发读者的好奇心;情感共鸣触动读者心弦,提高互动率;而针对性强的文案则确保信息精准触达目标受众,共同构成高效传播与深度互动的基石,使头条号文案在众多信息中占据优势。

头条号文案创作要点在于精准定位目标受众与文章内容，打造创新、吸引眼球的标题，以引人入胜的导语激发读者阅读欲望，并优化关键词以提高搜索排名。这些要点共同提升文案的吸引力与传播效果，确保内容精准触达目标受众，激发读者的兴趣，增加曝光度和阅读量。

实战　使用 DeepSeek 写头条号文案

▶▶ |案例背景|

随着人们对生活品质的追求日益提升，家庭园艺逐渐成为都市人群的新宠。越来越多的人开始在家中种绿植，不仅美化环境，还能净化空气，提升生活幸福感。为了迎合这一趋势，计划在头条号上发布一篇关于家庭园艺的文案，旨在吸引更多读者关注并参与到家庭园艺的行列中来。

▶▶ |案例实施|

（1）明确文案目标

文案的目标是撰写一篇既能激发读者兴趣，又能提供实用家庭园艺技巧的头条号文案。文案应具有一定的吸引力和可读性，同时包含有价值的信息。

（2）了解受众需求

分析头条号的读者数据后，发现目标受众主要是年轻人。他们喜欢阅读关于生活品质提升、家居装饰和绿植养护等方面的内容。因此，要创作的文案应围绕这些主题展开。

（3）生成文案

将"家庭园艺"作为关键词输入 DeepSeek 中，并设置一些具体的指令，如"提供家庭园艺的实用技巧""强调绿植对家居环境的改善作用"和"使用生动有趣的语言风格"。

DeepSeek 根据指令生成文案草稿。仔细阅读并评估草稿后，发现它基本符合预期，但在某些细节上还需要进一步优化。

（4）优化文案

在保持文案整体框架和风格不变的基础上，对草稿进行以下优化。

◎ 增加具体的绿植种类推荐，以满足读者的实际购买需求。

◎ 增加绿植养护的小贴士，以提升文案的实用性和可读性。

◎ 对语言风格进行微调，使其更加生动有趣，符合年轻人的阅读习惯。

（5）测试与反馈

在最终文案确定之前，将其发送给一组测试读者，并收集他们的反馈意见。根据这些反馈，对文案进行最后的调整，确保其在正式发布前能够达到最佳效果。

使用 DeepSeek 生成的头条号文案示例如下。

逃离都市丛林，在家打造你的治愈系绿洲！

你是否渴望一抹自然的绿意？是否也想在忙碌的生活中，找到一片放松身心的净土？

家庭园艺，正成为都市人群的新宠！它不仅能让你的家充满生机，还能净化空气、舒缓压力，提升生活幸福感。

新手也能轻松上手的家庭园艺指南来啦！

1. 懒人必备！这些高颜值绿植，好看又好养！

绿萝：生命力顽强，耐阴好养，是净化空气的小能手！

龟背竹：北欧风家居的宠儿，叶片独特，寓意健康长寿。

多肉植物：造型可爱，品种繁多，懒人也能养出好状态。

空气凤梨：无须土壤，喷水即可，是懒人养花的终极选择！

2. 绿植养护小贴士，让你轻松变身园艺达人！

光照：不同植物对光照的需求不同，要根据植物习性选择合适的摆放位置。

浇水：见干见湿，避免过度浇水导致烂根。

施肥：生长期定期施肥，薄肥勤施，让植物茁壮成长。

修剪：定期修剪枯枝败叶，保持植物美观，促进新枝生长。

3. 家庭园艺，打造你的专属治愈空间！

阳台花园：利用阳台空间，打造一个充满绿意的休闲角落。

> 客厅绿植角：用绿植点缀客厅，提升空间活力，营造自然氛围。
>
> 卧室香草园：在卧室种植香草植物，既能净化空气，又能助眠安神。
>
> 还在等什么？快来加入家庭园艺的行列，一起感受自然的魅力，打造属于你的治愈系绿洲吧！
>
> 关注我们，获取更多家庭园艺干货，让你的生活充满绿意！

5.3.4 微博文案

微博文案是指通过微博平台发布的文字、图片、视频或链接等内容，旨在传达特定信息、观点、情感或推广目的。它要求简洁明了、富有创意，能够在短时间内吸引用户的注意力并引发互动。

例如，"新周早安 窗外樱花开啦#日常##今日份小确幸#"这个微博文案通过简短的文字和一张张温馨的图片，瞬间将人们带入一个充满生机与美好的早晨，唤起了大家对生活的热爱与珍惜，如图5-13所示。

图5-13

微博文案以短小精悍、直击要点为特色，借助即时传播紧跟时事，确保内容的时效性。同时，其互动性强，通过设置提问、话题标签等激发用户参与，形成热烈讨论。此外，微博文案注重个性化定制，精准定位目标受众，并利用多媒体融合丰富形式，使内容更加生动直观，提升用户阅读体验，成为连接用户与世界的桥梁。

在创作微博文案时，需明确目标、深入洞察受众，以创意独特、简洁明了的内容吸引用户，紧跟热点并巧妙融入，引导互动并增强黏性，同时注重排版，以提升美感。这些要点共同构成了优秀微博文案的基石，助力内容创作者在信息爆炸的时代中脱颖而出，精准触达目标受众，实现文案的传播价值，提高用户的关注和互动热情。

实战 使用 DeepSeek 写微博文案

▶▶ |案例背景|

在环保意识日益增强的今天，一家初创公司推出了一款创新的可降解一次性餐具，旨在减少塑料垃圾，推广可持续的生活方式。该产品采用环保材料制成，不仅安全无害，而且在自然界中可完全降解，是塑料餐具的理想替代品。为了提升品牌知名度和吸引目标消费者，该公司决定利用微博平台进行宣传，借助其快速传播和广泛覆盖的优势。

▶▶ |案例实施|

（1）目标受众分析与产品卖点梳理

通过微博的数据分析工具，确定目标受众为年轻人、环保主义者和健康生活倡导者。梳理出产品的三大卖点：环保材料、便捷使用和美观设计，这些特点与目标受众的价值观和需求高度契合。

（2）文案策略与视觉素材准备

制定以情感共鸣为核心的文案策略，强调产品的环保价值和社会意义。同时，准备与文案相匹配的视觉素材，包括产品图片和短视频，以增强文案的吸引力和说服力。

（3）生成文案草稿与 SEO 优化

在 DeepSeek 中输入"可降解餐具"等关键词，生成初稿，并在此基础上进行 SEO 优化，确保文案能够被微博搜索有效索引。文案中强调了产品的环保特性和对可持续发展的贡献，以吸引目标受众的注意。

（4）内容润色与发布

编辑团队对草稿进行细致的润色，增加了故事性和情感元素，确保文案风格适合微博平台的轻松和互动特性。然后，在微博发布文案，并计划一系列互动活动，如转发抽奖和用户分享故事，以提高用户的参与度。

（5）效果评估与调整

通过微博的数据分析工具，跟踪文案的阅读量、转发量、评论量和点赞数，评估文案的效果。根据这些数据，及时调整文案和推广策略，以最大化宣传效果。

使用DeepSeek生成的微博文案示例如下。

【🌿告别塑料，拥抱绿色生活！🌿】

🌍让我们一起为地球减负，从每一餐开始！💚

❇【环保材料】——采用100%可降解材料，安全无害，回归自然无压力！

❇【便捷使用】——轻便易携，适合各种场合，随时随地享受绿色生活！

❇【美观设计】——简约时尚，让环保也能成为餐桌上的亮点！

🎁转发此微博并@3位好友，就有机会赢取我们的环保餐具套装！

👍点赞+评论你最喜欢的环保小习惯，我们将从中抽取10位幸运粉丝，并送上精美礼品！

#环保生活#可持续未来#绿色餐具#告别塑料

👇点击链接，了解更多产品详情：[链接]

一起行动，让地球更美好！🌱

@环保达人@绿色生活@可持续发展

5.3.5 知乎文案

知乎文案是指在知乎平台上发布的，旨在分享知识、解答问题、表达观点或推广内容的文字表述。它既是用户间知识交流的桥梁，也是品牌与个人塑造形象、扩大影响力的有力工具。知乎文案以其专业性、深度性和互动性，成为知乎平台上不可或缺的一部分。

例如，一篇题为"如何学习新技能？"的知乎文案，条理明晰地阐述了掌握新技能的几个关键步骤与高效方法，内容实用且富有启发性，如图5-14所示。该文案不仅促进了用户间的知识交流，还成了个人分享智慧、扩大影响力的有力载体。

图 5-14

知乎文案的特点包括专业性与权威性、逻辑性与条理性、互动性与参与性。撰写知乎文案时，注意内容要聚焦专业领域，深度剖析问题，提供高质量解答，满足用户知识探索需求；结构条理清晰，易于理解，提升阅读效率，促进知识传播。同时，设置开放性问题，激发用户讨论，形成积极反馈机制，增强用户的参与感和归属感。

实战　使用 DeepSeek 写知乎文案

▶▶ |案例背景|

一家专注于智能家居设备的品牌最近推出了一款新型智能温控器，该设备能够通过 AI 技术学习用户的生活习惯，自动调节家庭温度，提高能效。为了提升产品的市场认知度，该品牌决定在知乎平台上进行推广，吸引对智能家居感兴趣的用户。

▶▶ |案例实施|

（1）目标受众分析与产品卖点梳理

结合知乎用户行为数据，确定核心受众为科技爱好者、家庭能效关注者和环保主义者，并梳理出智能温控器的卖点：AI 学习、能效优化、自定义设置和高兼容性。

(2) 文案策略制定与内容深度挖掘

制定教育性和信息性的文案策略,强调产品的智能特性和环保价值,并深入研究智能家居行业趋势及用户痛点,以确保文案的专业性和针对性。

(3) 生成文案草稿与 SEO 优化

利用 DeepSeek,生成包含产品特点、用户益处和互动呼吁的文案草稿,并针对知乎平台进行 SEO 优化,以提高文案的搜索有效性。

(4) 内容润色

编辑团队对草稿进行润色,增加故事性和情感元素,确保文案风格适合知乎平台。

(5) 发布与互动

在知乎上发布文案,积极参与相关问题的回答和讨论,以提高用户参与度和品牌互动。

(6) 效果评估与调整

通过知乎的数据分析工具跟踪文案的表现,根据阅读量、点赞数、评论数和分享量评估文案效果,并根据反馈进行调整。

使用 DeepSeek 生成的知乎文案如下。

标题:这款智能温控器,让你的家更懂你!

正文

在智能家居的世界里,温控器一直是一个不可或缺的角色。但你是否想过,温控器不仅仅是一个调节温度的设备,它还可以成为你生活中的贴心助手?最近,一款新型智能温控器的推出,彻底改变了我们对温控器的认知。

AI 学习,懂你所需

这款智能温控器最大的亮点在于其强大的 AI 学习功能。它能够通过日常使用,逐渐了解你的生活习惯。例如,你早上几点起床,晚上几点休息,喜欢在什么温度下工作。随着时间的推移,它会自动调整家庭温度,确保你在任何时候都能享受到最舒适的环境。

能效优化，省钱又环保

除了舒适，这款温控器还非常注重能效优化。通过AI算法，它能够精确计算何时该升温、何时该降温，避免不必要的能源浪费。长期使用下来，不仅能为你节省一笔可观的电费，还能为环保事业贡献一份力量。

自定义设置，随心所欲

当然，如果你是个喜欢掌控一切的人，这款温控器也提供了丰富的自定义设置选项。你可以根据自己的喜好，设置不同的温度模式，甚至可以通过手机App远程控制，随时随地调整家中的温度。

高兼容性，无缝连接

这款温控器还具备高兼容性，能够与市面上大多数智能家居系统无缝连接。无论你使用的是苹果的HomeKit、谷歌的Google Home，还是亚马逊的Alexa，它都能轻松融入你的智能家居生态，成为你智能生活的一部分。

结语

这款智能温控器不仅是一个设备，它更像是一个懂你、关心你的家庭成员。如果你对智能家居感兴趣，不妨试试这款产品，让它为你的生活带来更多便利和舒适。

互动

你对这款智能温控器有什么看法？是否已经迫不及待想要体验一下？欢迎在评论区分享你的想法。如果你使用过类似产品，也欢迎分享你的使用体验！

第六章

AI 短视频文案写作

短视频文案不仅可以传递信息、引导观众情感，还能增强视频的吸引力。优秀的文案能迅速吸引观众的注意，激发他们的兴趣，引导他们参与到视频内容中来。本章将深入探讨AI如何赋能短视频文案写作，从短视频文案的特点与写作策略到应用实战，全面展示AI在打造短视频标题、分镜头脚本文案、Vlog类文案、美食类文案、剧情类文案和段子类文案等方面的独特优势，助力短视频创作者提升文案质量，吸引更多观众。

6.1 认识短视频文案

短视频文案在短视频中扮演着至关重要的角色，是短视频与观众之间的桥梁。

6.1.1 短视频文案的特点

短视频文案通常以标题、字幕、旁白或描述性文字等形式出现在视频中，与视频画面、音效等元素相互配合，共同构建一个完整且富有吸引力的视听体验。

例如，在抖音平台上，某旅行博主跨界与某汽车品牌合作，拍摄了一段汽车产品的推广短视频，其文案是这样写的："今天的目的地，或许与以往不同。驾驶一辆懂你的车，与此刻共鸣。"这一文案巧妙地将产品特性与旅行体验融合，通过博主的亲身体验，不仅展示了驾驶乐趣，还激发了观众对未知旅程的向往，有效提升了视频的吸引力和观看率，如图6-1所示。

短视频文案的特点主要体现在时效性强、互动性高、引发情感共鸣、语言风格多样及易于分享和传播等方面。

图 6-1

（1）时效性强

短视频作为当前流行的传播媒介，其文案往往具有极强的时效性。热点事件、节日庆典、季节更替等都能成为文案创作的灵感来源。文案需要紧跟时代潮流，捕捉并反映当下的社会热点和观众关注点，以提升视频的吸引力和传播效果。

（2）互动性高

在创作短视频文案时往往需要考虑与观众的互动。通过提问、引导评论、设置悬念等方式，文案能够激发观众的参与热情，提高视频的互动率和传播效果。同时，互动性的文案还能够让创作者更好地了解观众的需求和反馈，为后续的视频创作提供有价值的参考。

（3）引发情感共鸣

优秀的短视频文案往往能够触动观众的情感，引发共鸣。通过细腻的文字描绘，文案能够营造出特定的情感氛围，让观众在观看视频的过程中产生强烈的情感共鸣，从而加深对视频内容的印象和记忆。

（4）语言风格多样

根据视频的主题和受众定位，短视频文案可以采用幽默风趣、深情款款、简洁明了等多种风格。这种多样化的语言风格能够满足不同受众的审美需求和喜好，提升文案的吸引力和感染力。

（5）易于分享和传播

短视频文案通常简洁明了，易于理解和记忆，这使得视频内容更易于被观众分享和传播。优秀的文案能够激发观众的分享欲望，让视频在社交媒体等平台上迅速传播开来，扩大视频的影响力和受众范围。

6.1.2 短视频文案的写作策略

在当今快节奏的数字时代，短视频以其独特的魅力迅速占领市场，成为信息传播和娱乐消遣的重要载体。然而，要从众多短视频中脱颖而出，吸引观众的眼球并留下深刻印象，关键在于短视频文案的写作策略。

1. 创意吸引策略

在信息洪流中，创意是短视频文案脱颖而出的关键。创作者需要具备敏锐的观察力与丰富的想象力，勇于打破常规，采用新颖的叙事手法和修辞手法，如倒叙、插叙、比喻、拟人等，使文案生动有趣。同时，应注重细节描写，以细腻的文字构建视觉化场景，增强感染力。更重要的是，文案需蕴含情感共鸣点，通过贴近生活的小故事或积极的价值观，触动观众内心，引发共鸣，从而在众多内容中牢牢抓住观众的眼球。

例如，某美妆博主通过短视频推广一款名为"巴黎星夜"圣诞限定口红礼盒时，没有直接介绍口红的特点，而是用浪漫的语言描绘："已经开始期待初雪了，想和你在零点分享这份巴黎星夜的耀眼浪漫。"这样的文案不仅让人眼前一亮，还引发了观众对口红效果的美好遐想，如图6-2所示。

2. 互动引导策略

互动引导策略是提升视频影响力和观众参与度的关键。在文案中设置悬念、提出问题，可以激发观众的好奇心，引导他们留言讨论；鼓励模仿或设置挑战活动，可以让观众在参与中体验乐趣与成就感；设置奖励机制，如点赞、分享抽奖等，可以激励观众互动。这些策略不仅扩大了视频的曝光与传播，还显著增强了观众的参与感和归属感。

图6-2

例如，某食品企业推出短视频，文案是这样巧妙引导的："快来评论区晒出你的录取通知书吧～大家一起接好运！"这样的文案能够激发观众的好奇心，促使他们积极参与讨论，共同营造积极向上的互动氛围，如图6-3所示。

3. 热点结合策略

热点结合策略是短视频文案提升吸引力的有效手段。文案需紧跟时事热点，以吸引观众的注意，同时要结合节日庆典或特殊纪念日，推出相符的短视频

图6-3

内容，营造节日氛围，增强观众的代入感。此外，融入流行文化元素，如网络热梗、热门歌曲等，为文案增添趣味性，促进传播。在这些策略的共同作用下，短视频文案会更加贴近观众的生活，视频的吸引力和传播效果也会大大增强。

例如，美的空调品牌在新年期间运用热点结合策略，使短视频文案紧跟新年热点，将新年祝福与品牌巧妙融合："新年新气象，成长的元气、新生活的喜气，相信未来可期的朝气……和#美的空调可爱过新年，用美好空气开启美好一年！"这样既营造了浓厚的节日氛围，又增强了观众的代入感，如图6-4所示。

图6-4

4. 差异化定位策略

差异化定位策略是短视频文案脱颖而出的关键。撰写文案时，明确目标受众及其需求，编写精准文案以提高针对性和有效性。同时，应突出品牌或个人的独特卖点，塑造品牌形象。注意，语言风格、用词选择、排版设计也应别具一格，加深观众的印象，提升品牌辨识度与影响力。通过这些差异化手段，文案可以从众多短视频中脱颖而出。

例如，某短视频作品创意十足，其文案为"带植物看看世界，看那未看过的风景，体验那未体验过的感受"，令人耳目一新，凭借独特视角和差异化内容，成功吸引追求新奇体验的观众，展现了文案差异化的强大魅力，如图6-5所示。

图 6-5

6.2 AI 在短视频文案写作中的应用实战

下面我们将深入探讨AI如何赋能短视频文案的实际应用，从短视频标题到分镜头脚本文案，再到Vlog类文案、美食类文案、剧情类文案及段子类文案的创作，全方位解析AI在提升短视频文案吸引力和效率方面的作用。

6.2.1 短视频标题

标题是短视频的"门面",是吸引观众点击观看的第一要素。一个优秀的标题能够迅速吸引观众的注意力,激发他们的好奇心,进而引导他们点击观看短视频内容。

1. 短视频标题的特点

短视频标题的特点在于其简洁明了、吸引力强、概括性强及紧跟潮流,如图6-6所示。这些特点共同构成了短视频标题的独特魅力,使其成为数字营销与内容传播中不可或缺的重要元素。

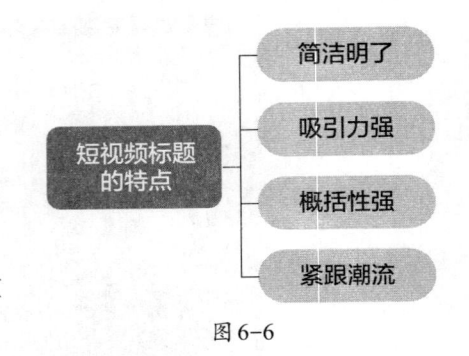

图6-6

(1) 简洁明了

短视频平台的展示空间有限,这要求标题必须简洁有力,几个字或一句话就能概括短视频主题,直击观众内心。这种简洁性不仅便于观众快速理解,还能使短视频在海量信息中脱颖而出,成为观众注意力的焦点。例如,"5分钟学会××技巧"或"××事件真相揭秘"这些标题让人一目了然,迅速抓住视频的核心内容。

(2) 吸引力强

一个优秀的短视频标题必须具备很强的吸引力,能够瞬间抓住观众的注意力。这通常通过制造悬念、引发好奇心、使用幽默感或引发情感共鸣等手法来实现。例如,"你绝对想不到的××秘密"或"当××遇上××,会发生什么?"这样的标题能够激发观众的好奇心,促使他们点击观看,一探究竟。

(3) 概括性强

标题应准确反映视频的核心内容或亮点,让观众在浏览标题时就能对视频内容有个大致的了解。这要求创作者在撰写标题时,必须深入理解视频内容,提炼出最具有代表性和吸引力的信息。例如,"××明星的减肥秘籍大公开"或"××景点必打卡的N个理由"这些标题精准传达了视频的主题和亮点。

（4）紧跟潮流

标题结合当下热门话题、流行语或网络梗，是提高视频曝光率和传播力的有效手段。创作者需要时刻关注社会热点和流行趋势，将这些元素巧妙融入标题中，从而引发观众的共鸣和讨论。例如，"××版'野狼Disco'来袭，你准备好了吗？"或"××明星同款××，你get了吗？"这样的标题紧跟潮流，能够迅速吸引观众的注意，提高视频的点击率和分享率。

2. 短视频标题的撰写技巧

撰写短视频标题是一项既具挑战性又充满创意的任务。一个出色的标题不仅能迅速吸引观众的注意力，还能准确传达视频内容，激发观众的兴趣和好奇心。以下是一些具体的短视频标题撰写技巧，旨在帮助创作者在有限的空间内，创造出更具创意和影响力的文案标题。

（1）运用对比或反差

对比或反差是吸引观众注意力的有效策略。在标题中巧妙地设置对比或反差，可以瞬间抓住观众的注意力，让他们在众多视频中一眼锁定我们的内容。

例如，"从菜鸟到大神，××技能只需三步！"这个标题通过"菜鸟"与"大神"两个极端状态的对比，不仅突出技能提升的快速和容易，还在观众心中制造一种"我也能行"的心理暗示，激发他们的学习欲望。此外，还可以尝试使用"小人物大梦想""平凡中的非凡"等对比性词汇，进一步加深观众对视频内容的期待和好奇。

（2）提出问题或挑战

提出问题或挑战是另一种吸引观众注意力的有效方式。一个引人入胜的问题或挑战，能够激发观众的好奇心和参与感，引导他们主动思考或参与，从而增加视频的互动性和吸引力。

例如，"你真的了解××吗？来测测你的知识吧！"这个标题通过提出问题，激发了观众的好奇心，让他们想要通过视频来验证自己的知识；而"××挑战，你敢接受吗？"这样的标题则通过提出挑战，激发了观众的挑战欲望，让他们在观看视频的过程中产生更多的参与感和成就感。为了进一步提升效果，可以尝试在标题中加入"你敢吗？""你能做到吗？"等具有挑战性的词汇，进一步激发观众的参与热情。

(3) 利用数字或数据

数字或数据具有直观性和说服力，能够在标题中起到强调和突出作用。通过引用具体的数字或数据，可以直观地展示视频内容的亮点或价值，增强观众的信任感和兴趣。

例如，"××产品销量突破百万，你还在等什么？"这个标题通过引用销量数据，直观地展示了产品的受欢迎程度和市场认可度，让观众对视频内容产生了浓厚的兴趣；而"揭秘：××行业年增长率高达300%！"这个标题则通过引用行业数据，让观众对视频内容产生了强烈的期待和好奇。在运用数字或数据时，要确保准确性和可信度，避免夸大其词或误导观众。

(4) 结合情感元素

情感元素是连接观众与视频内容的桥梁。在标题中融入情感元素，可以引发观众的情感共鸣，增强视频的感染力。

例如，"泪目！××老人的坚持与梦想"这个标题通过运用情感词汇"泪目"，触动观众的情感神经，让他们在观看视频的过程中感受到温暖和感动；而"感动！××瞬间让人泪崩"这样的标题则通过强调情感元素，让观众在观看视频的过程中产生更多的情感共鸣和认同感。

(5) 运用创新词汇与短语

创新词汇与短语可以赋予标题独特的个性和风格，使其从众多视频中脱颖而出。通过运用新颖、独特的词汇和短语，可以展现视频的独特性和新颖性，吸引观众的注意力。

例如，"××新风尚，你get了吗？"这个标题通过运用创新词汇"新风尚"，展现了视频内容的时尚感和潮流感；而"××秘籍，让你秒变达人！"这样的标题则通过运用创新短语"秒变达人"，让观众在观看视频的过程中感受到技能的快速提升和成就感。

在运用创新词汇与短语时，要确保其符合视频内容的主题和风格，避免过于生硬或突兀。同时，可以尝试结合网络热词、流行语等具有时代感的词汇，进一步提升标题的吸引力和传播力。

3. 使用 AI 工具生成短视频标题

在使用 AI 工具生成标题时，先明确视频的核心内容，将其作为 AI 工具生成标题的输入指令；然后将视频描述、关键词等信息输入 AI 工具，并生成多个吸引人的标题选项；最后根据目标受众喜好，选择最合适的标题，以提升视频曝光率和观看量。这一流程有效结合了 AI 技术与创作需求，显著提高了短视频内容的吸引力和传播效率。

实战　使用 DeepSeek 写短视频标题

▶▶ ｜案例背景｜

随着短视频平台的兴起，内容创作者们面临着越来越激烈的竞争。一个吸引人的标题能够迅速抓住观众的眼球，提高视频的点击率和观看时长。本案例将使用 DeepSeek 生成几个关于"旅行摄影技巧"的短视频标题。目标是创作出既有趣又富有吸引力的标题，以吸引热爱旅行和摄影的观众。

▶▶ ｜案例实施｜

（1）确定主题和目标受众

◎ 主题：旅行摄影技巧。

◎ 目标受众：热爱旅行和摄影的观众。

（2）输入关键词和描述

◎ 在 DeepSeek 中输入与主题相关的关键词，如"旅行""摄影""技巧""美景"等。

◎ 添加一些描述性信息，帮助 DeepSeek 更好地理解你的需求。例如："生成几个关于旅行摄影技巧的短视频标题，要求有趣且吸引人。"

(3）生成并筛选标题

◎ 单击"生成"按钮，等待DeepSeek生成多个标题。

◎ 根据生成的标题，筛选出最符合需求的几个。

(4）优化标题

◎ 对筛选好的标题进行优化，确保它们既符合主题要求，又具有吸引力和独特性。

◎ 考虑到短视频平台的特性，标题应简洁明了，同时包含一些能够激发观众好奇心的元素。

使用DeepSeek生成几个关于"旅行摄影技巧"的短视频标题，示例如下。

"5个旅行摄影小技巧，让你的朋友圈点赞爆棚！" 📷✨

简介：想知道如何拍出让人羡慕的旅行大片？快来看看这些小技巧！

"旅行摄影新手必看：如何用手机拍出专业级照片？" 📱🌍

简介：不用单反也能拍出惊艳旅行照！教你用手机轻松搞定。

"别再拍游客照了！这些创意旅行摄影技巧让你秒变摄影达人！" 🎨📷

简介：告别千篇一律的游客照，学会这些创意技巧，让你的旅行照片与众不同！

"旅行摄影的秘密武器！这些小道具让你的照片瞬间升级！" 🔧📷

简介：想知道旅行摄影师随身携带的秘密武器是什么？快来揭秘！

"如何在旅行中捕捉绝美瞬间？这些抓拍技巧你必须知道！" ⛱"

简介：旅行中的美好瞬间稍纵即逝，学会这些抓拍技巧，让你不再错过任何精彩时刻！

"旅行摄影构图秘籍：如何用黄金比例拍出完美照片？" 📐📷

简介：掌握黄金比例构图法，让你的旅行照片瞬间提升一个档次！

"旅行摄影中的光影魔法！如何利用自然光拍出大片？" ☀️📷

简介：光影是摄影的灵魂，学会利用自然光，让你的旅行照片充满魔力！

"旅行摄影后期处理技巧：如何用手机修出大片感？🎨😊"

简介：拍完照别急着发朋友圈，学会这些后期处理技巧，让你的照片更有质感！

"旅行摄影中的色彩搭配：如何拍出让人眼前一亮的照片？🌈📷"

简介：色彩搭配是摄影的关键，学会这些技巧，让你的旅行照片更加吸睛！

"旅行摄影中的故事感：如何用照片讲述你的旅行故事？📖📷"

简介：每张照片都是一个故事，学会这些技巧，让你的旅行照片更有情感和深度！

6.2.2 分镜头脚本文案

分镜头脚本文案是将剧本中的文字描述转化为具体的视觉和听觉指令，它通常以表格形式详细规划每个镜头的景别、技法、画面内容、字幕、道具、配乐等，为导演、摄影师、演员及后期制作团队提供共同遵循的创作指南，确保创意得以准确呈现。

以一段创意短视频为例，我们设计了一份详尽的分镜头脚本文案，见表6-1。这个短视频讲述的是在咖啡馆内，一位顾客意外将咖啡洒在邻座画家的作品上，最终通过巧妙的沟通化解了尴尬，并意外促成了一段艺术创作的佳话。

表6-1 创意短视频分镜头脚本文案

镜头编号	时长（秒）	景别	技法	画面内容	字幕	道具	配乐	其他
1	3	远景	推镜头	咖啡馆外景，人来人往，镜头缓缓推至咖啡馆门口	无	无	轻松愉悦的背景音乐	实景拍摄
2	2	中景	摇镜头	咖啡馆内景，顾客们各自忙碌，镜头摇至一位正在专注画画的画家	无	画架、画笔、颜料	无	实景拍摄
3	2	近景	切出	一位顾客手捧咖啡杯入场，寻找座位	无	咖啡杯	无	实景拍摄

续表

镜头编号	时长（秒）	景别	技法	画面内容	字幕	道具	配乐	其他
4	3	特写	切入	顾客不小心将咖啡洒在画家的作品上，画家惊讶的表情	哎呀！	咖啡杯、画作	紧张音效	实景拍摄
5	3	全景	切入	画家和顾客同时站起，顾客连忙道歉	对不起，对不起，我……	咖啡杯、画作、纸巾	紧张转为柔和的背景音乐	实景拍摄
6	4	中景	切换	画家微笑，示意顾客坐下，拿起纸巾擦拭画作	没事，艺术创作嘛，总有意外。	纸巾、画作	柔和的背景音乐	实景拍摄
7	3	近景	切换	画家突然眼前一亮，发现咖啡污渍形成的独特图案	嗯，这污渍，有点意思……	画作、咖啡杯	好奇的背景音乐	实景拍摄
8	3	特写	切换	画家开始利用咖啡污渍进行创作，画笔在污渍上舞动	看来，艺术无处不在。	画架、画笔、颜料、咖啡杯	具有创作氛围的音乐	实景拍摄
9	2	全景	拉镜头	咖啡馆内，其他顾客围过来观看画家的新作品，纷纷赞叹	哇，这画真有意思！	画架、画作、观众	赞叹的背景音乐	实景拍摄
10	2	近景	切出	画家与最初洒咖啡的顾客相视一笑，握手言和	谢谢你给了我灵感。	画作、握手	温馨的背景音乐	实景拍摄
11	1	远景	淡出	咖啡馆外景，镜头缓缓淡出，留下一段美好的故事	艺术，总在不经意间绽放。	无	温馨的背景音乐渐弱	实景拍摄，后期制作淡出效果

通过这个分镜头脚本，我们可以看到每个镜头都精心设计了技法、画面内容、字幕、道具等元素，以确保故事的流畅性和视觉效果。同时，配乐的选择也紧密配合了故事情节的发展，增强了观众的情感体验。这样的分镜脚本便于团队成员的理解和执行，为最终创作出令人满意的短视频作品提供了保障。

1. 分镜头脚本文案的写作要点

在短视频创作中，创作分镜头脚本文案是确保作品质量、提升团队协作效率的核心环节。以下是短视频分镜头脚本文案写作需遵循的5个要点。

(1) 清晰性

清晰性是短视频分镜头脚本文案的基础。每个镜头的描述必须精准无误，避免任何歧义。从场景布置、角色定位到动作台词，再到镜头类型、拍摄角度和光线条件，都应详尽明确。这不仅有助于团队成员准确理解导演的意图，还能确保拍摄过程中的沟通顺畅，避免不必要的误解和返工。

(2) 详细性

详细性是确保短视频拍摄顺利进行的关键。分镜头脚本文案应提供详尽的信息，涵盖镜头切换的时机、角色表情的微妙变化、音效与画面的配合等细节。这些细节对于塑造短视频的氛围、情感和故事连贯性至关重要。通过详细的规划，团队成员能够各司其职，协同作业，共同创作出高质量的短视频作品。

(3) 逻辑性

逻辑性是短视频镜头切换的基石。分镜头脚本文案应确保镜头之间的切换流畅自然，符合叙事逻辑。这要求编剧在构思时充分考虑观众的心理预期和视觉习惯，通过合理的镜头组合和剪辑节奏，引导观众的情绪和注意力，使故事情节得以顺畅展开。

(4) 创新性

创新性是提升短视频视觉冲击力的关键。在遵循脚本的基础上，鼓励创意性的镜头设计，如独特的拍摄角度、光影效果、色彩搭配等。这些创新元素能够为短视频增添独特的视觉美感，吸引观众的眼球，提升作品的辨识度和传播力。

(5) 实用性

实用性是短视频分镜头脚本文案不可忽视的一环。在追求艺术效果的同时，也要充分考虑拍摄条件和预算限制。通过合理的规划和安排，确保脚本文案的可行性，实现成本控制与拍摄效率的双重提升。这不仅有助于提升短视频的商业价值，还能为创作团队赢得更多的资源和机会。

2. 使用 AI 工具生成分镜头脚本文案

当下，利用 AI 工具生成分镜头脚本文案已成为提升效率与创意的新趋势。以下是如何有效运用 AI 技术，为短视频项目生成高质量分镜头脚本文案的实用指南。

先明确项目需求。这涵盖了短视频的主题、目标受众、导演风格及预期的情感传达。这些信息将作为 AI 工具生成分镜头脚本文案的基石，确保输出的内容能够精准贴合项目的核心要求。

接下来，选择一款合适的 AI 工具。市面上有众多基于深度学习和自然语言处理技术的 AI 文案生成工具，它们能够深入分析剧本大纲、角色设定及导演偏好，自动生成初步的分镜头脚本文案。在选择时，务必确保所选 AI 工具支持定制化输入，并能根据你的反馈进行灵活调整。

随后，将精心准备的项目信息输入 AI 工具。这包括剧本概要、关键场景描述、角色对话及预期的视觉效果等。AI 工具将基于这些信息，结合大数据分析，为你生成一系列富有创意的分镜头脚本文案选项。

然而，AI 工具生成的脚本文案并非尽善尽美。因此，审核与优化阶段必不可少。你需要仔细审查每个镜头的逻辑连贯性、情感表达是否到位，以及是否符合项目整体的视觉风格。在必要时，可对 AI 工具输出的文案进行微调，如调整镜头顺序、增加细节描述或修改对话内容，以确保最终脚本文案既符合要求又富有创意，为你的短视频作品增添无限魅力。

实战 使用 DeepSeek 写分镜头脚本文案

▶▶ |案例背景|

随着城市化进程的加速，许多承载着历史与文化记忆的老街逐渐淡出人们的视线。为了留住这份珍贵的城市记忆，计划制作一个名为"城市老街记忆"的短视频，通过细腻的镜头语言，捕捉老街的风貌、人文景观和情感氛围，让观众在快节奏的现代生活中感受到一丝温暖与怀旧。

▶▶ |案例实施|

(1)明确项目需求

◎ 短视频主题:城市老街记忆。

◎ 目标受众:热爱城市文化、喜欢怀旧的观众。

◎ 视频时长:约2分钟。

◎ 预期情感传达:怀旧、温馨、感动。

(2)准备项目信息

① 收集老街的照片、视频素材和历史背景资料。

② 确定视频的关键场景,如老街的石板路、老式的建筑、居民的生活场景等。

③ 编写剧本概要,明确每个场景的主要内容和情感表达。

(3)生成分镜头脚本文案

在DeepSeek中输入项目需求和准备的项目信息。根据DeepSeek生成的初步脚本文案,进行筛选和修改,确保每个镜头的内容、动作、台词和音效都符合项目需求。

以下是对DeepSeek生成的内容进行修改和完善后的分镜头脚本文案,见表6-2。每个镜头都包含景别、技法、画面内容、字幕、道具、配乐等详细描述。

表6-2 短视频分镜头脚本文案

镜头编号	时长(秒)	景别	技法	画面内容	字幕	道具	配乐	其他
1	8	远景	缓慢推镜	清晨的老街全景,石板路蜿蜒向前,两旁是斑驳的老式建筑,阳光洒在屋顶,远处炊烟袅袅升起	无	无	轻柔的钢琴曲,带有淡淡的怀旧感	画面色调偏暖,突出清晨的宁静与温暖
2	6	中景	固定镜头	一位老人坐在门前的竹椅上,手里拿着一把蒲扇,轻轻摇动,目光望向街道	无	竹椅、蒲扇	延续钢琴曲,加入轻微的环境音(鸟鸣、风声)	突出老人的表情和动作,传递岁月静好的氛围

续表

镜头编号	时长（秒）	景别	技法	画面内容	字幕	道具	配乐	其他
3	5	特写	缓慢摇镜	老街石板路上的纹理特写，阳光透过树叶在石板上投下斑驳的光影	无	无	钢琴曲渐弱，加入轻微的风声	画面色调柔和，突出光影变化
4	7	中景	跟随镜头	一位骑着老式自行车的中年男子缓缓驶过石板路，车篮里装着新鲜的蔬菜，背景是老街的店铺和行人	无	老式自行车、蔬菜	钢琴曲重新进入，加入轻微的车轮声	画面节奏缓慢，突出生活的烟火气
5	6	近景	固定镜头	一家老式茶馆内，几位老人围坐在木桌旁，桌上摆着茶壶和茶杯，老人们正在聊天，脸上洋溢着笑容	无	茶壶、茶杯、木桌	钢琴曲中加入轻微的笑声和谈话声	画面色调温暖，突出人情味儿
6	8	全景	缓慢拉镜	老街的傍晚，夕阳洒在建筑和街道上，行人稀少，几只猫悠闲地走在石板路上，远处传来隐约的钟声	无	无	钢琴曲渐强，加入钟声和猫的轻叫声	画面色调偏金黄，突出夕阳的温暖与宁静
7	10	中景	固定镜头	一家老式照相馆的橱窗，里面陈列着黑白老照片，照片中记录着老街的旧时光	无	老照片、照相馆橱窗	钢琴曲渐弱，加入轻微的风铃声	画面色调偏冷，突出怀旧感
8	10	特写	缓慢推镜	一位小女孩蹲在石板路上，用粉笔在地上画画，画的是老街的房子和树木，脸上带着纯真的笑容	无	粉笔	钢琴曲重新进入，加入小女孩的笑声	画面色调明亮，突出童真与希望

续表

镜头编号	时长（秒）	景别	技法	画面内容	字幕	道具	配乐	其他
9	10	远景	缓慢拉镜	夜幕降临，老街的灯光逐渐亮起，石板路在灯光下泛着微光，行人稀疏，街道显得宁静而温馨	无	无	钢琴曲渐强，加入轻微的夜晚环境音	画面色调偏暖，突出夜晚的宁静与祥和
10	10	中景	固定镜头	老街的全景，镜头缓缓上移，展现老街的建筑、石板路和灯光，最后定格在夜空中一轮明亮的月亮	城市老街记忆——留住时光，温暖人心	无	钢琴曲达到高潮，随后逐渐减弱	画面色调柔和，突出怀旧与温馨的情感

DeepSeek 不仅生成了精练的分镜头脚本文案，还细化了每个镜头的文字脚本描述，让创作思路更加清晰与生动，如下所示。

镜头 1

画面描述：清晨的老街笼罩在一层薄雾中，阳光透过云层洒在石板路上，街道两旁的建筑显得古朴而安静。镜头从远处缓缓推进，展现老街的全貌，石板路蜿蜒向前，老式建筑的屋顶上覆盖着青苔，远处有几缕炊烟从烟囱中升起，给人一种宁静而温暖的感觉。

创作思路：通过远景和缓慢推镜，营造出一种宁静、温暖的氛围，为整个视频定下怀旧的基调。清晨的光线和薄雾增强了画面的柔和感，让观众感受到老街的岁月静好。

镜头 2

画面描述：一位白发苍苍的老人坐在自家门前的竹椅上，手里握着一把蒲扇，轻轻摇动。他的目光悠远，仿佛在回忆往事。镜头固定在中景，捕捉老人的表情和动作，背景是斑驳的老墙和几盆绿植。

创作思路：通过老人的形象和动作，传递出老街的岁月感和人情味儿。老人的表情和目光让观众联想到老街的历史与故事，增强情感共鸣。

镜头3

画面描述：镜头缓缓摇过石板路的纹理，阳光透过树叶在石板上投下斑驳的光影。石板上的每一道裂痕和磨损都清晰可见，仿佛在诉说着岁月的痕迹。

创作思路：通过特写镜头和光影变化，突出老街的历史感。石板路的纹理和光影让观众感受到时间的流逝，增强怀旧氛围。

镜头4

画面描述：一位中年男子骑着老式自行车缓缓驶过石板路，车篮里装着新鲜的蔬菜。镜头跟随自行车移动，背景是老街的店铺和零星的行人，店铺门口挂着老式招牌，显得格外有年代感。

创作思路：通过跟随镜头展现老街的日常生活场景，突出生活的烟火气。自行车和蔬菜象征着平凡而真实的生活，让观众感受到老街的温暖与亲切。

镜头5

画面描述：一家老式茶馆内，几位老人围坐在木桌旁，桌上摆着茶壶和茶杯。老人们正在聊天，脸上洋溢着笑容，偶尔传来爽朗的笑声。镜头固定在近景，捕捉老人们的神态和动作。

创作思路：通过茶馆的场景和老人们的互动，展现老街的人情味儿。老人们的笑容和谈话声让观众感受到温暖与和谐。

镜头6

画面描述：傍晚的老街被夕阳染成金黄色，石板路上行人稀少，几只猫悠闲地走过。镜头缓缓拉远，展现老街的全景，远处传来隐约的钟声，给人一种宁静而安详的感觉。

创作思路：通过全景和缓慢拉镜，展现老街的傍晚景色，突出夕阳的温暖与宁静。猫的出现为画面增添了一丝生动感，钟声则增强了怀旧氛围。

镜头7

画面描述：一家老式照相馆的橱窗里陈列着黑白老照片，照片中记录着老街的旧时光。镜头聚焦在一张照片上，照片里是老街几十年前的景象，与现在的画面形成对比。

创作思路：通过老照片，展现老街的历史变迁，增强观众的怀旧情感。黑白照片与彩色画面的对比让观众感受到时间的流逝。

镜头 8

画面描述：一位小女孩蹲在石板路上，用粉笔在地上画画。她画的是老街的房子和树木，脸上带着纯真的笑容。镜头从特写缓缓拉远，展现小女孩和她的画作，背景是老街的街道和行人。

创作思路：通过小女孩的形象和画作，传递出老街的希望与未来。小女孩的笑容和童真的画作让观众感受到老街的生命力与温暖。

镜头 9

画面描述：夜幕降临，老街的灯光逐渐亮起，石板路在灯光下泛着微光。行人稀疏，街道显得宁静而温馨。镜头从全景缓缓拉远，展现老街的夜景，灯光与夜色交织，营造出一种温暖的氛围。

创作思路：通过夜景和灯光，展现老街的另一种美感。夜晚的宁静与祥和让观众感受到老街的独特魅力，为视频的结尾做铺垫。

镜头 10

画面描述：镜头从老街的全景缓缓上移，展现老街的建筑、石板路和灯光，最后定格在夜空那轮明亮的月亮上。字幕缓缓出现——"城市老街记忆——留住时光，温暖人心"。

创作思路：通过镜头的上移和定格，为视频画上圆满的句号。结尾的字幕点明主题，让观众在怀旧与温馨的情感中结束观看。

6.2.3 Vlog 类文案

　　Vlog 是当下备受欢迎的短视频形式。它以个人视角记录生活点滴，融合个人分享与创意表达，为观众呈现了一个又一个鲜活、真实的生活场景。不同于传统的文字博客，Vlog 通过视频的形式，让观众仿佛置身其中，与创作者共同经历每一个精彩瞬间。

　　例如，某 Vlog 类短视频作品，记录了博主一边打工一边做自媒体的生活。该博主表示:"虽然很累,但感觉很幸福。"这样的真实记录,让观众仿佛亲身体验了博主的日常生活,如图6-7所示。

Vlog类文案旨在吸引观众眼球,引发情感共鸣,同时精准传达视频的核心内容与主题,是连接创作者意图与观众感受的关键纽带。

1. Vlog类文案的写作方法

Vlog类短视频文案,既是对日常生活的记录,也是个人魅力与情感的生动表达。一篇优秀的Vlog文案,能够迅速吸引观众的目光,引导他们沉浸在博主的故事中,感受其喜怒哀乐。下面将详细讲解Vlog类短视频文案的写作方法,帮助大家创作出既吸引人又富有深度的作品。

图6-7

(1) 开头引入:引人入胜,激发好奇

Vlog文案的开头,如同故事的序幕,需要迅速吸引观众的注意力。一个简短而有力的自我介绍,可以迅速拉近博主与观众之间的距离,为后续内容的展开奠定良好的基础。紧接着,提及Vlog的主题或其中的亮点,通过设置一个引人入胜的悬念或提出一个有趣的问题,激发观众的好奇心,让他们迫不及待地想要继续观看。

例如:"欢迎来到今天的Vlog,我将带领大家开启一个充满惊喜的户外探险之旅。在这个神秘的地方,隐藏着怎样的自然奇观和人文故事?让我们一起揭开它的神秘面纱吧!"

(2) 内容展开:生动有趣,触动心灵

在内容展开部分,需要用细腻的语言描述生动的细节,将平凡的生活场景变得鲜活起来。无论是早晨起床的匆忙、准备早餐的温馨,还是与朋友相聚的欢乐时光,都应用细腻的笔触去描绘,让观众仿佛置身于现场,一同感受那份真实与美好。同时，结合这些生活片段，分享博主的个人感悟、思考或成长经历，用真挚的情感去触动观众的心灵，让他们感受到博主的真实与真诚。

例如："在今天的户外探险中，我遇到了一位热爱自然的向导。他告诉我，每一次走进大自然，都是一次心灵的洗礼。这句话让我深受启发，也让我更加珍惜每一次与自然亲密接触的机会。"

此外，创意表达是Vlog文案中不可或缺的一部分。通过融入独特的创意元素，如使用特效或精心挑选的背景音乐，可以极大地增强视频的观赏性和感染力。这些创意表达不仅能够展现博主的个人风格和魅力，还能让观众在观看的过程中获得更多的乐趣和启发。

例如，在剪辑时，可以尝试使用慢动作来捕捉日出日落的壮丽瞬间，或运用快动作来展现徒步探险的紧张刺激，让观众在视觉上获得更加深刻的体验。

（3）结尾总结：回顾亮点，增强互动

在结尾部分，需要对整个Vlog的主要内容进行回顾和总结，以加深观众的印象。这里可以简要提及Vlog中的几个亮点或感人瞬间，让观众在脑海中留下深刻的印象。同时，通过邀请观众点赞、关注或留言，不仅可以增强粉丝的黏性，还能让博主更好地了解观众的需求和反馈，从而不断改进和提升Vlog的质量。

例如："感谢大家陪伴我们一起度过了这段难忘的户外探险之旅。希望今天的Vlog能够给你们带来一些启发和感动。记得点赞、关注我哦，你们的支持是我最大的动力。我们下期Vlog再见！"

2. Vlog类文案的写作技巧

撰写Vlog类短视频文案，不仅是对创作者文字驾驭能力的考验，还是对其情感洞察与创意表达的一次深度挖掘。以下是一些关键的Vlog文案写作技巧，旨在帮助创作者提升文案的质量，更好地与观众建立情感连接。

（1）语言风格的多样化

Vlog文案的语言风格应多样化，既有轻松幽默的调侃，也有深情细腻的叙述。根据Vlog的主题和内容，灵活运用不同的语言风格，以增添文案的趣味性和感染力。

例如，在描述户外探险时，可以采用生动有趣的描述，营造紧张刺激的氛围；而在分享个人感悟时，则可以用细腻温婉的语言，触动观众并引发情感共鸣。

(2) 情感共鸣的精准把握

Vlog文案要精准把握观众的情感需求，通过分享博主的真实感受和经历，与观众建立情感共鸣。在文案中，可以巧妙地融入个人情感，如喜悦、悲伤、思念等，让观众在共鸣中感受到博主的真诚与魅力。同时，要注意情感的适度表达，避免过于煽情或矫揉造作。

(3) 创意元素的巧妙融入

在Vlog文案中，巧妙融入创意元素是提升作品吸引力的关键。可以通过独特的剪辑手法、特效运用或背景音乐选择，为文案增添创意色彩。例如，在描述美食时，可以运用生动的比喻和夸张的手法，将美食的色香味形表现得淋漓尽致；在分享旅行风景时，则可以运用慢动作或航拍等技巧，展现大自然的壮丽与细腻。

(4) 引导语的巧妙设置

在Vlog文案中，引导语的设置至关重要。通过巧妙的引导语，可以引导观众关注视频中的亮点和细节，增强观看体验。例如，在介绍某个特色景点时，可以用"接下来，让我们一起去探索这个神秘的地方吧！"等引导语，激发观众的好奇心和探索欲。

3. 使用AI工具生成Vlog类文案

在快节奏的数字时代，利用AI工具生成Vlog文案成为创作者的新选择。选取高性能AI工具，输入Vlog主题和风格，AI工具能迅速分析并生成与主题高度契合的文案段落，包括引人入胜的开场白、创意过渡句、细腻描述及扣人心弦的结尾语。创作者可筛选并优化文案，使Vlog既有趣又具感染力。

实战　使用DeepSeek写Vlog文案

▶▶ ｜案例背景｜

随着旅游业的复苏，越来越多的人开始计划他们的假期旅行。小李是一位热爱旅行的博主，他打算制作一个他最近一次敦煌自驾游的Vlog，分享沿途的风景、美食和住宿体验。为了提升Vlog的质量和吸引力，他决定使用DeepSeek来帮助自己撰写文案，使内容更加生动有趣。

▶▶ |案例实施|

(1) 明确Vlog主题和目标

◎ 主题：敦煌自驾游沿途的风景、美食和住宿体验。

◎ 目标：吸引观众对自驾游的兴趣，提供实用的旅行攻略。

(2) 收集素材和整理内容

小李整理了他在自驾游过程中拍摄的视频素材，包括沿途的自然风光、特色美食、酒店等。

他还记录了每个地点的背景信息、个人感受和推荐理由。

(3) 生成文案

小李将视频素材、背景信息和个人感受等输入DeepSeek中，并指导DeepSeek使用轻松、幽默的文案风格，以符合他的Vlog调性。DeepSeek根据输入的信息和风格要求，生成了一段Vlog文案。

(4) 修改和优化文案

小李对生成的文案进行审阅，并根据需要进行修改和优化，以确保文案与他的视频素材和整体风格完美匹配。

(5) 制作Vlog

小李使用修改后的文案作为旁白，制作了他的Vlog。

他对视频进行了剪辑和后期处理，添加了背景音乐和字幕，以提升观众的观看体验。

使用DeepSeek生成的Vlog文案示例如下。

敦煌自驾游：穿越千年，邂逅大漠孤烟与飞天壁画！

(开场：车内视角，阳光洒在方向盘上，音乐轻快)

"哈喽，大家好，我是[你的名字]！终于等到春暖花开，是时候来一场说走就走的自驾游啦！这次的目的地是敦煌，一个充满神秘色彩的地方，听说那里有壮丽的沙漠、古老的石窟和美味的驴肉黄面，我已经迫不及待要出发啦！"

（镜头切换：沿途风景，如戈壁滩、沙漠公路、远处的祁连山脉）

"一路向西，眼前的景色逐渐从绿意盎然变成了苍茫戈壁。[描述你看到的风景，如笔直的公路延伸到天际，两旁是望不到边的戈壁滩，偶尔能看到几株顽强的骆驼刺在风中摇曳]自驾游最大的乐趣就是可以随时停下来，感受旅途中的荒凉与壮美。"

（镜头切换：到达鸣沙山月牙泉，如连绵的沙丘、碧绿的月牙泉）

"经过[时间]的车程，我们终于到达了鸣沙山月牙泉！[描述你的感受，如金色的沙丘在阳光下闪耀，一弯新月般的泉水静静地躺在沙漠的怀抱中，仿佛穿越了千年的时光]这里真的太美了，我要用镜头记录下这神奇的景象！"

（镜头切换：骑骆驼、滑沙等体验项目）

"来到鸣沙山，当然要体验一下骑骆驼啦！[描述你的体验，如骆驼慢悠悠地走在沙丘上，铃声叮当，仿佛回到了古代的丝绸之路]还有刺激的滑沙，从高高的沙丘上滑下来，感觉整个人都要飞起来了！"

（镜头切换：莫高窟外景，如九层楼、洞窟外观）

"第二天，我们来到了举世闻名的莫高窟。[描述你的感受，如站在洞窟前，仿佛能感受到千年前工匠们虔诚的信仰和精湛的技艺]为了保护文物，洞窟内不能拍摄，但那些精美的壁画和雕塑已经深深印在了我的脑海里。"

（镜头切换：品尝敦煌美食，如驴肉黄面、胡羊焖饼）

"旅行当然少不了美食啦！[介绍你品尝的美食，如敦煌的驴肉黄面可是当地一绝，劲道的面条配上鲜美的驴肉，让人回味无穷]还有胡羊焖饼，羊肉软烂入味，饼子吸满了汤汁，简直太香了！"

（镜头切换：入住敦煌山庄，如古朴的建筑、特色的装饰）

"今晚我们入住的是敦煌山庄。[描述你的住宿体验，如酒店充满了西域风情，房间干净整洁，推开窗就能看到鸣沙山，让人感觉特别放松]一天的行程下来，终于可以好好休息啦！"

（镜头切换：夜晚的敦煌夜市，如热闹的摊位、琳琅满目的商品）

"敦煌的夜晚也格外热闹。[描述你看到的景色，如敦煌夜市灯火通明，各种特色小吃和手工艺品琳琅满目，让人流连忘返]明天还有更多精彩等着我们去探索，敬请期待吧！"

(结尾：车内视角)

"这次敦煌自驾游真的太棒了！[总结你的旅行感受，如不仅欣赏到了壮丽的自然风光，感受到了深厚的历史文化，还品尝到了地道的美食]如果你也想来一场穿越千年的旅行，那就赶快行动吧！我是[你的名字]，我们下次再见！"

(字幕：关注我，了解更多旅行攻略！)

(背景音乐渐弱)

6.2.4 美食类文案

美食类短视频文案旨在通过精练、生动、富有吸引力的语言，配合视频画面，向观众传达美食的魅力、制作过程、品尝体验及相关的文化背景或故事。这类文案不仅要求文字优美、情感丰富，还需要与视频内容紧密配合，共同营造出一种视觉与味觉双重享受的氛围。

例如，某美食类短视频的文案为"原来小龙虾才是我家里这些女孩们的'心头爱'～"，此文案简洁明了，如图6-8所示。视频镜头呈现了小龙虾从清洗到烹饪的每一步，女孩们围坐品尝，笑语连连，文案与画面完美融合，共同勾勒出一幅温馨诱人的美食画卷。

图 6-8

1. 美食类文案的关键要素

美食类文案通常包含以下几个关键要素，如图6-9所示。

(1) 美食描述

在美食类短视频文案中，对美食的细腻描述是不可或缺的。通过细腻的描绘，将美食的外观、色泽、香气、口感等特征逐一呈现，让观众仿佛能够透过屏幕，闻到食物的香气，感受到食物的鲜美。这种描述不仅要准确生动，还要富有感染力，能够瞬间抓住观众的味蕾，激发他们的食欲。

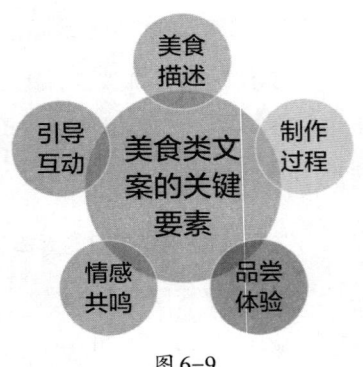

图6-9

(2) 制作过程

美食的制作过程是短视频中极具观赏性和教育性的部分。文案中应简要介绍美食的制作步骤或烹饪技巧，突出厨师的匠心独运和对食材的精心挑选。通过文字的描述，观众仿佛置身于厨房中，亲眼见证美食的诞生。这种呈现方式不仅能够增加视频的观赏性，还能够让观众在欣赏美食的同时，学到一些实用的烹饪技巧。

(3) 品尝体验

品尝体验也是美食类短视频文案中的重要元素之一。通过描述品尝者的表情、动作和语言，可以将美食带来的愉悦感传达给观众。这种描述不仅要真实可信，还要富有感染力，能够激发观众的食欲和好奇心。当观众看到品尝者脸上洋溢出的满足和幸福时，他们也会不由自主地想要品尝这道美食。

(4) 情感共鸣

美食不仅仅是食物本身，它还承载着许多情感和故事。在文案中挖掘美食背后的故事或情感，如家乡的味道、童年的回忆等，能够与观众建立情感联系，增强文案的感染力。这种情感共鸣不仅能够让观众更加深入地理解美食，还能够让他们在观看视频的过程中，找到一种归属感和认同感。

(5) 引导互动

美食类短视频文案中还应巧妙植入引导观众点赞、评论、分享或参与相关活动的提示。这种引导不仅能够提高视频的互动性，还能够扩大视频的传播范围。通过观众的积极参与和互动，美食类短视频可以成为一种社交媒介，让更多的人了解和喜爱美食。

2. 美食类文案的写作技巧

为了进一步提升文案的吸引力和传播力，创作者需要掌握一系列高级写作技巧，将美食的魅力与情感、文化、创意等元素巧妙融合，打造引人入胜的美食类文案。

(1) 情景化构建

将美食置于特定的生活场景中，是唤醒观众味蕾记忆的有效方式。通过细腻的场景描述，如"夕阳下的露台，一杯冰镇柠檬水泛着诱人的光泽，几碟精致小菜在微风中散发着诱人的香气，与三两好友谈笑风生，共度悠闲时光"，不仅让观众在脑海中形成生动的画面，还激发了他们对美好生活的向往与回忆。美食在此刻，不仅是味蕾的享受，还是情感的寄托与共鸣。

(2) 悬念设置

在文案开头或中间巧妙设置悬念，是吸引观众继续观看视频的重要手段。例如，"这道看似普通的家常菜，究竟隐藏着什么不为人知的秘密？"或"当传统与创新碰撞，会擦出怎样的火花？是味蕾的惊喜还是文化的交融？"这样的文案不仅激发了观众的好奇心与探索欲，还促使他们带着疑问与期待继续观看视频，寻找答案。

(3) 情感渲染

深入挖掘美食背后的情感故事，是增强文案感染力的关键。例如，"这道菜是妈妈的味道，是无论走到哪里都无法忘怀的乡愁，每一口都是对家的思念与眷恋"或"每一口都是对过去时光的致敬，也是对未来的美好期许，它承载着我们成长的记忆与梦想"这样的文案通过情感渲染，触动了观众的内心，使美食成为连接人心、传递情感的桥梁。

(4) 创意与幽默的加入

适当加入创意元素或幽默语言，可以为美食视频增添无限乐趣。例如，"这道菜让厨房小白也能秒变大厨，轻松征服全家人的胃，从此成为家中的美食小能手"或"别看它长得普通，味道却能让你'哇'一声，简直是隐藏的味蕾炸弹"这样的文案不仅增加了视频的趣味性，还让观众在轻松愉快的氛围中享受美食带来的惊喜与欢乐。

（5）历史与文化的融入

结合美食的历史渊源或地域文化特色，可以进一步提升文案的文化价值。例如，"这道流传千年的古法菜肴，每一口都是对历史的回味与传承，它让我们感受到了古代厨师的智慧与匠心"或"从地中海的微风中汲取灵感，这道海鲜意面带你领略异国风情，感受不同文化的碰撞与融合"这样的文案不仅丰富了视频内容，还让观众在品尝美食的同时，感受到了文化的魅力与深度。

3. 使用AI工具生成美食类文案

随着AI技术的不断发展，越来越多的创作者开始尝试使用AI工具生成美食类文案。AI工具生成文案的优势在于能够快速分析大量数据，提取出与美食相关的关键词和特征，并根据这些信息生成符合要求的文案。

使用AI工具生成美食类文案的步骤如下。

（1）选择AI工具

选择一个可靠的AI工具。

（2）输入信息

将美食的名称、特点、制作过程等信息输入AI工具。

（3）生成文案

AI工具会根据输入的信息快速生成一段或多段与美食相关的文案。

（4）筛选和优化

创作者可以根据需要对生成的文案进行筛选和优化，以确保文案符合自己的风格和表达需求。

需要注意的是，虽然AI工具能够生成高质量的文案，但创作者的创意和个性仍然是不可或缺的。AI工具生成的文案只是起点，真正的精彩在于创作者如何将其与自己的创意结合，打造出独一无二的美食类短视频文案。

实战 使用 DeepSeek 写美食类文案

▶▶ |案例背景|

随着短视频平台的兴起,美食类短视频已成为众多用户的心头好。色香味俱全的美食画面,加上引人入胜的文案,能够迅速吸引观众的注意力,并激发他们的食欲。本案例旨在利用 DeepSeek 创作一个关于传统川菜麻婆豆腐的美食类短视频文案。目标是通过生动的文案,让观众在短短几分钟内感受到麻婆豆腐的魅力,并激发他们尝试制作或品尝这道美食的兴趣。

▶▶ |案例实施|

(1) 明确主题与受众

明确短视频的主题为"传统川菜麻婆豆腐的制作与品鉴",受众群体为喜欢美食、对川菜感兴趣、愿意尝试制作家常菜的观众。

(2) 收集素材

收集关于麻婆豆腐的图片、视频片段、制作过程及口感描述等素材。同时,查阅相关文献和菜谱,了解麻婆豆腐的制作工艺和独特风味。

(3) 借助 DeepSeek 创作文案

在 DeepSeek 中输入关键词和提示信息,如麻婆豆腐、传统川菜、制作过程、口感描述、诱人画面。根据 DeepSeek 生成的初步文案,进行筛选、修改和优化,确保文案符合短视频的风格和节奏。

(4) 结合视频内容调整文案

根据短视频的拍摄内容和剪辑节奏,对文案进行调整,确保文案与视频画面同步,能够准确传达麻婆豆腐的美味和制作过程。

(5) 最终审核与应用

对文案进行最终审核,确保无误后,将其用于短视频的制作。

使用 DeepSeek 生成的美食类文案示例如下。

麻婆豆腐：一口下去，魂穿四川！

（画面：热油滋滋作响，花椒、辣椒在锅中跳跃，香气仿佛要冲出屏幕）

旁白：嘿，你听！这声音，是麻婆豆腐在召唤你！

（画面：嫩豆腐在刀下轻轻颤动，切成整齐的小方块，像极了果冻）

旁白：看这豆腐，白嫩得像婴儿的肌肤，吹弹可破！

（画面：牛肉末在锅中翻炒，逐渐变色，香气四溢）

旁白：再来点灵魂牛肉末，翻炒到金黄焦香，这香味，隔壁小孩都馋哭了！

（画面：加入豆瓣酱、辣椒面、花椒等调料，红油瞬间沸腾）

旁白：豆瓣酱的咸香，辣椒面的火辣，花椒的麻爽，瞬间点燃你的味蕾！

（画面：豆腐倒入锅中，轻轻翻炒，裹上红亮的汤汁）

旁白：看这豆腐，吸饱了汤汁，红亮诱人，颤颤巍巍，像极了害羞的少女！

（画面：撒上翠绿的葱花，热气腾腾的麻婆豆腐出锅）

旁白：最后撒上一把葱花，这颜值，这香气，简直让人无法抗拒！

（画面：用勺子舀起一勺麻婆豆腐，豆腐嫩滑，红油流淌，肉末点缀）

旁白：来，张嘴！感受这麻辣鲜香在口中爆炸，豆腐嫩滑，肉末酥香，汤汁浓郁，每一口都是极致享受！

（画面：不同人群大口吃着麻婆豆腐，露出幸福的表情）

旁白：无论是配米饭，还是拌面条，麻婆豆腐都能让你胃口大开，欲罢不能！

（画面：最后定格在一碗热气腾腾的麻婆豆腐上，字幕：关注我，解锁更多美食秘籍！）

旁白：还在等什么？快来试试这道让人欲罢不能的经典川菜吧！保证你一口下去，魂穿四川！

通过以上文案，观众可以清晰地了解到麻婆豆腐的制作过程和独特口感，从而激发他们尝试制作或品尝这道美食的兴趣。

6.2.5 剧情类文案

剧情类文案，顾名思义，是指那些通过构建完整故事情节来吸引观众注意力、引发情感共鸣并推动视频传播的文案。在短视频领域，剧情类文案不仅要求文字精练、富有画面感，还需要巧妙设置情节转折，以有限的时间讲述一个引人入胜的故事。它不仅是对产品的简单描述或展示，还是通过故事的包装，让观众在享受视觉盛宴的同时，深刻记住品牌或产品信息。

例如，某剧情类短视频以"听说旅过游的都分手了！"为文案核心，讲述了一对情侣在旅行中发生的趣味横生又略带尴尬的小故事。视频通过幽默的情节展现两人出游的搞笑经历，适时巧妙植入产品信息，最终却以分手结局点题，整个视频令人捧腹又回味无穷，如图6-10所示。

1. 剧情类文案的写作要点

剧情类文案作为连接品牌故事与消费者情感的桥梁，旨在通过引人入胜的情节激发观众共鸣，同时巧妙融入产品信息。剧情类文案的写作要点包括以下几个方面。

图 6-10

（1）明确主题

清晰的主题是整个故事的灵魂所在。主题应与品牌或产品信息紧密相关，能够凸显出品牌的核心价值或产品的独特卖点。例如，主题是"旅行的意义"，那么文案就应该围绕这一主题展开，通过讲述一个关于旅行的故事，巧妙地融入产品的特性和优势，让观众在欣赏故事的同时，也能深刻感受到品牌所传递的旅行理念和价值观。

（2）构建故事框架

一个完整的故事框架包括开头、发展、高潮和结局4个部分，每个部分都要精心设计，以确保故事的连贯性和吸引力。开头要能够快速吸引观众的注意力，发展部分要逐步推进，高潮部分要紧张刺激，结局则要留下深刻的印象。通过精练的文字和生动的情节设计，让观众在有限的时间内沉浸于故事中，享受视觉和情感的双重盛宴。

（3）情感共鸣

情感共鸣是剧情类文案成功的关键。通过设置贴近观众生活的角色、情节和对话，可以让观众在故事中看到自己的影子或感受到某种情感上的共鸣。这种共鸣能够拉近品牌与消费者之间的距离，增强品牌的亲和力和信任感。因此，在撰写文案时，要注重对角色性格的刻画和情感的渲染，让观众在欣赏故事的同时，也能深刻体会到品牌所传递的情感价值。

（4）产品植入

产品植入是剧情类文案的重要任务之一。然而，植入的方式必须自然且巧妙，不能显得突兀或生硬。可以通过角色的使用、对话的提及或情节的推进来自然地展示产品，让观众在欣赏故事的同时，也能自然地接受产品信息。这样不仅能够提升产品的曝光度和认知度，还能够增强品牌与消费者之间的情感联系。

（5）语言精练

由于短视频的时间限制，文案的语言必须精练且富有画面感。要用简洁明了的语言表达出关键信息，同时注重语言的生动性和形象性，让观众在听到或看到文案时，能够在脑海中形成清晰的画面和留下深刻的印象。这样不仅能够提升文案的吸引力和传播效果，还能够增强品牌与消费者之间的情感共鸣和记忆点。

2. 剧情类文案的写作技巧

在撰写剧情类文案时，掌握一定的写作技巧能够显著提升文案的吸引力和传播效果。以下这些写作技巧旨在帮助创作者打造更具感染力和影响力的剧情类文案。

（1）角色设定：鲜明个性，深入人心

角色是剧情类文案的灵魂。一个鲜明、有特色的角色能够迅速吸引观众的注意，并引导他们沉浸于故事中。在设定角色时，要注重角色的个性和背景，使其与主题

和产品相匹配。无论是普通人、名人还是虚构人物，都要赋予他们独特的性格特征和情感色彩，让观众在角色的身上找到自己的影子或产生共鸣。通过细腻的角色刻画，可以让角色在故事中发挥关键作用，推动情节的发展，从而增强文案的吸引力。

(2) 情节转折：出乎意料，引人入胜

一个巧妙的转折能够增加故事的趣味性，让观众在猜测和惊喜中享受观看过程。在撰写文案时，要注重情节的铺垫和转折点的设计。转折可以发生在故事的发展阶段，也可以在高潮部分，关键是要出乎意料且合理。通过合理的情节安排和转折点的设置，可以让观众在欣赏故事的同时感受到文案所传递的深层含义和价值。

(3) 对话设计：简洁明了，传递情感

对话是展现角色性格和推动故事情节的重要手段。在文案中，对话的设计要简洁明了，能够迅速传达出角色的情感和态度。同时，对话也要与主题和产品相关联，通过对话的内容、语气和节奏来体现产品的特点和价值。通过精心设计的对话，可以让观众在欣赏故事的同时对产品产生更深的认识和好感。

(4) 视觉元素提示：引导关注，增强效果

文案中可以包含视觉元素提示，如颜色、场景、动作等。这些视觉元素提示能够引导观众在观看视频时更加关注这些元素，从而增强文案的视觉效果。例如，通过描述角色的服装、场景的氛围或动作的细节来引导观众，可以让他们在观看视频时更加深入地理解故事背景和角色情感。通过视觉元素的提示，可以让观众在欣赏故事的同时感受到文案所营造的氛围。

3. 使用 AI 工具生成剧情类文案注意事项

使用 AI 工具生成剧情类文案时，需要注意以下几点。

(1) 明确文案的核心要素

在使用 AI 工具生成文案之前，我们需要对短视频的主题、产品特性及目标受众有深入的了解。将这些信息输入 AI 工具，引导其生成与需求高度匹配的文案内容。通过明确这些信息，我们能够为 AI 工具提供一个清晰的创作方向，确保生成的文案精准传达预期的信息和情感。

（2）人工审核与创意融合

AI工具生成的文案虽具有高效性，但仍需经过人工审核，以确保其符合品牌调性、语言规范及文化敏感性。在此基础上，我们可以将AI工具的生成结果作为灵感来源，结合个人创意进行修改和完善。这样巧妙的结合不仅能够提升文案的创作效率，还能让剧情类文案更加富有创意和深度，从而吸引更多观众关注。

实战　使用DeepSeek写剧情类文案

▶▶ |案例背景|

一家新兴的宠物用品公司为了提升品牌知名度和吸引宠物爱好者，决定制作一系列剧情类短视频，通过温馨有趣的故事来展示其产品的独特性和实用性。这些视频将在社交媒体平台上发布，为了确保文案的质量和吸引力，下面使用DeepSeek来辅助撰写这些剧情类文案。

▶▶ |案例实施|

（1）故事开发

先开发一系列围绕宠物和产品的故事，这些故事旨在展现宠物用品不仅是商品，还是宠物和主人之间情感联系的纽带。

（2）目标受众分析

通过社交媒体分析工具，确定目标受众为年轻的宠物主人、宠物爱好者和寻找宠物护理解决方案的群体。

（3）文案策略制定

制定文案策略，计划通过温馨、幽默或感人的故事来吸引用户，同时突出产品的实用性和对宠物的关爱。

（4）生成文案草稿

在DeepSeek中输入"生成剧情类宠物用品短视频文案草稿"，并提供一些特定的指导，比如要求文案包含故事概要、宠物和主人的互动及产品的特点等部分。

（5）内容润色

将DeepSeek生成的草稿交给专业文案编辑进行润色，确保文案的语言风格符合短视频的叙事节奏，同时增加情感深度和视觉描述，以提高文案的吸引力和说服力。

（6）视频脚本开发

根据润色后的文案，开发视频脚本，包括场景设置、角色对话和产品的特写镜头。

（7）发布与推广

在社交媒体平台上发布短视频，并设置一系列的互动活动，如观众投票选择最喜欢的故事线和角色，以提高用户的参与度。

（8）效果评估

通过社交媒体的数据分析工具跟踪视频的观看量、点赞数、分享量和评论数，评估文案和视频的效果，并根据反馈进行调整。

使用DeepSeek生成的剧情类文案示例如下。

不再错过每一次口渴

故事概要

年轻的白领小北最近收养了一只活泼的橘猫"橘子"。小北工作繁忙，常常加班到深夜，回到家时橘子已经蜷缩在沙发上睡着了。某天，小北发现橘子总是无精打采，甚至不爱玩它最爱的逗猫棒。带橘子去看兽医后，小北才知道橘子是因为饮水不足导致轻微脱水。兽医建议小北关注橘子的日常饮水情况，尤其是当她不在家时。

小北开始寻找解决方案，偶然间在社交媒体上看到一款智能饮水机，正是这家新兴宠物用品公司的新产品。她抱着试试看的心态购买了这款饮水机，没想到这不仅解决了橘子的饮水问题，还让橘子的生活变得更加有趣。

宠物和主人的互动

初次见面： 小北拆开包装，橘子好奇地凑过来，用爪子拨弄饮水机的边缘。小北笑着摸摸橘子的头："这可是你的新玩具哦！"

智能提醒： 小北在手机上收到饮水机的提醒："橘子今天喝水较少，记得关注它的状态哦！"小北立刻给橘子发了语音："橘子，快去喝水，不然我要远程操控饮水机喷水啦！"橘子听到小北的声音，跑到饮水机前喝了几口，还调皮地用爪子拍了拍水面。

趣味互动：饮水机的流动水设计让橘子爱上了"玩水"，它常常蹲在饮水机旁，专注地看着水流，偶尔伸出爪子去抓水花。小北拍下这一幕，发到朋友圈："橘子终于找到了它的新乐趣！"

健康改善：几天后，橘子恢复了活力，又开始满屋子撒欢了。小北欣慰地说："看来这款饮水机买对了！"

产品特点

智能监测：内置传感器可记录宠物的饮水频率和水量，并通过手机App实时提醒主人，帮助主人随时掌握宠物的健康状况。

流动活水：模拟自然水流，吸引宠物主动喝水，尤其适合对静止水不感兴趣的猫咪。

静音设计：低噪声运行，不会打扰宠物和主人的休息。

大容量水箱：适合多宠家庭或主人长时间外出时使用，无须频繁加水。

易清洗设计：可拆卸结构，方便主人定期清洁，保证宠物饮水卫生。

结尾

在视频的最后，小北对着镜头说："如果你也像我一样忙碌，但又想给宠物最好的照顾，这款智能饮水机是你的不二之选！橘子现在每天都活力满满，我再也不用担心它会缺水了。快来试试吧！"

品牌露出

视频结尾出现品牌Logo和产品购买链接，配文："关爱宠物，从每一滴水开始。××宠物用品，让爱更智能。"

6.2.6 段子类文案

段子类短视频文案，是指那些采用幽默、诙谐、讽刺或反转等手法，通过简短的视频形式展现出来的文案内容。这类文案通常以轻松幽默的方式传达信息或表达观点，旨在引观众发笑，提高视频的趣味性和传播性。

例如，某段子类短视频的文案为"又有一个新梗产生了"，视频内容以此为主题，深入剖析了网络新梗的起源与发展，展示网友们的创意模仿，让人忍俊不禁，这充分展现了段子类短视频文案的幽默魅力和广泛传播力，如图6-11所示。

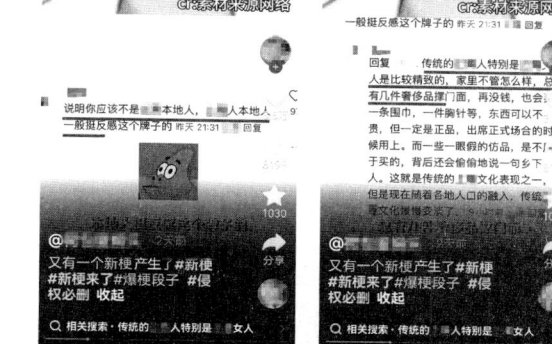

图6-11

1. 段子类文案的写作要点

创作段子类文案的核心在于精准捕捉并展现"笑点"，以简短而富有力量的文字，瞬间触动观众的笑神经。因此，撰写段子类文案时，需把握以下几个要点。

（1）明确且聚焦的主题

段子虽短小，但主题必须明确且聚焦。一个优秀的段子文案，往往能够围绕一个清晰的中心思想展开，无论是讽刺社会现象、揭示生活小哲理，还是单纯为了逗乐观众，都应有明确的主题导向。这样的段子，能够迅速抓住观众的注意力，让观众在轻松愉快的氛围中快速理解并接受段子所传达的信息。

（2）找准"笑点"

"笑点"是段子文案的灵魂所在，也是吸引观众注意力的关键。在撰写段子时，创作者需要精准捕捉受众的兴趣点和共鸣点，通过巧妙的语言运用和情节设计，营造出令人捧腹的效果。无论是语言上的双关、夸张，还是情节上的反转、出乎意料，都应围绕"笑点"展开，确保内容能够迅速击中观众的笑点，让观众感到愉悦与放松。

（3）简洁明了的语言风格

段子文案的语言应简洁明了，避免冗长复杂的句子结构。用最少的字传达最有趣的信息，让观众在瞬间抓住笑点，是段子文案的基本要求。创作者需要精心挑选词汇，巧妙构思句子结构，确保内容既精练又富有内涵。这样的段子，不仅易于观众理解和接受，还能在短时间内迅速传播开来，形成广泛的影响力。

2. 段子类文案的写作技巧

在创作段子类文案时，掌握并运用一些技巧，可以显著提升文案的趣味性和吸引力。以下是一些值得借鉴的段子类文案写作技巧。

(1) 巧妙运用修辞手法

修辞手法是制造笑点的有效手段。夸张、对比、拟人、反讽等修辞手法，都能够通过独特的语言形式，创造出幽默风趣的效果。例如，通过夸张的手法描述某个日常现象，可以形成强烈的反差，从而引人发笑。拟人手法则可以让无生命的事物变得生动有趣，增添文案的趣味性。反讽手法则通过讽刺和挖苦，让人在笑声中思考。巧妙运用这些修辞手法，可以让段子文案更加生动有趣，吸引观众的眼球。

(2) 紧密结合热点话题

紧跟时事热点，将热门事件、网络梗融入段子中，可以增加文案的新鲜感和话题性。时事热点往往具有广泛的社会关注度，将其与段子结合，可以迅速吸引观众的注意力。同时，网络梗的融入也能让段子更加贴近年轻人的审美，增加文案的趣味性和互动性。因此，在创作段子文案时，不妨多关注时事热点和网络梗，将其巧妙地融入段子，让文案更加生动有趣。

(3) 巧妙设置悬念

在文案开头或中间设置小悬念，可以激发观众的好奇心，让他们想要知道接下来会发生什么。然后在结尾处给出意想不到的转折，这种反转效果往往能够产生强烈的"笑"果。

(4) 引发情感共鸣

段子不仅要好笑，还要能触动人心。通过讲述贴近生活的小故事，展现人性的真善美或讽刺社会不良现象，这样的段子文案不仅能够带给观众欢乐，还能引发观众对生活的思考和感悟。因此，在创作段子文案时，不妨多关注社会现实，用幽默的方式传达正能量和积极的价值观。

3. 使用AI工具生成段子类文案

随着AI技术的持续进步，AI工具能够逐步掌握人类的语言习惯和幽默感，进而生成具有一定趣味性和吸引力的段子类文案。

尽管AI工具在文案生成方面展现出了一定的潜力，但其创作的文案往往缺乏人类创作者独有的情感深度和创意性。这是因为幽默感和创意往往来源于复杂的人类情感和经验，而AI工具目前还难以完全模拟这些方面。因此，在使用AI工具生成段子类文案时，需要进行人工筛选和优化，以确保文案既符合目标受众的喜好，又能保持其独特性和创意性。

同时，AI工具也可以作为创作者的得力助手，帮助他们挖掘更多的幽默元素和创意点。通过AI工具的辅助，创作者可以更加高效地筛选出有趣的素材，并将其融入段子中，从而提高段子类文案的创作效率和质量。总之，AI工具在段子类文案创作中的应用前景广阔，但也需要与创作者紧密合作，共同推动文案创作的发展。

实战　使用DeepSeek写段子类文案

▶▶ |案例背景|

随着短视频平台的流行，段子类内容因轻松幽默的特点而受到广泛欢迎。一家以创意家居用品为主的公司希望利用这一趋势，通过制作一系列段子类短视频来提升品牌知名度和产品销量。这些视频将围绕公司的产品展开，以幽默的方式展示产品的特点和使用场景，吸引年轻消费者的目光。

▶▶ |案例实施|

（1）目标受众分析

通过市场调研和社交媒体分析，确定目标受众为喜欢幽默内容的年轻人和家庭主妇，他们通常在寻找有趣且实用的家居用品。

（2）产品特点梳理

梳理公司产品的主要特点，如多功能性、设计新颖和使用便捷，这些特点将成为段子的核心元素。

(3) 文案策略制定

制定文案策略，计划通过夸张、反转和幽默的手法来吸引用户，同时突出产品的实用性和趣味性。

(4) 生成文案草稿

在 DeepSeek 中输入"生成创意家居用品段子类短视频文案草稿"，并提供一些特定的指导，比如要求文案包含产品特点、幽默场景和互动呼吁等部分。

(5) 内容润色

将 DeepSeek 生成的草稿交给专业文案编辑进行润色，确保文案的语言风格符合短视频的幽默节奏，同时增加情感深度和视觉描述，以提高文案的吸引力和说服力。

(6) 脚本开发与视频制作

根据润色后的文案，开发视频脚本，包括场景设置、角色对话和产品的特写镜头。然后制作视频。

(7) 发布与推广

在短视频平台和社交媒体上发布视频，并设置一系列的互动活动，如观众投票选择最喜欢的段子和角色，以提高用户的参与度。

(8) 效果评估

通过短视频平台的数据分析工具跟踪视频的观看量、点赞数、分享量和评论数，评估文案和视频的效果，并根据反馈进行调整。

使用 DeepSeek 生成的段子类文案示例如下。

当代年轻人家居迷惑行为大赏

场景一

（画面：一个年轻人躺在床上玩手机，床头柜上堆满了各种零食、饮料、纸巾）

旁白：当代年轻人迷惑行为之一：床头柜永远不够用！

（画面：年轻人伸手去拿饮料，结果碰倒了零食，零食撒了一地）

年轻人：（崩溃）啊！我的薯片！

（画面：镜头一转，出现我们的产品——多功能床头收纳架）

旁白：别担心，××家居来帮你！

（画面：年轻人把零食、饮料、纸巾都整齐地放在收纳架上，床头柜瞬间整洁）

年轻人：（满意）这才是我想要的生活！

场景二

（画面：一个年轻人在厨房做饭，手忙脚乱，锅碗瓢盆被扔得到处都是）

旁白：当代年轻人迷惑行为之二：厨房永远像战场！

（画面：年轻人不小心打翻了酱油瓶，酱油洒了一地）

年轻人：（抓狂）啊！我的地板！

（画面：镜头一转，出现我们的产品——防滑防漏调味瓶）

旁白：别担心，××家居来帮你！

（画面：年轻人不小心碰倒防滑防漏调味瓶，一滴酱油都没洒出来）

年轻人：（惊喜）这也太神奇了吧！

场景三

（画面：一个年轻人在客厅看电视，沙发上堆满了衣服、包包、各种杂物）

旁白：当代年轻人迷惑行为之三：沙发永远不是用来坐的！

（画面：年轻人想坐下来看电视，结果被杂物挤到了地上）

年轻人：（无奈）我太难了！

（画面：镜头一转，出现我们的产品——多功能沙发收纳袋）

旁白：别担心，××家居来帮你！

（画面：年轻人把衣服、包包、杂物都放进收纳袋，沙发瞬间整洁）

年轻人：（舒服地躺在沙发上）这才是享受生活！

结尾

（画面：××家居Logo和产品展示）

旁白：××家居，让生活更轻松、更美好！

（可选）年轻人：（对着镜头）还不快来××家居，让它来拯救你的生活！

第七章

AI 直播文案写作

　　直播已成为当下最为热门的传播方式之一，直播文案则是其成功的关键。精心策划的文案能有效传递信息、吸引观众、引导互动，从而提升直播效果。本章将深入探讨 AI 如何助力直播文案写作，从直播文案的特点出发，通过实战案例展示 AI 在直播脚本文案、直播标题、直播封面文案、直播预热文案及直播话术文案等方面的应用，旨在帮助创作者提升文案质量，打造更具吸引力的直播内容。

7.1 认识直播文案

直播文案不仅是内容的文字呈现，还是主播与观众沟通的桥梁，它包括主播的实时互动话语、产品介绍、优惠信息，以及直播前的预热预告和直播后的总结反馈等，旨在促进销售或推广目标产品。

例如，某直播标题为"茶具源头工厂开播快来"，这句精练的文案直接点明了直播主题——茶具，并通过"源头工厂"这一表述，暗示了直播间的茶具商品价格实惠、品质有保障，有效激发了潜在观众的购买兴趣和观看欲望，如图7-1所示。

图 7-1

7.1.1 直播文案的特点

直播文案要求创作者具备高度的文字驾驭能力，能够准确捕捉目标受众的兴趣点，通过生动、有趣、富有感染力的语言，激发观众的参与热情，提升直播的吸引力与转化率。同时，直播文案还需紧密结合直播平台的特性与品牌调性，确保文案内容与直播整体风格的一致性，从而实现最佳的传播效果。

直播文案具有吸引性、简洁性、互动性、时效性和转化性等特点，如图7-2所示。这些特点共同构成了直播文案的核心竞争力，使其在直播活动中发挥举足轻重的作用。

(1) 吸引性

直播文案需要第一时间吸引观众的注意力，激发他们的观看欲望。这通常通过有趣、新颖或富有

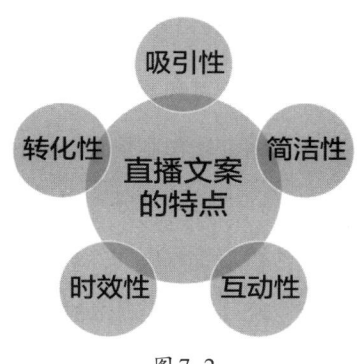

图 7-2

创意的文字表达来实现，让观众在众多直播中一眼就能发现你的直播。

（2）简洁性

直播文案需要简洁明了，避免冗长复杂的句子和表述。观众通常没有耐心阅读长篇大论的文案，因此文案需要在有限的字数内传达出关键信息，确保观众能够迅速理解直播的主题和内容。

（3）互动性

直播文案需要引导观众参与互动，如提问、投票、抽奖等，以提升直播的趣味性和观众的参与度。通过互动，主播可以更好地了解观众的需求和反馈，提升直播效果。

（4）时效性

直播文案需要紧跟时代潮流和热点话题，确保文案内容与观众的兴趣和需求保持同步。时效性强的文案更容易引起观众的共鸣和关注，提升直播的曝光度和影响力。

（5）转化性

对于商业性质的直播来说，文案的转化性也是至关重要的。文案需要巧妙地融入产品特点、优势、优惠信息等，激发观众的购买欲望，促进销售目标的实现。

7.1.2 直播文案的写作策略

以下是一套系统的直播文案写作策略，旨在帮助创作者提升直播的吸引力和效果。

1. 明确目标与定位

在撰写直播文案之前，首要任务是明确直播的目标和定位，这是文案创作的基石。目标可能包括推广新产品、提升品牌知名度、与用户进行深度互动或收集市场反馈等。不同的目标对应不同的文案策略，需根据实际需求进行精准定位。

例如，若目标为推广新产品，则文案应侧重于介绍产品的特点、优势及用户受益点；若目标为提升品牌知名度，则文案可强调品牌故事、理念及与观众的共鸣点。

2. 挖掘直播亮点与特色

每个直播都应有其独特的亮点，这是吸引观众的关键。在文案中，要深入挖掘并突出这些亮点，如特别的嘉宾、独特的内容、诱人的优惠等。同时，也要展示直播的专业性或趣味性，让观众在了解直播内容的同时产生期待和好奇。

例如，可以强调"行业大咖亲临现场，分享前沿观点""揭秘幕后故事，带你领略不为人知的精彩""限时抢购，超值优惠等你来拿"等。

3. 制造悬念与吸引力

好的直播文案要能够制造悬念，激发观众的好奇心。可以通过提出问题、设置悬念等方式，引导观众思考，激发他们的求知欲。例如，"你知道吗？这次直播将带你探索一个鲜为人知的行业秘密，让你大开眼界！""想知道如何轻松提升××技能，成为行业佼佼者吗？今晚直播，我们将为你揭晓答案！"这样的文案能够迅速吸引观众的注意力，让他们产生强烈的观看冲动。同时，也可以适当运用一些引人入胜的修辞手法，如比喻、拟人等，使文案更加生动有趣。

4. 强化互动与参与感

直播的核心在于互动，因此文案中要强化观众的参与感。可以通过提问、投票、抽奖等方式，引导观众积极参与直播活动。同时，文案中也要表达出对观众的尊重和关心，让他们感受到自己的价值和被重视。

例如，"你的意见对我们至关重要！今晚直播，我们将就××话题进行投票，你的选择将影响我们的后续行动！""参与直播互动，有机会赢取精美礼品！快来加入我们吧，一起享受这场视觉与听觉的盛宴！"这样的文案能够激发观众的参与热情，构建品牌与观众之间的深度连接。

5. 优化文案结构与布局

文案的结构和布局也是影响直播效果的重要因素。文案要简洁明了，避免冗长复杂的句子。同时，要合理安排句子和段落，确保内容清晰、易读。在布局上，可以通过加粗、换行、分段等方式，突出关键信息，引导观众阅读。此外，还可以适当添加图片、表情符号等元素，增加文案的趣味性和可读性。

例如，可以在文案开头使用一张吸引人的图片或表情符号，吸引观众的注意力；在文案中穿插一些简洁明了的句子和段落，使内容更加清晰易懂；在文案结尾处使用强烈的呼吁性语言，引导观众参与直播活动。这样的文案不仅能够提升观众的阅读体验，还能够提高直播的观看率和转化率。

7.2 AI在直播文案写作中的应用实战

下面我们将深入探讨AI写作直播文案的应用实战，分析AI如何助力直播文案的创作与优化，为直播营销注入新的活力与可能。

7.2.1 直播脚本文案

直播脚本文案是一种专门为直播准备的流程性文案，旨在帮助主播规划直播内容，确保直播过程有条不紊地进行，并提升直播效果。它通常包含一系列详细的指导性文字，涵盖了直播的开场、主题、内容、互动环节及结语等方面。

具体来说，直播脚本文案会详细列出直播的时间安排、主播需要说的话术、展示的产品或内容、与观众互动的方式及直播结尾的总结等。通过精心设计和编写直播脚本文案，主播可以更加自信地面对镜头，减少冷场和跑题的情况，同时提升观众的参与度和满意度。

1. 直播脚本文案的作用

直播脚本文案的作用主要体现在4个方面，如图7-3所示。

规划直播流程，提升专业度

明确直播主题，聚焦核心内容

引导观众参与，增强互动性

提升直播效果，打造独特魅力

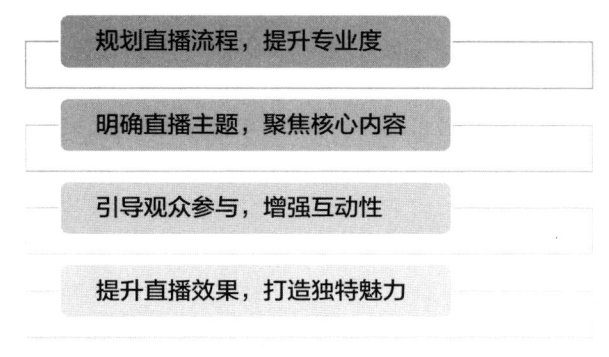

图 7-3

(1) 规划直播流程，提升专业度

直播脚本文案的首要作用是帮助主播规划直播的整体流程。一个清晰的脚本设计能够让主播在直播前对整体内容有全面的了解，从而确保直播过程有条不紊地进行。这不仅能够避免冷场、跑题等尴尬情况的发生，还能够提升直播的专业性和流畅度，让观众在享受直播的同时，对主播的专业素养留下深刻印象。

(2) 明确直播主题，聚焦核心内容

直播脚本文案还能够明确直播的主题和内容。在编写脚本时，主播需要围绕直播的核心信息进行内容设计，确保观众能够清晰地理解直播的主题和目的。通过聚焦核心内容，主播可以更加有效地展示产品或内容，提升观众的参与度和满意度，同时增强直播的吸引力和影响力。

(3) 引导观众参与，增强互动性

直播脚本文案中包含与观众互动的环节设计，这是直播成功的关键之一。通过提问、抽奖、投票等方式，主播可以引导观众在直播过程中积极参与，提升观众的参与感和归属感。同时，这些互动环节还能够为主播收集宝贵的用户反馈，为后续的直播改进提供依据。通过增强互动性，主播可以更加深入地了解观众的需求和喜好，从而不断提升直播的质量和效果。

(4) 提升直播效果，打造独特魅力

优质的直播脚本文案能够显著提升直播效果。通过精心设计的脚本，主播可以更加自信地面对镜头，减少紧张感，提升表达能力。同时，脚本中的幽默元素、故事情节等也能够吸引观众的注意力，提升直播的趣味性和观赏性。一个具有独特魅力的直播脚本文案，能够让主播在观众心中留下深刻印象，从而吸引更多的粉丝和关注。

2. 直播脚本文案的写作要领

要撰写一份高效的直播脚本文案，需综合考量产品特性、粉丝画像、营销策略及时间安排等多个维度。下面我们将深入探讨直播脚本文案写作的4个要领，如图7-4所示。

```
┌─────────────────────┐
│  精准定位直播主题    │
└─────────────────────┘
┌─────────────────────┐
│  深入洞察目标粉丝    │
└─────────────────────┘
┌─────────────────────┐
│  合理控制直播成本    │
└─────────────────────┘
┌─────────────────────┐
│  科学规划直播节奏    │
└─────────────────────┘
```

图 7-4

（1）精准定位直播主题

直播主题的策划需紧密围绕直播需求展开。无论是产品上新、清仓特惠，还是节日庆典、热点追踪，都应与直播主题高度契合。对于日常直播，主播可结合粉丝兴趣或时事热点，打造独具特色的直播主题。

例如，紧跟社交媒体流行趋势，策划"热门单品试穿/试用"或"粉丝点歌/点单"等主题直播，以新鲜感和互动性吸引观众。

同时，主播也可为特定日期设定固定主题，如"周一新品尝鲜日""周五会员回馈日"等，形成规律化的直播模式，增强粉丝期待感。

（2）深入洞察目标粉丝

了解并精准定位目标粉丝，是直播脚本策划的基础。主播需根据粉丝的年龄、性别、兴趣、消费习惯及在线时间等因素，量身定制直播内容。

例如，针对宝妈群体，直播时间应避开其忙碌的早晨，而选择晚上或周末等空闲时段；内容方面则可围绕育儿知识分享、亲子互动游戏、宝宝用品推荐等，以满足宝妈们的实际需求，提升直播的吸引力和参与度。

(3) 合理控制直播成本

直播成本控制关乎主播的盈利能力。主播在策划直播时，应充分考虑优惠券发放、抽奖礼品、产品折扣等营销活动的成本效益，避免因盲目追求人气而陷入"赔本赚吆喝"的困境。主播应结合自身经济实力和直播目标，制定合理的预算，确保在吸引观众的同时，也能实现收益最大化。同时，主播还应关注直播后的数据反馈，不断优化成本控制策略，提升直播的 ROI（投资回报率）。

(4) 科学规划直播节奏

直播节奏的把握直接影响直播效果。主播需根据直播时长和时段，合理规划直播内容，确保每个环节都能紧扣主题，节奏紧凑。例如，一场6小时的直播，可划分为产品介绍、互动问答、抽奖环节、用户反馈等多个部分，每个部分都应有明确的时间节点和任务目标。

此外，主播还需提前规划好直播中的各项操作，如上新预告、优惠券发放、抽奖启动等，确保直播流程顺畅无阻。团队人员也需明确分工，确保各项任务得到有效执行，共同营造高质量的直播氛围。

3. 使用AI工具生成直播脚本文案

在现代直播行业中，使用AI工具生成直播脚本文案已成为提升直播质量和观众参与度的高效手段。以下是使用AI工具生成直播脚本文案的步骤。

(1) 明确直播目标和主题

在使用AI工具生成脚本文案之前，我们的首要任务是明确直播的目标和主题，这涵盖了直播的核心目的（如产品推广、品牌宣传或粉丝互动）、目标受众特征（如年龄、性别和兴趣等）及直播的主要内容（如产品特性介绍、活动优惠详情或互动环节设置）。这些信息将作为AI工具生成文案的关键输入参数，确保生成的文案与直播目标紧密相关。

(2) 输入关键信息与指令

在AI工具中输入一系列关键信息与指令，生成符合要求的文案。例如，"生成一段吸引人的开场白"或"编写一个互动问答环节的引导语"。

(3) 审阅与调整文案

仔细审阅 AI 工具生成的文案，检查其是否准确传达了直播的目标和主题，是否符合目标受众的喜好，以及是否具有足够的吸引力和互动性。如需调整，可以在 AI 工具中直接修改，或将生成的文案作为参考，结合个人创意和风格进行二次创作。

(4) 整合与优化文案

若 AI 工具生成的是多个文案片段，需将它们整合成一个完整的直播脚本文案。在此过程中，应注重文案的连贯性、逻辑性和节奏感，确保各部分能够顺畅衔接。同时，还可以根据直播的实际需求，对文案进行优化和调整，如添加幽默元素、情感共鸣点或实用建议等，以提升直播的吸引力和观众的参与度。

(5) 实践与反馈

将生成的直播脚本文案应用于实际直播中，并密切关注观众的反馈和参与度。如果文案效果良好，未来可以继续沿用此方法生成直播脚本文案。如果效果不尽如人意，则可以根据反馈进行调整和优化，或尝试使用不同的 AI 工具或方法来生成文案。

遵循以上步骤，可以有效地利用 AI 技术生成高质量的直播脚本文案。

实战　使用 DeepSeek 写直播脚本文案

▶▶　|案例背景|

随着人们对家居环境的要求日益提高，家居装饰市场迎来了前所未有的发展机遇。为了抓住这一机遇，某家居装饰品牌决定举办一场线上直播活动，通过展示其最新的家居装饰产品，吸引潜在客户的关注。

▶▶　|案例实施|

(1) 明确直播目标和主题

首先确定直播的目标：展示并推广家居装饰品牌的新产品，提高品牌知名度和用户黏性。直播的主题设定为"家的艺术，生活的诗——探索全新家居装饰风尚"。

(2) 输入关键信息与指令

在 DeepSeek 中输入以下关键信息与指令。

◎ 直播主题：家的艺术，生活的诗——探索全新家居装饰风尚。

◎ 产品类型：客厅装饰画、卧室软装、餐厅餐具套装。

◎ 目标受众：追求生活品质、注重家居装饰的消费者。

◎ 文案风格：温馨、优雅、富有诗意。

◎ 指令：生成直播开场白、产品介绍、互动环节及结束语等文案片段。

(3) 审阅与调整文案

DeepSeek 生成了初步的文案后，对其进行审阅和调整。在调整过程中，我们保留了文案中的诗意和美感，同时根据直播的实际需要，对部分文案进行了简化和优化，以确保其更加贴合直播的节奏和氛围。

(4) 整合与优化文案

将 DeepSeek 生成的文案片段整合成一个完整的直播脚本文案。在整合的过程中，注重文案的连贯性和逻辑性，确保每个部分都能顺畅地衔接在一起。同时，还根据直播的时长和节奏，对文案进行适当的调整和优化。

使用 DeepSeek 生成的直播脚本文案示例如下。

主播："亲爱的朋友们，欢迎来到'家的艺术，生活的诗——探索全新家居装饰风尚'的直播现场！我是今天的主播[主播姓名]，非常高兴能与大家相聚在这个温馨的时刻。

"家，不仅是一个居住的空间，还是我们心灵的港湾。每一件家居装饰品，都是我们对生活的热爱与表达。今天，我们将带大家走进一场关于'家'的艺术之旅，探索如何用精致的装饰画、舒适的软装、优雅的餐具，为我们的生活增添诗意与温度。无论你是正在装修新家，还是想为现有的空间注入新的灵感，今天的直播都会为你带来满满的惊喜！接下来，让我们一起开启这场关于'家'的美学盛宴吧！"

产品介绍

1.客厅装饰画

主播："首先，让我们走进客厅，这里是家的'门面'，也是我们与家人、朋友共享美好时光的空间。今天为大家带来的是一系列全新的客厅装饰画，它们不仅是墙上的点缀，还是艺术的延伸。

"比如这幅《晨曦微光》，它以柔和的色调和细腻的笔触，描绘出清晨的第一缕阳光洒进房间的温暖瞬间。将它挂在客厅，仿佛每天都能感受到自然的拥抱，让家的氛围更加宁静与舒适。

"还有这幅《城市剪影》，它以现代简约的风格，勾勒出都市的繁华与静谧并存的美感，非常适合喜欢现代风格的朋友。

"每一幅画都承载着独特的故事与情感，希望它们能为你的家增添一份艺术的气息。"

2. 卧室软装

主播："接下来，我们来到卧室，这里是放松身心、享受宁静的私密空间。为了让你的卧室更加温馨舒适，我们特别推出了全新的卧室软装系列。

"比如这款'云端梦境'床品套装，采用高品质的纯棉面料，触感柔软如云，搭配淡雅的灰粉色，仿佛让人置身于温柔的梦境中。还有同系列的抱枕和毯子，不仅实用，而且能为卧室增添层次感。

"此外，我们的'月光星河'窗帘系列也值得推荐。它采用遮光面料，既能增强睡眠质量，又能在夜晚透出星光般的点点微光，营造出浪漫的氛围。

"让卧室成为你每天最期待回归的角落，从一套精致的软装开始吧！"

3. 餐厅餐具套装

主播："最后，我们来到餐厅，这里是家人团聚、分享美食的地方。一套精致的餐具，不仅能提升用餐的仪式感，还能让每一餐都充满幸福感。

"今天为大家推荐的是'北欧极光'餐具套装，它以简约的设计和柔和的釉面质感，展现出北欧风格的纯净与优雅。无论是日常用餐还是招待客人，这套餐具都能为你的餐桌增添一份高级感。

"还有这款'复古花园'系列，它以精致的花纹和复古的色调，让人仿佛置身于欧洲的田园风光中，特别适合喜欢浪漫风格的朋友。

"让每一餐都成为一场视觉与味觉的双重享受，从选择一套心仪的餐具开始吧！"

互动环节

主播："亲爱的朋友们，今天的直播不仅是一场视觉盛宴，还是一次与大家的互动之旅！接下来，我们将进入互动环节，为大家准备了超多福利！

"幸运抽奖：在评论区输入'家的艺术'，我们将随机抽取5位幸运观众，送出今天的精美礼品——'云端梦境'抱枕一个！

"问答互动：如果你对今天的任何产品有疑问，或者想了解更多搭配建议，欢迎在评论区留言，我们的专业顾问会为你一一解答！

"晒图有礼：如果你已经购买了我们的产品，欢迎晒出你的家居美图，并带上话题'#家的艺术'，我们将选出3位朋友，送出限量版装饰画一幅！快来参与吧，惊喜等着你哦！"

结束语

主播："亲爱的朋友们，今天的直播即将接近尾声，但关于'家的艺术'的探索永远不会停止。希望通过今天的分享，能为大家带来一些灵感与启发，让你的家变得更加温馨、优雅、充满诗意。如果你喜欢今天的产品，可以点击下方链接直接购买，或者关注我们的官方账号，了解更多家居装饰的新品与优惠活动。

"感谢大家的陪伴与支持，愿每一个家都能成为你心中最美的诗篇。我们下次直播再见！祝大家生活愉快！"

本案例成功地使用DeepSeek生成了一份高质量的直播脚本文案。这份文案不仅贴合直播的主题和目标受众的口味，还具备连贯性、逻辑性和感染力，为直播活动的成功举办提供了有力的支持。

7.2.2 直播标题

直播标题是吸引观众点击并观看直播的关键因素之一。一个优秀的直播标题不仅能概括直播内容，还能激发观众的好奇心，引导他们进入直播间。

1. 直播标题的作用

直播标题的作用主要体现在7个方面，如图7-5所示。

(1) 吸引观众注意力

直播标题是观众接触直播内容的第一印象，一个吸引人的标题能够迅速抓住观众的注意力，激发他们的好奇心和兴趣，从而引导他们进入直播间。

(2) 概括直播内容

标题需要准确、简洁地概括直播的主题和内容，让观众在浏览时能够快速了解直播的核心信息，帮助他们判断是否值得观看。

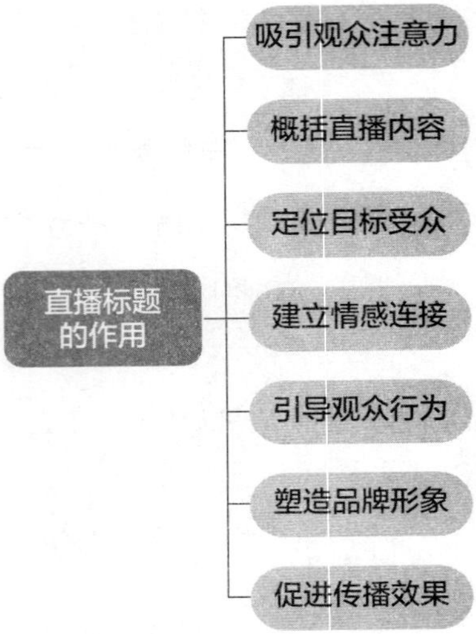

(3) 定位目标受众

通过精心设计的标题，可以明确直播的目标受众群体，如年轻人、游戏爱好者、家长等。这有助于精准推送直播内容，提高观众的参与度和满意度。

图 7-5

(4) 建立情感连接

标题中的情感元素可以激发观众的情感共鸣，让他们感受到直播的积极氛围和情感色彩。这种情感连接有助于增强观众的归属感和忠诚度。

(5) 引导观众行为

标题中的呼吁性词汇或短语可以引导观众采取特定的行动，如点击观看、点赞、分享等。这些行为不仅有助于提升直播的曝光率和观看率，还能增加直播的互动性和社交性。

(6) 塑造品牌形象

直播标题的风格和调性可以反映直播团队或主播的品牌形象。一个专业、有趣或独特的标题有助于塑造积极的品牌形象，提升观众对直播团队或主播的认知度和好感度。

(7) 促进传播效果

一个具有吸引力的标题更容易被观众分享和传播，从而扩大直播的影响力和受众范围，为直播团队或主播带来更多的粉丝和关注。

2. 直播标题的写作技巧

下面将详细介绍几种直播标题的写作技巧，旨在帮助大家打造更具吸引力、更能激发观众兴趣的直播标题。

（1）戳中痛点，直击需求

精准捕捉目标观众的痛点，是撰写直播标题的首要任务。一个优秀的标题能够直击观众的核心需求，让他们在第一时间内感受到直播内容的价值。

例如，某女装直播间针对想要提升穿搭水平的小个子观众，将直播标题设计为"150小个子秋款上新！！！"，这样的标题直接击中观众的核心需求，能够迅速吸引他们的注意，如图7-6所示。

（2）逆向思维，制造反差

在创作直播标题时应用逆向思维，往往能带来意想不到的效果。通过制造反差，可以激发观众的好奇心和探索欲。

例如，"别进来！进来就省钱！"这样的标题看似在劝阻观众进入直播间，实则通过反常规的表述方式，激发了观众的好奇心："不进直播间怎么知道能不能省钱呢？"于是，直播间的点击率悄然提升，如图7-7所示。

图 7-6　　　　　　　　　　图 7-7

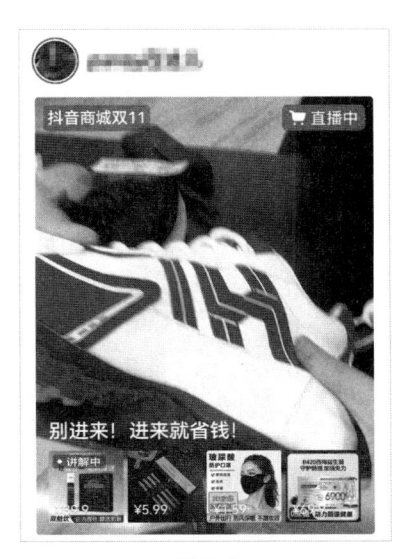

(3）引发好奇，激发探究

通过提出疑问或陈述看似不可能的结果，可以吸引观众进入直播间寻找答案。

例如，某故事直播间的悬疑型标题为"讲述精彩故事，还原故事真相"，在预告精彩纷呈的情节之余，还暗示着故事中暗藏的秘密将被揭晓，触动观众的好奇心，引导他们迫不及待地进入直播间，探寻真相，如图7-8所示。

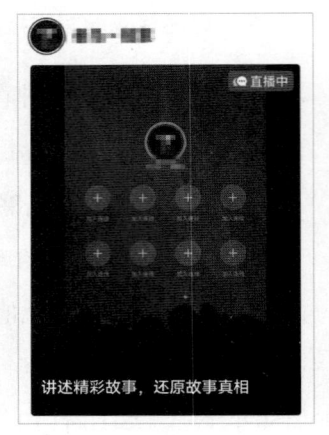

图 7-8

（4）传达利益，满足期待

在直播标题中明确传达给观众可以获得的利益点，是提升点击率的有效手段。这些利益点可以是实用知识、折扣优惠等，以满足观众追求实用和高性价比的心理。

例如，"一部手机教你5分钟学会剪辑技巧""双十一抢先购，限时立减15%"等标题，通过直接说明直播间能带来的价值，刺激观众的点击欲望，让他们觉得"有用"或"划算"而进入直播间，如图7-9所示。

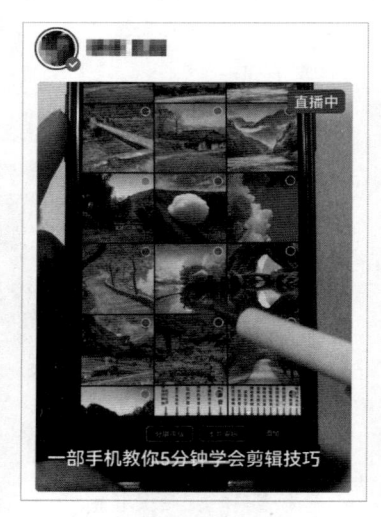

图 7-9

（5）营造紧迫感，促进行动

在直播标题中营造紧迫感，可以促使观众迅速采取行动。通过"抢购""先到先得"等关键词，可以营造出"机不可失，时不再来"的氛围，加快观众进入直播间的速度。例如,"限时秒杀福利,先到先得!进来抢"这样的标题,通过强烈的紧迫感刺激观众的购买欲望,让他们在短时间内做出决策并进入直播间,如图7-10所示。

3. 使用AI工具生成直播标题

使用AI工具生成直播标题是一个高效创意的过程,需先明确直播主题和目标受众,收集相关素材。再选择可靠的AI平台并熟悉其功能,然后根据直播类型和关键词输入指令,生成标题。最后对生成的标题进行优化与调整,确保简洁明了、突出亮点且符合规范。

图 7-10

实战 使用 DeepSeek 写直播标题

▶▶ |案例背景|

随着电商直播的兴起,越来越多的商家开始通过直播的形式进行产品推广和销售。为了吸引更多的观众,提高直播的点击率和转化率,商家需要制作具有吸引力和创意的直播标题。本案例将使用 DeepSeek 为一场美妆直播活动生成具有创意和吸引力的标题。

▶▶ |案例实施|

(1)明确直播主题和目标受众

◎ 直播主题:美妆产品分享与试用。

◎ 目标受众:年轻女性消费者,对美妆产品感兴趣的人群。

(2)收集相关素材

收集与美妆直播相关的关键词、短语和热门话题,如"美妆达人""新品试用""爆款推荐"等。同时,了解目标受众的兴趣偏好和消费习惯,以便更好地制定标题。

(3) 输入关键词和主题

在 DeepSeek 中输入与美妆直播相关的关键词和主题，如"美妆直播""新品试用""爆款推荐"等。也可以输入一些描述直播内容和亮点的短语，以便 DeepSeek 更好地理解直播的主题和内容。

(4) 生成并预览标题

单击"生成"按钮，预览 DeepSeek 生成的标题，评估其是否符合直播主题和目标受众的喜好。如果生成的文案不符合预期，可以多次尝试调整关键词或参数，直到生成满意的标题。

(5) 优化和调整

对生成的标题进行适当的修改和调整，确保标题简洁明了、突出亮点，同时符合语法和语义规范。可以结合人工创作，进一步提升标题的创意和吸引力。

使用 DeepSeek 生成的直播标题示例如下。

「美妆达人亲测」2025最火新品试用！这些爆款真的值得入手吗？

——强调"亲测"和"值得入手"，引发粉丝对真实使用效果的好奇心。

「新品开箱」美妆达人的第一手测评！这些爆款居然这么好用？

——突出"第一手测评"和"好用"，吸引粉丝关注新品的使用体验。

「爆款推荐」美妆达人私藏清单！这些新品让你秒变精致girl！

——用"私藏清单"和"秒变精致"吸引粉丝对爆款推荐的兴趣。

「新品试用」美妆达人带你避雷！2025必入爆款TOP5！

——强调"避雷"和"必入"，解决粉丝选择困难的痛点。

「美妆达人实测」这些新品居然比爆款还好用？不看后悔！

——用"比爆款还好用"和"不看后悔"制造紧迫感和好奇心。

「爆款种草」美妆达人教你选！2025最值得入手的新品清单！

——突出"教你选"和"最值得入手"，展现专业性和实用性。

「新品抢先试」美妆达人带你解锁2025最火爆款！

——用"抢先试"和"最火爆款"吸引粉丝对新品的关注。

「美妆达人推荐」这些新品试用后，我直接回购了！
——强调"回购"行为，增强粉丝对新品的好感和信任。

「爆款实测」美妆达人告诉你，哪些新品真的值得买！
——用"真的值得买"解决粉丝的购买决策问题。

「新品试用+爆款推荐」美妆达人带你种草2025最火单品！
——结合"试用"和"推荐"，全面覆盖粉丝对新品和爆款的需求。

通过以上步骤，成功使用DeepSeek生成了具有创意和吸引力的美妆直播标题。这些文案不仅符合直播主题的要求及目标受众的喜好，还能够激发观众的购买欲望，提高直播的点击率和转化率。

7.2.3 直播封面文案

直播封面文案是指在直播平台或社交媒体上，用于展示直播预告或正在进行的直播内容的文字描述和视觉元素（虽然这里主要讨论文案，但通常封面还会包括图像或视频）。直播封面文案是直播成功的关键，通常出现在直播间的入口位置，是吸引潜在观众进入并观看直播的重要媒介。淘宝直播平台上的部分直播封面文案，如图7-11所示。

直播封面文案的主要作用是在极短的时间内吸引目标观众的注意力，并传达出直播的核心价值或亮点。它应该简洁明了，能够迅速传达直播的主题、内容、嘉宾、时间等关键信息，同时激发观众的兴趣和好奇心，促使他们进入直播间。

图 7-11

1. 直播封面文案的特点

优秀的直播封面文案通常具备以下特点。

◎ **吸引力**：使用有趣、新颖或引人注目的词汇和短语，以及富有创意的句式结构，来吸引观众的注意力。

◎ **相关性**：文案需要与直播内容紧密相关，确保观众在进入直播间后能够找到他们感兴趣的内容。

◎ **明确性**：清晰明了地传达直播的主题、时间、嘉宾等关键信息，避免观众产生困惑或误解。

◎ **情感共鸣**：尝试在文案中融入情感元素，与观众建立情感联系，提高他们对直播的期待和参与度。

◎ **合规性**：确保文案符合平台规定和相关法律法规，避免使用不当的词汇或图像。

2. 直播封面文案的写作要点

下面将详细探讨直播封面文案的写作要点，帮助大家撰写出既具有吸引力又富有创意的文案。

(1) 突出主题

明确表达直播的核心内容，是直播封面文案的首要任务。文案需要直接明了地反映出直播的主题，让观众一眼就能了解直播是关于什么的。这有助于观众快速筛选出自己感兴趣的直播内容，提高直播的点击率。例如，一场关于美食制作的直播，其封面文案可以明确写出"美食制作大揭秘"或"手把手教你做××美食"等，让观众一目了然。

(2) 吸引注意

除了突出主题，直播封面文案还需要具备足够的吸引力，能够瞬间吸引观众的注意。这可以通过使用吸引人的词汇或短语来实现，如"独家揭秘""限时抢购""精彩不容错过"等。这些词汇具有强烈的冲击力和吸引力，能够激发观众的好奇心，促使他们进入直播间。同时，适当使用表情符号也可以增加文案的趣味性和可读性，进一步提升吸引力。

(3) 制造悬念

在直播封面文案中制造悬念，是激发观众好奇心、引导他们进入直播间的有效手段。文案可以留下一些悬念，如"今晚会有怎样的惊喜等待着你？"或"这个秘密技巧，你真的不想知道吗？"等。这些悬念能够激发观众的好奇心，让他们想要一探究竟，从而进入直播间。

(4) 明确时间

直播时间是直播封面文案中不可或缺的一部分。观众需要知道何时可以观看直播，以便安排自己的时间。因此，文案中应该明确写出直播的具体时间，如"今晚8点准时开播"或"每周五晚9点不见不散"等。这有助于观众提前做好准备，提高直播的观看率。

(5) 加入品牌或个人标识

在直播封面文案中适当加入品牌或个人标识，有助于增强品牌或个人形象，提高观众的认知度和忠诚度。文案中可以提及品牌名称、个人昵称或标志性元素等，让观众能够迅速识别出直播的来源和风格。这有助于建立品牌或个人在观众心中的形象和口碑，为未来的直播活动打下良好的基础。

3. 使用AI工具生成直播封面文案

使用AI工具生成直播封面文案之前，需先准备直播主题、目标受众、亮点及时间等关键信息作为输入指令，并根据具体要求设置文案风格、长度及关键词等。生成文案后，需筛选并优化文案，以使其符合品牌风格或目标受众口味。最后，通过内部和观众测试收集反馈，对文案进行必要的调整和优化，以提高文案的吸引力。

实战 使用DeepSeek写直播封面文案

▶▶ |案例背景|

越来越多的教育工作者开始利用直播平台进行在线授课。李老师是一位拥有多年数学教学经验的优秀教师，他决定通过直播平台开展一系列针对初中生的数学解题技巧课程。为了吸引更多的学生观看直播，李老师决定使用DeepSeek生成具有吸引力的直播封面文案。

▶▶ ｜案例实施｜

（1）明确直播主要信息

明确直播的主题为"初中数学解题技巧大揭秘"；直播的目标受众主要是初中生及其家长，并且他们希望通过观看直播提高数学成绩或了解有效的学习方法。李老师还准备了直播的亮点信息，如"名师讲解""经典例题解析""互动答疑"等。

（2）输入相关信息

在DeepSeek中输入文案类型为"教育"，文案风格为"正式且亲切"，并且输入直播的主题、目标受众和亮点信息等作为指令，以便DeepSeek生成更符合需求的文案。

（3）生成并筛选文案

使用DeepSeek生成多个文案选项后，仔细浏览每个选项，根据直播的特点，选择一个作为初步文案。

（4）优化文案

虽然初步文案已经具有一定的吸引力，但李老师还是进行了一些微调。他添加了更多的细节描述，如"李老师亲自示范解题步骤，让你轻松掌握数学奥秘"等，以使文案更加生动和具体。

（5）测试与反馈

在最终确定文案之前，李老师邀请了几位初中生和学生的家长对文案进行了测试。他们给出了积极的反馈，认为文案既符合直播的主题，又能吸引目标受众的注意。

使用DeepSeek生成的直播封面文案示例如下。

---

1. 名师出高徒，解题有套路！

［李老师］亲授初中数学解题技巧，经典例题解析，互动答疑，助你轻松拿高分！

2. 数学难题不再怕，解题技巧全拿下！

［李老师］直播揭秘初中数学解题秘籍，手把手教你攻克重点、难点，学习效率翻倍！

3. 告别题海战术，掌握解题思路！

［李老师］带你玩转初中数学，经典例题精讲，举一反三，轻松应对各种考试！

4. 你的专属数学导师，在线答疑解惑！

［李老师］直播课堂，互动教学，有针对性地解决你的数学难题，学习路上不再孤单！

5. 初中数学提分秘籍，尽在今晚直播！

［李老师］倾囊相授解题技巧，经典例题深度解析，助你快速提升数学成绩！

通过以上步骤，李老师成功使用DeepSeek生成了既符合直播主题又具有吸引力的直播封面文案。

7.2.4 直播预热文案

直播预热文案，即直播预告，是直播活动前的关键宣传工具。在直播正式开始之前，运营团队会精心设计预热文案。该文案通过社交媒体、直播平台、官方网站等多种渠道广泛发布，向潜在观众清晰传达直播的主题、内容、时间、地点（或平台）及可预期的亮点或福利，旨在激发观众的兴趣和好奇心，引导他们提前预约或准时观看直播，从而有效提升直播的观看人数和互动效果。

在各大直播平台上，预热文案的发布形式也各具特色。例如，淘宝平台的直播预热文案直观展示了直播的日期、时间及主题，并提供了便捷的预约功能，极大地提升了直播的曝光率和观众的参与度，如图7-12所示。而抖音、快手等短视频平台，则主要通过创意短视频的形式发布直播预告，视频中同样详细标注了直播的相关信息，进一步丰富了预热文案的传播形式和观众的观看体验。抖音平台的直播预告如图7-13所示。

图 7-12　　　　　　　　图 7-13

1. 直播预热文案的作用

直播预热文案的作用主要体现在以下几个方面。

◎ **吸引关注**：通过简洁明了、富有吸引力的语言，迅速抓住目标受众的注意力，使他们对直播产生兴趣。

◎ **传递信息**：明确告知直播的时间、地点（平台）、主题和内容，确保观众能够准时参与并了解直播的核心价值。

◎ **提升期待**：通过描述直播的亮点、嘉宾阵容、互动环节等，增加观众对直播的期待感，提升他们的参与意愿。

◎ **促进互动**：鼓励观众在直播前进行留言、点赞、转发等互动行为，为直播积累人气和热度。

◎ **引导流量**：通过文案中的链接或二维码，将潜在观众引导至直播平台或相关页面，增加直播的观看人数和互动量。

2. 使用AI工具生成直播预热文案

使用AI工具生成直播预热文案需明确直播主题与目标受众，在AI工具中输入关键信息，随后优化生成的文案以确保语法正确、风格匹配。发布前需要进行内部测试与收集受众反馈，以保持文案的创新性与个性化。

实战 使用DeepSeek写直播预热文案

▶▶ |案例背景|

某知名电商平台计划举办一场以"潮流服饰搭配"为主题的直播活动，旨在向消费者展示最新的潮流服饰搭配技巧，同时推广平台上的相关商品。为了确保直播活动能够吸引大量的观众，电商平台决定通过直播预热文案来提高活动的曝光度和参与度。

▶▶ |案例实施|

（1）明确直播主题与目标受众

首先明确直播的主题为"潮流服饰搭配"，并确定目标受众为对时尚潮流感兴趣的年轻人。这一步骤有助于DeepSeek在生成文案时更加精准地把握主题和受众特点。

（2）输入关键信息

将直播的主题、时间、地点（直播平台）、嘉宾（知名时尚博主）、亮点（如独家搭配技巧、限时折扣）等关键信息输入DeepSeek。这些信息将作为生成文案的基础。

（3）生成文案

在输入完关键信息后，单击"生成"按钮，DeepSeek迅速生成一段直播预热文案。对生成的文案进行初步检查，发现其语法、拼写和标点符号均正确无误，且风格符合年轻人的喜好。

（4）优化文案

为了确保文案的吸引力和感染力，对生成的文案进行优化。根据目标受众的喜好和直播的亮点，调整文案中的部分词句，使其更加生动、有趣，并突出直播的独特之处。

(5) 测试与反馈

在文案发布之前，做一次内部测试，将优化后的文案发送给部分员工和时尚博主进行预览和反馈。根据反馈结果对文案进行最后的微调。

经过精心策划与创作，借助 DeepSeek 成功打造了一个精彩的直播预热文案，具体如下所示。

🔥【潮流风暴来袭！】🔥 你准备好了吗？

想知道今秋最 in 穿搭秘籍？想 get 明星博主同款潮流单品？想以超低折扣入手心仪好物？

［电商平台名称］潮流服饰搭配直播盛宴，即将重磅来袭！

⏰ 直播时间：［具体时间］

📍 直播地点：［直播平台名称］［直播间链接/名称］

✨ 重磅嘉宾：超人气时尚博主［博主名称］空降直播间，与你面对面分享独家穿搭心得！

🎁 直播亮点抢先看

潮流风向标：［博主名称］亲自示范，解锁今秋最 in 穿搭公式，教你轻松玩转各种风格！

独家优惠放送：直播间专属限时折扣，超多潮流单品低至×折，买到就是赚到！

互动赢好礼：参与直播间互动，就有机会赢取［奖品名称］等精美礼品！

神秘惊喜环节：更多惊喜等你来发现！

👉 立即预约直播，锁定精彩！［预约链接/按钮］

#潮流穿搭 #时尚博主 #直播带货 #限时折扣 #惊喜好礼

这个秋天，让我们一起潮出天际！

［电商平台名称］，与你不见不散！

通过以上示例，可以看出 DeepSeek 生成的直播预热文案不仅准确传达了直播的主题和亮点，还通过生动的语言和有趣的互动环节吸引了目标受众的注意力。

7.2.5 直播话术文案

直播话术文案是主播在即时互动平台上展现语言艺术的方式，旨在通过巧妙表述实现深度互动、精准信息传递和高效消费引导。在直播电商中，话术文案的重要性日益凸显，是提升直播趣味性、互动性，增强商品吸引力和说服力的关键工具。掌握直播话术文案的写作技巧，有助于主播把控直播节奏，精准吸引目标受众，实现销售转化和品牌塑造的双重目标。

1. 直播话术文案的类型

直播话术文案作为直播过程中不可或缺的元素，根据其功能和目的的不同，可以细分为多种类型，每种类型都承载着特定的任务和作用，共同构成了直播的完整叙事框架。

(1) 开场白话术

开场白话术是构建直播氛围、吸引观众注意的关键。一个优秀的开场白话术，能够迅速拉近主播与观众之间的距离，为后续直播内容的展开奠定良好的基础。

主播在开场时，应使用热情洋溢、亲切自然的语言。例如，"大家好，欢迎大家进入我们充满活力的直播间！今天，我为大家精心准备了一场惊喜连连的直播盛宴，相信你们一定会不虚此行！"这样的开场白既展现了主播的热情与专业，又激发了观众的好奇心与期待感，为后续直播内容的顺利推进埋下了伏笔。

(2) 产品介绍话术

产品介绍话术是直播过程中的核心内容，其目的在于详细阐述商品的特点、功能、优势等，让观众能够全面、深入地了解商品。

主播在介绍产品时，应运用生动、形象的语言，将商品的特点和优势转化为观众能够直观感知的信息。例如，"大家请看，这款产品的设计可谓匠心独运。它不仅外观时尚大方，线条流畅，而且功能强大，能够满足你日常生活中的各种需求。无论是它的智能操作，还是高效节能的特点，都让人眼前一亮，绝对是你生活中的得力助手！"这样的介绍既突出了产品的独特卖点，又增强了观众的购买意愿。

(3) 互动引导话术

互动引导话术是提升直播活跃度、增强观众参与感的关键。主播可以通过提问、抽奖、邀请点赞等方式，引导观众参与互动，从而增加直播的趣味性和互动性。例如，"大家有没有遇到过类似的问题呢？或你们对这款产品有什么特别的期待和看法？欢迎在评论区留言告诉我，我会认真阅读每一条留言，并随机抽取几位幸运观众，送出我们的精美礼品哦！"这样的互动引导不仅让观众感受到了被重视和尊重，还激发了他们的参与热情和归属感。

(4) 促销话术

促销话术是直播过程中的重要环节，其目的在于通过限时优惠、满减活动、赠品赠送等促销手段，激发观众的购买欲望。

主播在运用促销话术时，应巧妙结合商品特点和观众需求，营造出一种"错过今天，再等一年"的紧迫感。例如，"现在下单购买，前100名顾客还将获得我们精心准备的精美赠品一份！赠品数量有限，先到先得哦！而且，今天直播间内所有商品都享受限时折扣，优惠力度可谓空前绝后！"这样的促销话术既突出了商品的优惠力度，又激发了观众的购买欲望。

(5) 结尾总结话术

结尾总结话术是总结直播内容、强调商品优势和购买价值的关键。一个精彩的结尾总结话术，能够给观众留下深刻的印象，为下次直播做好铺垫。

主播在结尾时，应使用感激、期待的语言。例如，"感谢大家的观看和支持！今天的直播就到这里了，我们共同度过了一段美好的时光。如果你对这款产品感兴趣，不妨点击链接下单购买吧！相信它一定会给你带来意想不到的惊喜。期待与你们再次相聚在这个充满活力的直播间里！"这样的结尾既表达了对观众的感激之情，又让观众对下一次直播充满期待。

2. 直播话术文案的写作要点

直播话术文案的写作要点包括明确目标受众，以精准定位内容和风格；提炼核心信息，以快速传达商品要点；注重情感共鸣，以引发观众认同；保持语言生动，以提升直播趣味性；灵活运用促销手段，以激发观众的购买欲望；注重互动与反馈，以增强观众的参与感和归属感。这些要点共同助力主播打造更具魅力的直播体验，促进销售转化和品牌塑造。

3. 使用AI工具生成直播话术文案

在使用AI工具生成直播话术文案前，主播和运营团队需明确直播目标与受众，设定关键词与主题，生成并优化话术文案，通过测试与调整来持续提升文案效果。同时，需保持文案的真实性，注重个性化修改，以确保AI工具生成的直播话术文案更具吸引力，从而提升直播效果。

> **提示**
>
> 使用AI工具生成直播话术文案有以下注意事项。
>
> 保持真实性：AI工具生成的话术文案应真实反映商品的特点和优势，避免夸大其词或虚假宣传。
>
> 注重个性化：虽然AI工具可以生成大量的话术文案，但每个直播场景和商品都有其独特性。因此，在使用AI工具生成文案时，应注重个性化修改，以体现直播的独特魅力。
>
> 关注合法合规：在直播过程中，应遵守相关法律法规，确保话术文案的合法性和合规性。

实战 使用DeepSeek写直播话术文案

▶▶ |案例背景|

一家本地特色餐厅为了提升品牌知名度并吸引更多顾客，决定通过直播平台举办一场以"美食探秘"为主题的直播活动。活动主要展示餐厅的特色菜品和独特的烹饪技艺，同时提供在线订餐优惠，以吸引观众参与并增加销售额。为了确保直播活动能够吸引目标观众并有效传达美食的价值，该餐厅决定创作直播话术文案。

▶▶ |案例实施|

(1) 深入分析目标受众

通过市场调研和社交媒体分析，深入了解目标受众的兴趣点和消费习惯。由此发现，目标受众不仅对美食的口味有要求，还对食材的新鲜度和烹饪的创新性感兴趣。基于这些信息，餐厅制定了更具体的直播内容策略，以确保直播活动对目标受众有吸引力。

(2) 详细规划直播话术内容

详细规划直播的每个环节，包括开场白、特色菜品介绍、烹饪技巧展示、互动环节和促销信息等。每个环节都精心设计，以确保直播话术内容既丰富又连贯，能够吸引观众的注意力。

(3) 输入详细信息

将直播的目标受众、详细规划内容、直播的具体时间、直播平台链接、特邀主厨的背景故事、特色菜品的详细描述及在线订餐的具体优惠等信息输入DeepSeek。这些信息为DeepSeek生成直播话术文案提供了详细的背景和素材。

(4) 生成并优化直播话术文案

DeepSeek根据提供的信息生成了初稿。审阅初稿后，根据实际需要对文案进行优化，调整语言风格以适应目标受众的喜好，增加了互动环节的趣味性，并且强化了促销信息的吸引力。

(5) 测试与反馈

餐厅组织了一次测试，将优化后的文案在小范围内进行预览，收集员工和部分忠实顾客的反馈。根据反馈，对文案进行了微调，增强了互动环节的吸引力和促销信息的明确性，以确保文案能够更好地引导观众参与直播活动。

(6) 最终确认文案并准备直播

经过测试和调整后，最终确认了直播话术文案，并开始准备直播的其他环节，包括场景布置、产品准备和技术支持等。餐厅还特别培训了主播，确保主播能够熟练地使用话术文案，并在直播中自然地与观众互动。

利用DeepSeek生成并优化的直播话术文案示例如下。

1. 开场白

主播：大家好！欢迎来到[餐厅名称]的"美食探秘"直播现场！我是你们的主播[主

播名字]，今天非常高兴能和大家一起探索我们餐厅的独特美食。无论你是美食爱好者，还是正在寻找晚餐灵感的朋友，今天的直播都不容错过！

主播：在接下来的时间里，我们将带大家深入了解我们的招牌菜品，揭秘烹饪秘诀。这里还有超值的在线订餐优惠等你来拿！赶紧叫上你的朋友，一起加入我们的美食之旅吧！

2. 特色菜品介绍

主播：首先，让我们来看看今天的第一道特色菜品——[菜品名称]。这道菜是我们餐厅的招牌之一，选用本地最新鲜的[食材]，搭配我们秘制的[调料或烹饪方法]，每一口都能让你感受到[描述口感或风味]。

主播：大家可以看到，这道菜的色泽非常诱人，[描述菜品的视觉特点]。而且，它的香气已经让我忍不住想尝一口了！你们是不是也和我一样迫不及待了呢？

3. 烹饪技巧展示

主播：接下来，我们将进入厨房，为大家展示这道[菜品名称]的烹饪过程。我们的主厨[厨师名字]将亲自操刀，揭秘这道菜的制作秘诀。

主播：大家注意看，主厨正在[描述烹饪步骤]，这一步非常关键，因为它决定了菜品的[口感/风味]。主厨的手法非常娴熟，每一个细节都处理得恰到好处。

主播：看到这里，大家是不是也想在家试试呢？如果你想要品尝最正宗的味道，还是得来我们餐厅哦！

4. 互动环节

主播：现在，我们进入互动环节！大家可以在评论区留言，告诉我们你最想了解的菜品或烹饪技巧，我们会随机抽取几位幸运观众，送出我们餐厅的[优惠券/小礼品]。

主播：另外，我们还会进行一个小游戏。大家猜猜看，接下来我们要介绍的这道菜是什么？第一个猜对的朋友将获得[奖品]哦！

主播：我看到评论区已经有好多朋友在踊跃参与了，大家加油！我们会在直播结束前公布获奖名单。

5. 促销信息

主播：最后，别忘了我们今天的特别优惠！只要在直播期间通过我们的在线平台订餐，输入优惠码［优惠码］，即可享受［折扣或赠品］。这个优惠仅限今天，大家千万不要错过！

主播：订餐满［金额］的朋友，还可以免费获得我们餐厅的［特色小吃/饮品］一份。赶紧下单吧，动动手指就可以享受美食！

6. 结束语

主播：今天的"美食探秘"直播接近尾声了，感谢大家的热情参与和支持！希望你们通过今天的直播对我们的菜品有更深的了解，也希望大家能亲自来餐厅品尝这些美味。

主播：别忘了关注我们的［社交媒体账号］，获取更多美食资讯和优惠信息。我们下次直播见！

通过以上步骤，该餐厅成功利用DeepSeek生成并优化了直播话术文案，为即将到来的直播活动做好了充分的准备。

第八章

AI 广告文案写作

广告文案通过精练而富有感染力的语言，传达产品的核心价值和独特卖点，吸引目标受众的注意力，激发情感共鸣，促使消费者采取购买行动，实现品牌传播和营销目标。本章将深入探讨 AI 广告文案写作，从广告文案的特点出发，详细解析其写作策略。通过实战案例，展示 AI 在网络广告、电视广告及杂志广告等文案中的应用。使用 DeepSeek 提升广告创作者的创作效率与质量，打造更具影响力的广告作品。

8.1 认识广告文案

广告文案是广告创意的具体文字表达,也是广告传播过程中的核心组成部分。它涵盖了广告中的所有文字元素,如标题、正文、口号、随文(附文)等,这些元素共同构成了一个完整而富有感染力的广告故事。广告文案不仅要求语言精练、生动,还需准确、有效地传达广告的主题、创意和信息。它不仅承担着传递产品或服务信息的功能,而且通过与受众建立情感联系、激发购买欲望、塑造品牌形象等方式,显著提升广告效果。

例如,某款智能汽车的广告文案以"全景智慧旗舰SUV"为核心口号,这句精练而富有感染力的语言,不仅准确传达了产品的高端定位与智能化特点,而且激发了受众对驾驶体验的无限遐想,展现了广告文案在塑造品牌形象与提升广告效果上的独特魅力,如图8-1所示。

图 8-1

8.1.1 广告文案的特点

广告文案的特点主要体现在精准性、创意性、情感性、简洁性和适应性等方面,如图8-2所示。

图 8-2

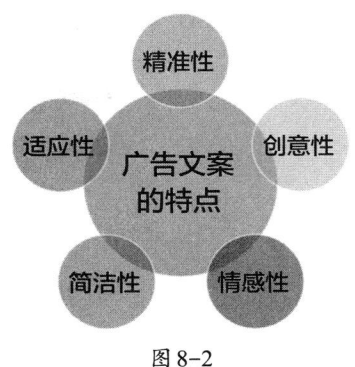

(1) 精准性

广告文案的首要特点是精准性。它要求文案创作者必须深入了解目标受众的需求、偏好和购买行为，以及产品或服务的核心卖点，从而用简洁明了的语言，精准地传达广告信息。这种精准性不仅体现在信息的传递上，还体现在对受众心理的精准把握上。

(2) 创意性

创意是广告文案的灵魂。一个优秀的广告文案往往能够突破常规，用新颖、独特、富有想象力的语言，将产品或服务的特点、优势及品牌形象巧妙地呈现出来，从而吸引受众的注意力，激发他们的好奇心和购买欲望。

(3) 情感性

广告文案不仅要传递信息，还要与受众建立情感联系。通过运用富有感染力的语言、生动的场景描绘、温馨的情感表达等方式，广告文案能够触动受众的内心，激发他们的情感共鸣，从而增强广告的传播效果。

(4) 简洁性

在信息爆炸的时代，受众的注意力是有限的。因此，广告文案必须简洁明了，用尽量少的文字传达尽可能多的信息。这要求文案创作者必须具备良好的语言驾驭能力，能够用精练的语言表达复杂的含义，使受众在短时间内理解广告的核心信息。

(5) 适应性

广告文案需要适应不同的媒介环境和受众群体。无论是电视、广播、报纸等传统媒介，还是互联网、社交媒体等新兴媒介，广告文案都需要根据媒介的特点和受众的喜好进行相应的调整和优化，以确保广告信息的有效传递。

8.1.2 广告文案的写作策略

以下是一些广告文案的写作策略，旨在帮助创作者更好地吸引受众、传达信息并激发受众的购买欲望。

1. 明确目标，精准定位

一切成功的广告文案都始于对目标受众的深刻理解和精准定位。文案创作者需要明确广告的核心目标——是提升品牌知名度、促进销售增长，还是增强用户黏性。同时，要对目标受众进行深入分析，包括他们的年龄层次、性别比例、兴趣爱好及消费习惯等。

例如，某时尚品牌针对年轻女性受众推出了一款新包。文案创作者明确了广告目标是吸引追求时尚的年轻女性，并深入分析了她们的喜好。文案中，不仅着重展示了包包的时尚设计和高品质，还巧妙融入"闪耀秋冬新篇""张力满格，自带主角光环"等语句，精准触动了目标受众对潮流、品质和个性的渴望，实现了与受众的深度共鸣，如图8-3所示。

图8-3

2. 突出卖点，强化记忆

在广告文案中，产品或服务的核心卖点应被清晰、突出地展示。文案创作者需要深入挖掘产品或服务的独特之处，并用简洁有力的语言进行描述。同时，通过创意性的表达方式，如比喻、拟人等修辞手法，将卖点转化为易于记忆且富有吸引力的信息点。

在描述产品卖点时，可以尝试使用"数字+形容词+名词"的句式直观呈现产品优势。例如，某品牌智能扫地机器人以"81mm超薄机身"为核心卖点，搭配"低矮盲区 一净到底"的精准描述。文案以简洁的语言和生动的描绘，展现了产品轻松穿梭于家具底部、高效清洁的优势，令消费者印象深刻，有效激发了购买兴趣，如图8-4所示。

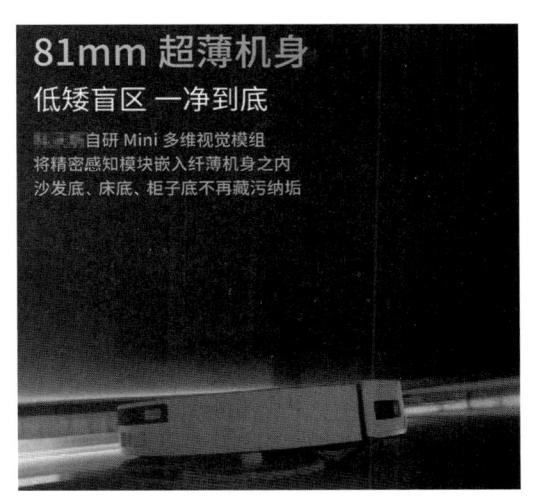

图 8-4

3．情感共鸣，建立连接

情感是连接广告与受众的桥梁。文案创作者应善于捕捉并传达受众的情感需求，通过讲述故事、描绘场景或引用名言等方式，引发受众的情感共鸣。这种情感连接不仅能够增强受众对产品或服务的认同感，还能激发他们的购买欲望。

在撰写文案时，可以运用"问题+解决方案"的叙事结构，先抛出受众可能遇到的问题或困扰，然后点出产品或服务如何解决问题或困扰。这种结构能够引起受众的共鸣，并引导他们关注产品或服务的价值。

例如，针对干燥肌肤问题，某款面膜产品以"水润加成，KO干燥肌"为核心宣传语。文案点出因肌肤缺水而导致干燥肌，再巧妙引出产品，作为解决干燥肌问题的有效方案，有效触动了受众的情感需求，激发了他们的购买意愿，如图8-5所示。

图 8-5

4. 简洁明了，易于理解

广告文案必须简洁明了，用尽量少的文字传达尽可能多的信息。文案创作者需要具备良好的语言驾驭能力，能够用精练的语言表达复杂的含义。同时，文案的排版和格式也应简洁清晰，避免过多的修饰和冗余信息。

在撰写文案时，可以运用"金字塔原理"，先提出结论或核心观点，然后逐步展开论据和细节。这种结构能够使文案条理更清晰、更易于理解。

例如，某款智能手表广告宣传语为"出手夺目"，文案创作者以精练的语言展现产品魅力，排版简洁清晰，遵循金字塔原理，先总后分，使受众能够一目了然地掌握产品核心卖点，如图8-6所示。

图 8-6

5. 呼吁行动，引导转化

优秀的广告文案不仅要传达信息，还要引导受众采取行动。文案创作者应在文案中明确呼吁受众采取购买、注册、参与活动等行动，以推动广告目标的实现。这种呼吁行动的文案应简洁有力，具有明确的指向性，同时要与受众的利益和需求紧密相连。

在撰写呼吁行动文案时，可以运用"限时优惠""赠品赠送"等促销手段，激发受众的购买欲望。同时，表述也应简洁明了，避免使用过于复杂的词汇或句式。

例如，某汽车4S店在抖音上发布短视频广告，文案中的呼吁行动为"国庆限时购 进入倒计时 错过又要等一年"。这句简洁有力的文案，配以倒计时元素，瞬间点燃了观众的紧迫感，促使他们抓紧时机购车，如图8-7所示。

6. 测试优化，持续改进

广告文案的创作是一个不断优化的过程。文案创作者应定期对文案进行测试，收集并分析受众的反馈数据，了解文案的受众接受度和转化率。在此基础上，对文案进行有针对性的调整和优化，以提高其传播效果和转化率。

在这一过程中，文案创作者可运用A/B测试等科学方法，对比不同版本文案的优劣，找出最具吸

图 8-7

引力的文案。同时，借助先进的数据分析工具，对受众行为进行深度剖析，挖掘潜在的优化空间。

以某款新上市饮料的推广为例，文案创作者在初期尝试了多种版本的宣传语。通过A/B测试和数据分析，他们敏锐地发现"清爽解渴，活力无限"这一宣传语更能触动受众的心弦。于是，他们迅速调整文案策略，优化宣传语，从而成功提升了产品销量。

8.2 AI 在广告文案写作中的应用实战

在广告行业，AI正逐渐改变文案的创作方式。下面我们将深入探讨AI在广告文案中的应用实战。通过具体案例，展示如何利用DeepSeek高效创作吸引目标受众的

广告文案。

8.2.1 网络广告文案

1. 网络广告文案的特点

网络广告文案是指在网络媒体平台上发布的，旨在吸引受众注意、精准传递产品信息并有效激发购买欲望的广告文字内容。这一文案形式，因其独特的传播环境和受众特性，展现出4个鲜明的特点，如图8-8所示。

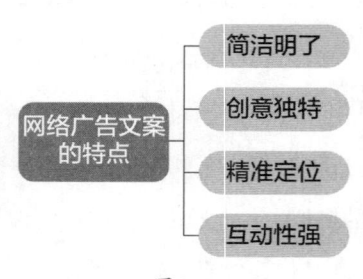

图 8-8

（1）简洁明了

在信息爆炸的网络时代，受众的注意力极为分散。因此，网络广告文案必须迅速抓住受众的眼球，语言要力求精练，信息要突出且易于理解，避免冗长烦琐的表述，以确保信息传达的高效性。

（2）创意独特

在竞争激烈的网络广告市场中，创意是文案脱颖而出的关键。网络广告文案需要打破传统框架，运用新颖独特的视角和表达方式，以吸引受众的关注和兴趣，从而在众多广告中脱颖而出。

（3）精准定位

借助大数据和AI技术，网络广告文案可以实现精准投放。通过对受众群体的深入分析，文案可以针对不同受众群体的需求和偏好，制定个性化的文案策略，以确保信息传达的准确性和有效性。

（4）互动性强

网络广告文案不仅在于传达信息，还在于与受众建立互动关系。文案中融入互动元素，如提问、投票、评论等，能够激发受众的参与热情，增强品牌与受众之间的互动，从而加深受众对品牌的认知和记忆，提升品牌忠诚度。

2. 网络广告文案的写作要点

为了撰写出既有吸引力又富有成效的网络广告文案，我们需要遵循以下写作要点。

（1）明确目标受众

在撰写网络广告文案之前，首要任务是深入了解目标受众，这包括他们的年龄层次、性别分布、兴趣爱好、消费习惯及购买动机等。我们只有对目标受众有了全面而深入的了解，才能确保文案内容能够精准地触及他们的内心，引起他们的共鸣。在写作过程中，我们应始终围绕目标受众的特性和需求来构思和表达，使文案更具针对性和吸引力。

（2）突出产品亮点

每个产品都有其独特的卖点，这些卖点正是吸引受众的关键所在。在文案中，我们应明确并突出产品的核心卖点，用简洁有力、易于理解的语言进行描述。这样，受众在浏览文案时就能够迅速捕捉到产品的独特之处，从而对产品产生兴趣。同时，我们还可以通过对比、举例等方式，进一步强调产品的优势和价值，提升受众的购买意愿。

（3）制造紧迫感

在消费心理学中，紧迫感是激发购买欲望的重要因素之一。因此，在文案中巧妙地制造紧迫感，可以有效地促使受众采取行动。我们可以通过设置限时优惠、限量发售等手段，营造出一种"错过即失"的氛围，让受众感受到购买的紧迫性。同时，还可以利用倒计时、库存提醒等视觉元素，进一步增强紧迫感的表达效果。

（4）引导行动

在文案的结尾处，我们应设置明确的行动号召，如"立即购买""了解更多"等。这些行动号召应简洁明了、易于理解，并符合受众的购买习惯和心理预期。通过明确的行动号召，我们可以有效地引导受众采取下一步行动，从而实现文案的营销目标。

3. 使用 AI 工具生成网络广告文案

下面用案例来讲解如何使用 AI 工具快速生成精准、富有创意的网络广告文案，从而显著提升营销效果。

实战　使用 DeepSeek 写网络广告文案

▶▶ |案例背景|

随着互联网的快速发展，在线旅游平台已成为人们规划旅行的重要工具。某知名在线旅游平台为了吸引更多年轻用户，计划推出一系列针对暑期旅游的优惠活动。为了有效提升活动的知名度与参与度，该平台决定创作一系列富有创意且能精准触达目标受众的网络广告文案。

▶▶ |案例实施|

(1) 明确目标与受众

◎ 目标：提升平台暑期旅游活动的知名度，吸引年轻用户参与。

◎ 受众：18～30岁的学生及职场新人，热爱旅行，喜欢探索新鲜事物。

(2) 输入关键信息和要求

在 DeepSeek 中输入活动主题"暑期畅游，尽在××旅游平台"，以及其他关键信息和要求。

◎ 产品描述：平台提供的暑期旅游套餐包括热门景点门票、酒店住宿、交通接送等一站式服务。

◎ 受众特征：年轻、追求个性、喜欢社交媒体分享。

◎ 广告风格：年轻、活泼、具有互动性。

◎ 字数限制：每条文案不超过140字，适合社交媒体传播。

(3) 生成与筛选文案

DeepSeek 生成了多条文案选项。根据目标受众的偏好与测试反馈，筛选出最具吸引力的文案。

(4) 优化与调整

对筛选出的文案进行优化与调整，确保文案中的信息准确无误，同时增强文案的吸引力。添加互动元素，如提问、投票等，鼓励受众参与并分享至社交媒体。

使用DeepSeek生成的网络广告文案示例如下。

✨【暑期畅游，青春不设限！】🌐一键预订，热门景点+舒适住宿+便捷交通，全搞定！年轻就要玩出花样，快来××旅游平台，开启你的畅游之旅！ 📷分享你的精彩瞬间，赢取更多旅行福利！ #暑期旅行#年轻就要野

🚀【逃离日常，暑期放肆玩！】××旅游平台带你一站式玩转暑期，门票、酒店、交通全包！专为爱探索的你量身定制，快来发现未知的美景吧！ ✨分享你的旅行故事，赢取惊喜大奖！ #探索未知#暑期狂欢

【青春不等待，暑期就现在！】⛰××旅游平台暑期特惠，热门景点+舒适住宿+无缝交通，轻松出行！年轻就要说走就走，快来加入我们，一起创造难忘回忆！ 📷晒出你的旅行美照，赢取专属好礼！ #说走就走#暑期旅行

❈【暑期旅行，就该这么玩！】⛰××旅游平台为你打造完美假期，热门景点、舒适住宿、便捷交通一网打尽！年轻就要玩得尽兴，快来开启你的专属旅程！ 📷分享你的旅行体验，赢取超值优惠！ #玩转暑期#旅行达人

DeepSeek生成的这些文案充分利用了网络广告的互动性、即时性和精准性，通过多种风格，精准触达目标受众，有效提升了活动的知名度与参与度。同时，文案中的互动元素也鼓励受众积极参与并分享至社交媒体，进一步扩大了活动的传播范围。

8.2.2 电视广告文案

电视广告文案是电视广告创意的文字表达，它不仅是广告创意的载体，还是导演、摄影师、演员等制作团队理解和执行广告创意的重要依据。撰写电视广告文案时，需要综合考虑广告的目标受众、产品特点、品牌形象、广告时长等多个因素，确保文案内容精准、生动、具有吸引力。

1. 电视广告文案的基本结构

电视广告文案是连接产品与消费者情感的桥梁，其结构的设计至关重要。一个

优秀的电视广告文案，往往能够迅速吸引观众的注意力，并引导他们深入了解产品，最终产生购买欲望。

（1）精彩开篇

开篇是广告留给观众的第一印象，必须迅速且有力地吸引他们的眼球。通过设置悬念、提出疑问或运用特写镜头等手法，可以瞬间激发观众的好奇心，让他们迫不及待地想要继续观看。例如，"宁静的夜晚，一束神秘光划破天际，它究竟源自何方？又将为我们带来何种惊喜？"这样的开篇既设置了悬念，又引起了观众的好奇心，为接下来的内容打下了良好的基础。

（2）产品展示

在产品展示环节，文案需要清晰、准确地描述产品的特点、功能或优势。通过生动的语言和直观的展示，让观众对产品有一个全面而深入的了解。例如，"这就是我们的最新款智能手机，它配备了超清屏幕，让每一个细节都纤毫毕现；同时，超长续航能力让你无须频繁充电，随时随地享受科技带来的便捷与乐趣。"这样的描述既突出了产品的亮点，又增强了观众的购买意愿。

（3）情感共鸣

通过讲述一个与产品相关的故事、场景或人物情感，文案可以与观众建立深厚的情感联系。这种情感共鸣能够增强观众对产品的认同感，使他们更加愿意购买和使用该产品。例如，"它将陪伴你度过每一个重要时刻，无论是欢笑还是流泪，它都会默默记录，成为你生活中不可或缺的一部分。"这样的表述让观众感受到了产品的陪伴与温暖，从而更加珍视和喜爱它。

（4）行动号召

在广告临近尾声处，文案需要明确鼓励观众采取购买、了解或参与等行动。例如，"现在就来体验吧，让我们的生活因这款智能手机而更加美好！"这样的号召既明确又富有感染力，能够激发观众的购买热情。

（5）结尾总结

结尾部分是对广告主题的简短总结，旨在加深观众对广告的印象。例如，"选择我们，就是选择品质生活，让科技为你带来无限可能。"这样的总结既简洁明了，又富有深意，能够让观众在脑海中留下深刻的印象。

2. 电视广告文案的撰写技巧

在撰写电视广告文案时，掌握关键技巧非常重要。这些技巧不仅能够帮助创作者精准地传达产品信息，还能让文案更加富有吸引力，从而在观众心中留下深刻印象。以下是5个关键的电视广告文案撰写技巧。

（1）精练语言，直击核心

电视广告时长有限，因此文案必须简洁明了，直击要点。创作者需要精心提炼关键信息，剔除冗长烦琐的表述，确保每一句话都能迅速抓住观众的心。简洁有力的文案不仅易于观众理解，还能在有限的时间内给观众留下深刻的印象，为产品打造独特的记忆点。

（2）视觉化描述，增强画面感

优秀的电视广告文案不仅要传达信息，还要用文字描绘出画面。通过细腻的视觉化描述，如"镜头缓缓推进，展现产品精致的细节"，可以帮助制作团队更好地理解广告效果，并在观众脑海中形成清晰的画面。这种画面感不仅增强了广告的视觉效果，还让观众身临其境地感受产品的魅力。

（3）情感渲染，触动人心

情感是连接产品与观众的纽带。在文案中巧妙地融入情感元素，可以激发观众的情感共鸣，增强广告的感染力。例如，"当夜幕降临，它成了你温暖的陪伴"这样的文案不仅让观众对产品产生好感，还加深了他们对品牌的记忆和情感联系。

（4）创意独特，打破常规

在竞争激烈的广告市场中，创意独特的文案更容易脱颖而出。创作者需要打破常规思维，尝试将产品融入新颖独特的场景中。例如，"将产品融入科幻场景，展现未来科技魅力"这种创意独特的文案不仅提升了广告的吸引力，还塑造了品牌的独特形象和个性。

(5) 语言生动，提升趣味性

生动的语言和修辞手法是提升文案吸引力的关键。通过使用比喻、拟人等修辞手法，可以让文案更加生动有趣。例如，"它像一道闪电，瞬间点亮你的生活"这样的文案不仅让观众在轻松愉快的氛围中接受产品信息，还提升了广告的趣味性，让观众更容易记住产品。

3. 使用 AI 工具生成电视广告文案

电视广告需融合视觉与听觉，精准传达信息并触动人心。利用 AI 工具高效生成电视广告文案的步骤包括：①明确广告目标与受众画像，确保文案符合受众喜好；②输入产品关键信息作为 AI 工具生成文案的指令；③设定广告场景与情感氛围，增强文案的感染力和画面感；④用 AI 工具生成文案，选择并调整出最符合广告需求的文案；⑤文案需与画面、音效等视觉与听觉元素紧密结合，与广告制作团队深入沟通，确保整体风格与效果完美融合，从而打造出优质的电视广告。

实战　使用 DeepSeek 写电视广告文案

▶▶ | 案例背景 |

◎ 品牌：××牌洗衣液。

◎ 产品特点：深层清洁、温和护色、持久留香。

◎ 目标受众：家庭主妇、年轻上班族。

◎ 广告目的：提升品牌知名度，促进产品销售。

随着生活节奏的加快，消费者对洗衣液的需求不再仅仅停留在清洁层面，他们更注重产品的温和护色与持久留香特性。××牌洗衣液作为一款集深层清洁、温和护色、持久留香等功效于一体的优质产品，深受消费者喜爱。为了进一步提升品牌知名度与促进产品销售，该品牌决定制作一则电视广告，以更好地传达产品特点，吸引目标受众。

▶▶ ｜案例实施｜

(1) 明确广告目标与受众

◎ 目标：提升××牌洗衣液的品牌知名度，促进产品销售。

◎ 受众：家庭主妇、年轻上班族，他们注重生活品质，追求高效便捷的洗涤体验。

(2) 输入产品信息

将××牌洗衣液的产品特点（深层清洁、温和护色、持久留香）及目标受众的偏好输入DeepSeek，为文案生成提供基础数据。

(3) 设定广告场景与情感氛围

设定广告场景为家庭日常洗涤场景，如洗衣房、阳台等，营造温馨、舒适的家庭氛围。同时，强调产品的温和护色与持久留香特性，以激发受众的情感共鸣。

(4) 生成文案初稿

DeepSeek根据输入的产品信息和设定的场景及情感氛围，生成多个文案初稿。

(5) 调整与优化文案

从生成的多个文案初稿中选择最符合广告需求与受众喜好的文案进行调整与优化，确保文案内容准确传达产品特点。同时，注重语言的生动性、画面感与情感渲染，使其更符合电视广告的传播特性。

使用DeepSeek生成的电视广告文案示例如下。

场景一：清晨的阳台

（镜头缓缓推进，阳光洒满阳台，一位年轻妈妈正在晾晒衣物，孩子在一旁嬉戏）

旁白："清晨的第一缕阳光，照进每一个温馨的家。"

场景二：洗衣房内

（妈妈将一堆衣物放入洗衣机，倒入××牌洗衣液，轻轻按下启动键）

旁白："生活节奏再快，也要给家人最好的呵护。"

场景三：洗衣机运转

（镜头特写洗衣机内衣物翻滚，泡沫丰富细腻）

旁白:"××牌洗衣液,深层清洁,轻松去除顽固污渍。"

场景四:晾晒衣物

(妈妈取出洗净的衣物,色彩鲜艳如新,孩子跑过来闻了闻衣服,露出灿烂的笑容)

旁白:"温和护色,让每一件衣物都焕发光彩。"

场景五:夜晚的卧室

(妈妈为孩子穿上刚洗好的睡衣,孩子依偎在妈妈怀里,闻着衣服上淡淡的清香,安心入睡)

旁白:"持久留香,让家的味道,萦绕每一个美好时刻。"

场景六:产品展示

(镜头切换到××牌洗衣液瓶身,突出其简约大气的设计)

旁白:"××牌洗衣液,深层清洁、温和护色、持久留香,为您和家人带来更贴心的洗涤体验。"

结尾

(一家三口在阳台上欢笑,背景是晾晒的衣物,阳光洒满整个画面)

旁白:"××牌洗衣液,让每一件衣物都充满爱的味道。"

字幕:"××牌洗衣液,呵护全家,清新每一天。"

广告语:"××牌洗衣液,洁净与呵护,一步到位!"

这则电视广告文案成功地将××牌洗衣液的产品特点与目标受众的需求结合,营造出温馨、舒适的家庭氛围,同时注重语言的生动性、画面感与情感渲染,使广告更具吸引力和感染力。

8.2.3 杂志广告文案

杂志作为一种传统而具有影响力的媒体平台,其广告文案在撰写时需要更加注重文字的精练、画面的想象力及目标受众的精准定位。

1. 杂志广告文案的特点

杂志广告文案是在杂志这一传统媒体上为推广产品或服务而设计的文字内容，它兼具传达产品信息、促进销售、塑造品牌形象、引领消费潮流及提升阅读体验等多重功能。其特点主要体现在：精练性与深度并存，要求以简洁而富有深意的语言精准传达核心卖点；文字与精美图片完美结合，与独特的排版设计相得益彰，增强广告的艺术性和审美价值；目标受众精准定位，针对受众特点选择合适的语言风格和表达方式；塑造与传播品牌形象，通过文案展现品牌魅力、价值理念和社会责任感，提升品牌的知名度和美誉度。

2. 杂志广告文案的写作要点

撰写杂志广告文案时，不仅要求文字精准有力，还需兼顾视觉与情感的双重吸引，以下是几个写作要点。

（1）明确广告目标

撰写杂志广告文案的首要任务是明确广告目标。这要求我们对产品或服务的核心卖点有深入的了解，同时精准把握目标受众的特点及广告的预期传播效果。明确的目标定位是文案撰写的基石，它决定了文案的内容、风格和调性。只有当我们清晰地知道广告旨在传递何种信息、激发何种情感、达成何种效果时，才能有针对性地设计文案内容，确保文案的精准度和转化力。

（2）突出产品特色

在文案中突出产品的独特之处是吸引读者注意的关键。我们可以通过对比、列举、讲故事等方式，全方位展示产品的优势、功能、用途及为用户带来的益处。同时，注重语言的生动性和形象性，运用富有感染力的词汇和句式，使读者在阅读过程中能够直观感受到产品的魅力。

（3）注重情感共鸣

情感共鸣是增强广告吸引力的有效手段。在文案中融入情感元素，如亲情、友情、爱情等，可以激发读者的情感共鸣，使他们对广告产生更加深刻的记忆和认同。通过讲述感人至深的故事或展现温馨感人的场景，让广告不仅传递产品信息，还传递情感价值，这样能够拉近品牌与消费者之间的距离，增强广告的感染力。

（4）强调品牌形象

在文案中强调品牌形象是塑造品牌个性的重要途径。文案的用词、句式及整体风格都应该与品牌形象保持一致，展现出品牌的独特气质和价值理念。同时，注重品牌与消费者的情感联系，通过讲述品牌故事、展现品牌文化等方式，增强消费者对品牌的认同感和归属感。这种品牌形象的塑造有助于提升品牌的知名度和美誉度，增强消费者对品牌的信任度和忠诚度。

（5）优化排版设计

排版设计是杂志广告文案不可或缺的一部分。通过合理的文字布局、字体选择及色彩搭配等手法，可以增强文案的视觉效果和阅读体验。同时，注重文案与图片的协调与呼应，使广告整体呈现出和谐统一的美感。排版设计不仅关乎广告的美观程度，还关乎广告的传播效果。一个精心设计的排版能够吸引读者的注意力，引导他们深入了解广告内容，从而提升广告的传播效果。

3. 使用 AI 工具生成杂志广告文案

在使用 AI 工具生成杂志广告文案时，关键在于确保文案的精练性、视觉与文字的协调性及目标受众的精准性。先在 AI 工具中输入产品核心卖点、目标受众特点及广告目标，生成多个初稿。随后，从这些初稿中筛选出符合杂志广告特点的文案，确保其在有限版面内精准传达信息，并与杂志的视觉元素（如图片、排版设计）相协调。最后，优化筛选出的文案，调整语言风格、表达方式及情感诉求，以更贴近目标受众心理，提升广告的吸引力和转化率。

> **实战** 使用 DeepSeek 写杂志广告文案

▶▶ |案例背景|

◎ 品牌：××牌高端厨具。

◎ 产品特点：耐用性强、设计现代、功能多样。

◎ 目标受众：烹饪爱好者、专业厨师、追求品质生活的家庭。

◎ 广告目的：提升品牌形象，增加产品销量。

随着生活品质的提高，消费者对厨具的要求也越来越高。××牌高端厨具以耐用性强、设计现代和功能多样等特点受到市场的青睐。为了进一步扩大品牌影响力和提升销量，该品牌决定在知名生活杂志上投放广告，以更好地传达产品特色和吸引目标受众。

▶▶ |案例实施|

(1) 明确广告目标与受众

目标：提升××牌高端厨具的品牌形象，增加产品销量。

受众：烹饪爱好者、专业厨师、追求品质生活的家庭，他们注重烹饪体验和厨房美学。

(2) 输入产品信息

将××牌高端厨具的产品特点（耐用性强、设计现代、功能多样）、目标受众的偏好及广告目标输入DeepSeek，为文案生成提供基础数据。

(3) 设定广告风格与调性

设定广告风格为优雅、高端，调性为专业、亲切，以符合××牌高端厨具的品牌形象。同时，强调产品的创新设计和卓越性能，以激发受众的情感共鸣和购买欲望。

(4) 生成文案初稿

DeepSeek根据输入的产品信息和设定的风格与调性生成多个文案初稿。

(5) 调整与优化文案

选择其中一个最符合广告需求与受众喜好的文案进行调整与优化，确保文案内容准确传达产品特点。同时，注重语言的吸引力、视觉感和情感渲染，使其更适合杂志广告的传播特性。

使用DeepSeek生成的杂志广告文案示例如下。

烹饪的艺术，始于××牌

正文

在厨房的每一刻，都是一次创造与享受的旅程。××牌高端厨具，以其卓越的耐用性、现代设计和多样功能，成为每一位烹饪爱好者和专业厨师的理想之选。我们深知，厨房不仅是烹饪的空间，还是生活美学的体现。因此，××牌致力于为您打造一个既实用又充满艺术感的厨房环境。

耐用性强

××牌厨具采用顶级材料，经过精密工艺打造，确保每一件产品都能经受住时间的考验。无论是日常烹饪还是专业料理，××牌厨具都能为您提供持久如新的使用体验。

设计现代

我们的设计团队不断追求创新，将现代美学融入每一件产品中。简洁流畅的线条，优雅大方的外观，让您的厨房瞬间提升档次，成为家中的视觉焦点。

功能多样

××牌厨具不仅外观出众，还具备多样化的功能。从煎炒烹炸到烘焙蒸煮，每一件产品都能满足您不同的烹饪需求，让您的厨艺发挥到极致。

结语

选择××牌高端厨具，不仅是选择了一种烹饪工具，还是选择了一种生活态度。让我们一起，用××牌厨具开启烹饪艺术之旅，品味生活的每一份美好。

呼吁行动

立即访问我们的官方网站或前往最近的专卖店，体验××牌高端厨具的卓越品质。现在购买还可享受限时优惠，让您的厨房焕然一新！

这则杂志广告文案成功地将××牌高端厨具的产品特点与目标受众的需求结合，营造出优雅、高端的品牌形象，同时注重了语言的吸引力和情感渲染，使广告更具吸引力和感染力。

第九章 AI 学术文案写作

学术文案作为学术研究与交流的重要载体，其精准性和专业性是评判其质量的关键。撰写一篇优秀的学术文案，不仅要求作者具备深厚的学术功底，还需掌握一定的写作技巧。本章将深入探讨AI学术文案写作，从学术文案的特点出发，详细解析其写作要点。通过丰富的实战案例，展示AI在论文大纲、会议论文、论文降重、学术报告等方面的应用。借助DeepSeek提升创作者的学术文案写作效率与质量，推动学术研究向更高层次发展。

9.1 认识学术文案

在学术领域中，文案的撰写不是文字的堆砌，而是学术思想的交流与碰撞。因此，深入了解和掌握学术文案的特点，对于撰写高质量的学术文案至关重要。

9.1.1 学术文案的特点

学术文案是指那些专门用于学术研究与交流场景中的文字，它涵盖了学术论文、研究报告、学术会议论文、学位论文、书籍章节及学术期刊文章等多种类型。这些文案不仅承载着学术研究的成果，还是学术交流与知识传播的重要媒介。通过学术文案，学者们可以分享自己的研究成果，探讨学术问题，推动学科的发展。

学术文案具有 5 个显著特点，即专业性、严谨性、规范性、创新性及可读性，如图 9-1 所示。

（1）专业性

学术文案的内容必须基于深入的专业研究，运用专业术语和理论框架进行阐述。这不仅体现了学术文案的学术价值，还要求撰写者具备扎实的专业知识和理论素养。

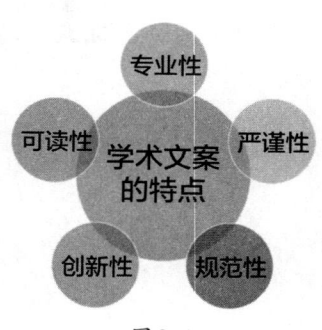

图 9-1

（2）严谨性

学术文案需要经过严格的论证和逻辑推导，确保研究的真实性和可靠性。任何结论都应基于充分的数据和实验支持，不得凭空臆断或主观臆测。这种严谨性不仅体现了学术研究的科学性，还增强了学术文案的说服力。

（3）规范性

学术文案需要遵循一定的格式和排版规范，以确保其清晰易读、结构严谨。这包括标题、摘要、引言、正文、结论、参考文献等结构的合理安排，以及引用文献的规范格式。这些规范性不仅提高了学术文案的可读性，还便于其他学者进行查阅和引用。

(4) 创新性

学术文案的核心在于提出新的观点、理论或方法，以推动学科的发展。因此，创新性是评价学术文案质量的重要指标之一。撰写者需要具备敏锐的学术洞察力和创新精神，不断探索新的研究领域和方法。

(5) 可读性

尽管学术文案包含大量专业内容，但仍需保持一定的可读性。撰写者需要运用简洁明了的语言进行阐述，避免使用过于晦涩艰深的词汇和句式，这有助于读者轻松理解研究内容，促进学术交流的深入进行。

9.1.2 学术文案的写作要点

学术文案不仅是对学术研究成果的总结与呈现，还是学术思维与表达能力的综合体现。为确保文案的质量与影响力，需把握4个写作要点，如图9-2所示。

明确研究目的与结构

精心构建文案结构

恰当引用文献

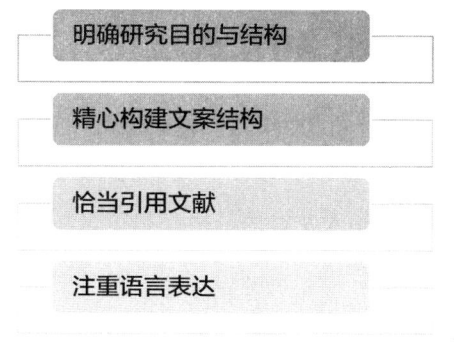

注重语言表达

图 9-2

1. 明确研究目的与结构

在撰写学术文案前，首要任务是明确研究目的、问题、假设及意义，这犹如绘制蓝图，可以为写作指明方向。明确的目的使内容聚焦深入，清晰的问题引导读者跟随思路，共同探索学术。同时，基于目的与问题，合理构建文案结构，如引言、文献综述、研究方法、结果分析、结论等，可以确保内容紧密衔接，逻辑清晰，为学术文案奠定坚实的基础。

例如，在一篇关于"人工智能在教育教学中的应用"的学术文案中，创作者首先简述了AI技术的快速发展及其对教育的广泛影响，明确研究的目的为探讨AI在教学中的实际应用及其对中小学教师专业发展的作用，包括教学理念、方法及技能的变革。基于此，创作者构建了严谨的文案结构：引言（概述背景），文献综述（回顾AI在教育领域的应用现状与趋势），研究方法（采用案例研究与问卷调查），结果分析（探讨AI对教师专业发展的具体影响），结论（建议与研究发现）。整个文案结构严谨，逻辑清晰，为读者提供了全面而深入的理解。图9-3所示为该学术文案的部分内容截图。

> 关键词：人工智能，基础教育，专业发展
>
> 一、引言
>
> 　　人工智能（Artificial Intelligence, AI）的快速发展，在一定程度上促进了人们的思维方式、人际互动模式及学习和教学方式的改变。我国教育部门不断重视AI技术在基础教育领域中的融合，以更好地促进中小学生的个性化发展。AI视域下，教师的工作环境将会越来越智慧化，智能阅卷、智能授课和智能评估逐渐成为可能，教师可以根据学生的学习进度和学习特征，有针对性地对学生开展个性化指导。同时，学生在课堂上也可以更熟练地使用平板电脑而不是手抄本进行交流。目前，AI技术已经成为教育系统性变革的内生变量，不断推动着教育模式的变革、教育理念的更新及教育体系的重构，基础教育信息化进入了创新发展的2.0时代[1]。虽然我国AI教育发展水平落后于国际先进水平，尚未在中小学教育中普及应用，但是我国教育部已经制定和出台了相关政策，以推动基础教育和AI的不断融合和发展，可以预见，AI技术必将为基础教育发展赋予越来越强大的智慧支撑，推动基础教育现代化。
>
> 二、AI教育时代中小学教师面临的挑战

图9-3

2. 精心构建文案结构

学术文案的结构是其逻辑性与条理性的重要体现。引言部分应简洁明了地阐述研究背景、目的与意义，吸引读者的注意力；文献综述部分则需系统梳理前人的研究成果，明确研究的空白与创新点；研究方法部分应详细描述实验设计、数据收集与分析方法，确保研究的可验证性；结果分析部分则需基于数据，客观呈现研究结果，并进行深入探讨；结论部分则需总结研究成果，提出研究贡献与未来展望。创作者需根据研究内容，合理安排各部分的比例与顺序，确保文案结构紧凑、逻辑清晰。

3. 恰当引用文献

在撰写学术文案时，适当引用前人的研究成果是支撑自己观点与论据的重要手段。

例如，一篇关于"新能源汽车的发展现状和前景分析"的学术文案，通过引用多个参考文献，不仅为文案提供了有力的数据支撑和理论依据，还显著增强了论述的说服力。

需要注意的是，引用文献时务必遵循学术诚信原则，确保引用的内容准确无误、完整合法，避免抄袭行为，这是对他人学术成果与知识产权的尊重。合理引用不仅能避免学术不端，还能显著提升文案的学术价值，使论点更具可信度和权威性。

4. 注重语言表达

学术文案的语言表达是其质量与影响力的关键所在。创作者需运用准确、简洁、清晰的语言进行阐述，避免使用过于复杂或模糊的词汇与句式。在描述研究方法与结果时，应确保语言的专业性与精确性；在阐述观点与论据时，则需注重语言的逻辑性与说服力。同时，还需注意文案的排版与格式规范，确保整体美观、易读性强。

9.2 AI 在学术文案写作中的应用实战

下面我们将深入探讨AI如何助力学术文案的创作，通过实战案例展示AI工具在提升文案质量、优化结构布局及增强论述深度等方面的独特优势。尤其是DeepSeek的"深度思考（R1）"模式，能够显著提升学术文案的深度与质量。DeepSeek通过其强大的推理和分析能力，能够帮助用户更深入地挖掘学术问题的本质和内在联系，从而形成更具深度和洞察力的观点。DeepSeek的"联网搜索"模式则有助于实时获取最新研究动态，补充背景信息与强化理论依据，验证信息的准确性，发现研究空白与创新点，同时提高写作效率与质量，为学术文案提供全面、准确且高效的信息支持。

9.2.1 论文大纲

1. 论文大纲的特点

论文大纲，是指在撰写学术论文之前，根据研究主题和目的，对论文的整体结构和内容进行规划和设计的框架性文档，它通常包括论文的标题、摘要、引言、正文（包括各个章节和小节）、结论、参考文献等部分，并详细列出每个部分的主要内容和论点。论文大纲是论文写作的重要辅助工具，它有助于创作者明确写作思路，把握论文的整体方向和重点，确保论文内容的逻辑性和连贯性。

例如，某论文大纲针对"浅析创新营销之博客营销"一题，细致规划了从论文题目到参考文献的各部分内容，包括论题观点来源分析、基本观点阐述，以及具体的论文结构（如引言、正文各章节、结论、参考文献等），确保论文逻辑清晰、内容连贯，部分内容展示如图9-4所示。

一、论文题目
浅析创新营销之博客营销
二、论题观点来源
随着网络的发展，更多的新事物源源不断地涌现出来。网络和电子商务的出现彻底改变了原有的市场营销理论和实务存在的基础。基础变了，环境变了，市场变了，随之而来的营销和管理模式也发生了根本性的改变。越来越多的人通过写博客的形式，介绍自己和销售产品，从而交商友和销售产品。由此产生了新的创新营销——博客营销。
三、基本观点
1. 什么是博客营销，博客营销不等于营销博客
2. 博客营销的现状及发展
3. 博客营销的基本特征
4. 理解博客营销带给企业的机遇与挑战
5. 博客营销对网络营销的挑战及对策（存在的不足）
四、论文结构
（一）引言
介绍博客营销的现状、特征、发展前景并提出问题。
对博客营销进行浅析，解决问题。
1. 什么是博客营销，博客营销不等同于营销博客

图9-4

论文大纲的特点主要体现在结构性、概括性和灵活性3个方面。

◎ **结构性**：通过层次分明、条理清晰的设计，可以确保论文内容逻辑连贯，便于创作者系统论述及读者理解和把握主旨。

◎ **概括性**：体现在大纲对论文内容的高度凝练，有助于创作者明确整体方向和重点，避免偏离，同时使论文更加精练有力。

◎ **灵活性**：根据实际情况调整和修改大纲，确保论文完整准确，这体现了大纲作为写作辅助工具的实用性和有效性，助力创作者应对写作挑战。

2. 论文大纲的写作要点

撰写论文大纲是学术论文创作过程中的关键步骤，它不仅有助于创作者梳理思路、明确研究方向，还能确保论文结构的合理性、内容的完整性和逻辑的严谨性。以下是撰写论文大纲时需要注意的几个要点。

（1）明确研究主题

撰写论文大纲的首要任务是清晰地确定研究主题和范围。研究主题是论文的灵魂，它决定了论文的研究方向和深度。因此，在确定研究主题时，需要深入思考并明确其内涵和外延，确保研究的针对性和实效性。同时，还需要界定研究的范围，包括时间、地域、研究对象等方面的限制，以避免研究过于宽泛或偏离主题。只有明确了研究主题和范围，才能为后续的研究和论述奠定坚实的基础。

（2）划分层次结构

接下来，需要根据论文的内容和逻辑关系，科学地将论文划分为不同的部分和章节。论文大纲应包含引言、正文（包括多个章节）、结论等核心部分，每个章节下还可以进一步细分为小节。在划分层次结构时，要注重内容的连贯性和逻辑性，确保各个部分之间的衔接自然流畅，共同构成一个完整的论述体系。同时，还需要考虑论文的篇幅和读者的阅读习惯，合理安排各部分内容的篇幅和深度，使论文既具有深度又具有可读性。

（3）提炼核心观点

在每个章节中，要提炼出核心观点，并明确表达其论据。核心观点是论文的精髓所在，它体现了创作者的研究见解和学术价值。在提炼核心观点时，要注重其针对性和说服力，确保能够引起读者的共鸣和关注。同时，还需要明确论据支撑，包括理论依据、实验数据、案例分析等，以增强论述的可信度和说服力。

（4）注意逻辑顺序

制定大纲还需要注重逻辑顺序，确保论文内容的条理性和连贯性。在安排各部分内容时，要充分考虑它们之间的逻辑关系和内在联系，确保论文的整体结构紧凑、合理。逻辑顺序的合理性不仅有助于读者更好地理解论文内容，还能提升论文的学术价值和可读性。因此，在撰写论文大纲时，务必注重逻辑顺序的设计和优化，使论文的结构更加严谨、更加符合学术规范。

3. 使用AI工具生成论文大纲

AI工具基于自然语言处理和机器学习技术，通过训练大量学术论文数据，能够根据用户输入的研究主题和关键词，自动生成符合学术规范的论文大纲。用户只需设定大纲模板或风格，即可快速获得一个初步的大纲，并可根据实际需求进行调整和优化。AI工具生成论文大纲的优势在于高效性和准确性，能够节省大量的时间和精力，但用户仍需根据研究的实际情况进行完善和补充，并保持学术诚信，确保论文内容的原创性和学术价值。

实战 使用DeepSeek写论文大纲

▶▶ |案例背景|

◎ 研究领域：可持续发展与城市规划。

◎ 论文主题：绿色空间在城市可持续发展中的作用。

◎ 目标受众：城市规划师、环境科学家、政策制定者及学术研究人员。

◎ 研究目的：探讨绿色空间对城市可持续发展的贡献，并提出相应的规划策略。

随着城市化进程的加快，城市可持续发展问题日益受到关注。绿色空间作为城市生态系统的重要组成部分，对于提高城市居民生活质量、缓解城市热岛效应、保护生物多样性等方面具有重要作用。本研究旨在深入分析绿色空间在城市可持续发展中的作用，并提出有效的规划与管理策略。

▶▶ |案例实施|

(1) 明确研究目标与受众

◎ 目标：明确绿色空间在城市可持续发展中的作用，并提出有效的规划与管策略。

◎ 受众：城市规划师、环境科学家、政策制定者及学术研究人员，他们对城市绿色空间的规划与管理具有决策权或研究兴趣。

(2) 收集文献资料

通过学术数据库和图书馆资源，收集与绿色空间和城市可持续发展相关的文献资料，为撰写论文大纲提供理论支持。

(3) 确定研究框架

确定论文的研究框架，包括研究背景、理论基础、案例分析、策略提出等部分，确保论文结构合理、逻辑清晰。

(4) 生成论文大纲

在 DeepSeek 中输入研究主题和研究框架等信息，使用 DeepSeek 的"深度思考（R1）"模式生成论文大纲。DeepSeek 根据提供的信息迅速生成了论文大纲的初稿。

(5) 调整与优化大纲

对 DeepSeek 生成的论文大纲初稿进行细致调整与优化，确保大纲内容全面覆盖研究领域的关键点，同时注重各部分之间的逻辑联系和层次感。

使用 DeepSeek 生成的论文大纲示例如下。

绿色空间在城市可持续发展中的作用

一、引言

1.1 研究背景

城市化进程加快带来的挑战：环境恶化、资源紧张、生活质量下降等。

城市可持续发展的重要性：经济、社会、环境协调发展。

绿色空间作为城市生态系统的重要组成部分，对城市可持续发展具有重要意义。

1.2 研究目的与意义

明确绿色空间在城市可持续发展中的作用。

提出有效的绿色空间规划与管理策略，为城市可持续发展提供参考。

1.3 研究方法与框架

文献综述：梳理国内外相关研究成果。

案例分析：选取典型案例进行深入分析。

比较研究：对比不同城市绿色空间规划与管理模式。

归纳总结：提炼绿色空间规划与管理的有效策略。

二、绿色空间与城市可持续发展的理论基础

2.1 绿色空间的概念与分类

绿色空间的定义：公园、绿地、森林、湿地等。

绿色空间的分类：根据功能、规模、位置等进行分类。

2.2 城市可持续发展的内涵与目标

城市可持续发展的定义：经济、社会、环境协调发展。

城市可持续发展的目标：宜居、韧性、智慧、绿色等。

2.3 绿色空间对城市可持续发展的作用机制

生态环境方面：缓解热岛效应、改善空气质量、保护生物多样性等。

社会经济方面：提高居民生活质量、促进社会交往、提升城市形象等。

空间结构方面：优化城市空间布局、提升城市景观品质等。

三、绿色空间规划与管理的案例分析

3.1 国内案例分析

案例一：（选择国内典型城市，如深圳、上海等）

城市概况：地理位置、人口规模、经济发展水平等。

绿色空间现状：规模、分布、类型等。

绿色空间规划与管理策略：政策法规、规划理念、实施措施等。

经验与启示：成功经验、存在问题、改进方向等。

案例二：（选择国内典型城市，如成都、杭州等）

（同上）

3.2 国外案例分析

案例一：（选择国外典型城市，如新加坡、哥本哈根等）

城市概况：地理位置、人口规模、经济发展水平等。

绿色空间现状：规模、分布、类型等。

绿色空间规划与管理策略：政策法规、规划理念、实施措施等。

经验与启示：成功经验、存在问题、改进方向等。

案例二：（选择国外典型城市，如温哥华、墨尔本等）

（同上）

四、绿色空间规划与管理的策略建议

4.1 规划策略

生态优先，绿色发展：将生态保护放在首位，构建绿色生态网络。

以人为本，公平共享：满足居民多样化需求，促进绿色空间公平共享。

因地制宜，特色发展：结合城市自然条件和文化特色，打造特色绿色空间。

多规合一，协同发展：将绿色空间规划与城市总体规划、土地利用规划等进行整合。

4.2 管理策略

完善法律法规：建立健全绿色空间保护和管理法律法规体系。

创新管理模式：探索政府主导、市场运作、公众参与的管理模式。

加强科技支撑：利用大数据、物联网等技术，提升绿色空间管理效率。

加强公众参与：提高公众环保意识，鼓励公众参与绿色空间建设和管理。

五、结论与展望

5.1 研究结论

总结绿色空间对城市可持续发展的重要作用。

提炼绿色空间规划与管理的有效策略。

5.2 研究展望

指出研究中存在的不足和未来研究方向。

> **参考文献**
>
> **附录**
>
> 相关数据表格、图表等。

以上论文大纲示例成功地构建了研究的框架，并明确了每个部分的研究内容和目标，为撰写论文提供了清晰的指导。

9.2.2 会议论文

1. 会议论文的特点

会议论文是研究人员在学术会议上提交的书面报告，用于展示其研究工作或观点。这些论文通常经过同行评审，被接受后在会议上进行口头报告或海报展示。会议论文的主要目的是与同行分享最新的研究成果、交流学术思想、获取反馈和建议，以及建立学术联系和合作机会。

会议论文具有以下几个方面的特点。

◎ **篇幅较短**：会议论文通常篇幅较短，一般在几页到十几页，具体长度取决于会议的要求。与期刊论文相比，会议论文更注重简洁和突出重点。

◎ **时效性强**：会议论文强调研究的前沿性和创新性，通常用于展示最新的研究成果或正在研究的项目。研究人员可以通过会议论文快速地将最新的研究进展与学术界相关人士分享。

◎ **同行评审**：会议论文在提交后通常会经过同行评审过程。评审专家会根据论文的质量、创新性、研究方法和结果等方面进行评估，再决定是否接受发表。同行评审机制能够有效保障会议论文的质量和学术水平。

◎ **口头报告或海报展示**：被接受的会议论文通常会在会议上进行口头报告或海报展示。口头报告允许创作者与听众进行互动，回答问题并获取反馈；海报展示则通过图文并茂的方式展示研究内容，便于参会者进行交流和讨论。

◎ **正式出版**：会议论文集通常会被正式出版，作为会议的正式记录。这些论文集可能会被学术数据库收录，供其他研究人员查阅和引用。一些会议论文也可能会被邀请扩展为期刊论文，以进一步详细阐述研究内容。

◎ **学术交流方式**：研究人员可以通过会议论文与其他学者建立联系、开展合作，并了解学术界的最新动态和发展趋势。

总之，会议论文在学术界具有重要的地位和作用，它不仅促进了学术交流与合作，还推动了学术研究的发展和创新。

2. 会议论文的写作要点

为确保会议论文的质量和影响力，创作时需把握以下写作要点。

（1）明确主题和研究问题：撰写会议论文时，需确保论文的主题贴合会议要求、明确研究问题，并突出创新性，以增强论文的针对性和吸引力。

（2）撰写清晰的摘要：摘要应简洁明了地概括研究的目的、方法、结果和结论，通常为150～250字，并选择合适的关键词，以便读者和数据库能够方便地检索和理解论文的核心内容。

（3）引言部分：在撰写引言部分时，先介绍研究的背景和重要性，明确研究的动机和目的；然后简要回顾相关领域的现有研究，指出其中的空白或不足之处；最后明确研究问题和假设，为后续内容的展开奠定基础。

（4）方法部分：在撰写方法部分时，应详细描述研究设计，包括研究类型（如实验、调查、分析等）、样本选择、数据收集和分析方法，并说明所使用的数据来源、工具和软件等，以确保研究的可重复性和透明性。

（5）结果部分：结果部分应清晰地展示研究数据，可以使用图片和表格来直观地说明结果，并对结果进行简要解释，指出主要的发现和趋势，避免过多的讨论和分析，以便读者快速理解研究的关键发现。

（6）讨论部分：在讨论部分，深入分析研究结果的意义，与研究假设和相关文献进行对比，讨论结果的合理性和局限性；总结研究的贡献和意义，指出在学术和实践中的应用价值；最后提出未来研究的可能方向和建议，为后续研究提供思路和参考。

（7）结论部分：在结论部分，简洁地总结研究的主要发现和结论，并重申研究的重要性和对相关领域的贡献，以强调研究的价值和影响。

（8）参考文献：在撰写参考文献时，应严格按照会议要求的格式进行排版，确保引用的准确性和一致性，注意引用恰当的文献来充分支持研究的背景和选择的方法，以增强论文的学术性和可信度。

（9）语言和风格：在撰写会议论文时，应使用正式的学术语言，避免口语化表达，确保语言清晰、逻辑严谨，以便读者能够轻松理解研究思路。同时，由于篇幅限制，应尽量避免冗长的句子和段落，突出重点，使论文简洁而有力。

（10）审稿和修改：在提交论文前，应进行自我审稿，仔细检查论文的逻辑、语法和拼写问题，确保内容的准确性和完整性。同时，可以请同行或相关导师进行审阅，获取他们的反馈并进行相应的修改，以进一步提高论文的质量和专业水平。

通过关注这些写作要点，可以撰写出高质量的会议论文，有效展示研究成果并促进学术交流。

实战　使用 DeepSeek 辅助生成会议论文

▶▶ │案例背景│

某高校研究生小李正在准备一篇关于"人工智能在医疗诊断中的应用"的会议论文。由于时间紧迫且需要处理大量数据和文献，他决定使用 DeepSeek 来辅助写作。

▶▶ │案例实施│

（1）确定研究主题和方向

小李首先向 DeepSeek 描述了自己想要研究的主题，即"人工智能在医疗诊断中的应用"。DeepSeek 帮助他进一步明确了研究方向，比如可以聚焦于特定的医疗诊断领域，如癌症诊断或心脏病诊断。

（2）文献搜索和综述

利用 DeepSeek 的"深度思考（R1）"模式，小李获取了大量与人工智能在医疗诊断中的应用的文献资料。DeepSeek 为他总结了该领域的最新研究进展和主要研究方法，帮助他构建了文献综述部分。

（3）生成论文大纲

DeepSeek 根据小李输入的研究主题和文献综述内容，生成了一个详细的论文大纲。大纲包括引言、人工智能在医疗诊断中的应用现状、人工智能在癌症诊断中的具体应用、研究方法与实验设计、结果分析与讨论、结论等部分，每个部分都有清晰的内容提示。

（4）撰写论文初稿

在 DeepSeek 的辅助下，小李开始撰写论文初稿。DeepSeek 提供了丰富的背景信息、理论框架和研究方法，帮助小李快速完成了初稿的撰写。

（5）结果分析和图表生成

小李将实验数据输入 DeepSeek，DeepSeek 帮助他生成了初步的结果分析。小李使用数据分析工具，将实验结果以图表的形式直观展示出来，并对结果进行简要分析。

（6）润色和修改

小李在初稿的基础上进行深入的修改和完善。他将自己在实验过程中获得的真实数据和分析结果融入论文中，以确保论文的准确性和学术价值。

（7）参考文献格式调整

DeepSeek 帮助小李自动从学术数据库中检索相关文献，并生成了格式规范的参考文献列表。小李根据会议的具体要求，对参考文献的格式进行调整，确保符合会议的引用规范。

（8）审稿和提交

在完成论文的全部内容后，小李再次审稿，仔细检查论文的逻辑、语法和拼写问题，确保内容的准确性和完整性。同时，他还请导师和相关领域的专业人士对论文进行审阅，获取反馈并进行修改，进一步提高论文的质量。

因篇幅有限，使用 DeepSeek 生成的会议论文初稿示例不作展示，大家掌握具体的应用方法即可。

通过这个案例可以看出，使用 DeepSeek 生成会议论文高效且富有成效。

DeepSeek不仅帮助小李节省了大量的时间和精力，还提供了丰富的信息和建议，使他的论文更具创新性和学术价值。

9.2.3 论文降重

在撰写论文的过程中，由于引用前人研究成果、使用通用术语或表述方式等因素，很容易出现重复内容。因此，掌握有效的论文降重方法对于学术研究者至关重要。

1. 认识论文降重

论文降重是指在完成论文写作后，通过一系列方法和技巧降低论文的重复率，以确保论文的原创性和学术价值。

论文降重主要针对论文中与他人已发表或未发表的作品在内容上的相似部分。这些相似部分可能由于直接引用、间接引用、改写不当或无意中的抄袭而产生。降重的过程涉及对论文内容的重新审视、修改和调整，以确保论文的独特性和创新性。具体来说，论文降重是通过各种技术手段和策略，检测和修改论文中的重复内容，以降低与其他文献的相似度。

论文降重在维护学术诚信、提升论文质量和推动学术进步方面具有重要意义。技术上，论文降重依赖多样的检测手段（如文本相似度检测软件），同时采用多种降重方法（如添加引用标注、重新表述和同义词替换等），以适应不同类型的重复内容。然而，降重工作极具复杂性，难度因论文类型和领域而异，且需要深厚的专业知识和背景来准确判断和处理重复内容，确保降重过程既有效又合规。

2. 论文降重的常见方法

论文降重的常见方法及具体操作见表9-1。

表9-1　论文降重的常见方法及具体操作

方法	定义	操作
重新表述法	对已检测出的重复或相似部分进行重新表述，即保持原意不变，但改变表述方式	将主动句改为被动句，或将长句拆分为短句，再合并成新的长句。同时，可以使用同义词替换、增加或减少修饰词等方法来降低重复率
翻译法	利用翻译软件将重复内容翻译成其他语言，再翻译回原文，以打乱原文句子结构	先将中文重复内容翻译成英文，再将英文翻译成其他语言（如西班牙语），最后翻译回中文。翻译后需仔细校对，确保语句通顺且保持原意
图表法	将文字重复内容转化为图表形式	对于数据性内容或流程性描述，可以将其转化为表格、图表或图形等形式，既直观又避免重复
删除法	直接删除重复内容或高重复率的章节、段落	在自我查重后，对于大面积标红且修改困难的重复内容，可以考虑直接删除。但需注意保持论文整体结构的完整性和内容的连贯性
引用法	对于必须引用的内容，要确保正确标注引用来源，避免被误判为重复	使用标准的引用格式（如APA、MLA等），并准确标注引用来源。同时，注意避免过度引用，保持论文的原创性
使用降重软件	利用降重软件或在线工具进行自动降重	选择可靠的降重软件，将重复内容输入软件进行自动降重。但需注意，自动降重后的内容仍需仔细校对和修改，以确保语句通顺和保持原意
增加原创内容	通过增加自己的研究见解、实验数据或案例分析等原创内容，来降低整体重复率	在论文中增加自己的研究成果、实验数据或案例分析等，以展现论文的独特性和创新性

3. 使用AI工具进行论文降重的注意事项

以下是使用AI工具进行论文降重的注意事项。

①选择合适的AI工具：市场上存在多种AI降重工具，用户应根据自己的需求和论文特点选择合适的工具。

②结合人工润色：使用AI工具降重后的内容仍需仔细校对和修改，以确保语句通顺、逻辑清晰，并保持论文的学术性和原创性。

③避免过度依赖：使用AI工具降重只是辅助手段，不能完全替代人工降重。用户应在使用AI工具降重的同时，保持独立思考和创新能力。

实战 使用DeepSeek进行论文降重

▶▶ |案例背景|

◎ 研究领域：环境科学。

◎ 论文主题：城市化对生物多样性的影响。

◎ 学生：一名环境科学专业的研究生。

◎ 论文降重目的：确保学术诚信，避免抄袭嫌疑。

在撰写论文的过程中，可能会无意识地使用过多的引用或相似的表达方式，这可能导致论文的重复率过高。为了确保学术诚信并满足学校对论文原创性的要求，该学生决定使用DeepSeek来进行论文降重。

▶▶ |案例实施|

(1) 识别重复内容

首先使用论文查重软件对整篇论文进行检测，找出重复内容。

(2) 输入原文段落

将检测出的重复内容输入DeepSeek，请求进行降重处理。

(3) DeepSeek进行降重处理

DeepSeek对输入的段落进行语义理解，然后生成多种不同的表达方式，以实现降重。

(4) 选择和调整降重后的内容

从DeepSeek生成的内容中选择最合适的降重内容，并根据需要进行调整，确保论文的意思不变，同时保持学术性和专业性。

(5) 再次查重

对调整后的论文再次进行查重检测，确保重复率降至学校要求的标准以下。

(6) 最终审阅

确保论文的重复率达标后，对整篇论文进行最终审阅，检查论文的流畅性和一致性。

▶▶ ｜论文降重前后对比｜

使用AI工具进行论文降重的对比示例如下。

原文段落

城市化进程的加快导致生物栖息地的大量丧失，这不仅减少了物种的多样性，还破坏了生态系统的平衡。城市规划者必须意识到这种发展趋势，并采取措施保护和恢复生物多样性。

DeepSeek降重后的段落

随着城市化的快速推进，大量生物栖息地遭到破坏，这一现象不仅削弱了物种的丰富程度，还对生态系统的稳定造成了严重影响。因此，城市规划者需要充分认识到这一问题的严重性，并积极采取行动，以维护和重建生物多样性。

使用DeepSeek进行论文降重后，降低了论文的重复率，同时保持了论文的学术性和原创性，确保了学术诚信。

9.2.4 学术报告

1. 学术报告的特点

学术报告是一种学术交流形式，报告人通过口头陈述和展示，向听众介绍自己的研究工作、学术观点或某一领域的最新进展。学术报告通常包括研究背景、目的、方法、结果和结论等内容，旨在分享和传播学术信息，促进学术交流与合作，获取同行的反馈和建议，推动学术研究的发展。

学术报告具有以下几个方面的特点。

◎ 口头表达：学术报告主要通过口头陈述进行，要求报告人具备优秀的口头表达能力和演讲技巧，以清晰地传达研究内容和观点。通常会配合幻灯片等视觉辅助工具，帮助听众更好地理解和记忆报告内容。

◎ **内容专业**：学术报告内容高度专业，涵盖特定学科的理论、方法和实践。为照顾非专业听众，报告人应适当解释和引导，使信息更易理解。

◎ **互动性**：学术报告具有强互动性，报告人可与听众进行问答、讨论等互动，促进思想碰撞和观点交流。

◎ **时间限制**：学术报告通常有明确的时间限制，一般为几十分钟，具体时间视会议安排和内容而定。报告人需在有限的时间内高效组织和表达内容，突出重点，避免冗长拖沓。

◎ **目标明确**：每个学术报告都有明确的目标和主题，报告人需围绕主题展开论述，使听众清晰把握核心内容和研究意义。针对不同听众群体（如专业人士、学生或跨学科听众），报告内容和方式需相应调整，以确保信息有效传达。

◎ **形式多样**：学术报告形式多样，包括主题报告、专题讲座、经验分享、案例分析等，可以是单人报告，也可以是多人合作的小组报告或圆桌讨论，这根据不同的研究内容和交流需求来选择。

◎ **学术性与创新性**：学术报告内容应具备学术性和创新性，可介绍研究创新点、突破性进展，或对现有理论质疑和提出反思，推动学术发展。

2. 学术报告的写作要点

撰写学术报告时，需要注意以下要点。

（1）明确主题和目标：撰写学术报告时，需明确聚焦的主题和设定的目标。主题要与会议或报告场合要求相符，确保内容连贯一致；目标则指导内容组织，如介绍成果、探讨问题、分享经验或启发思考，使报告更具针对性和有效性。

（2）撰写清晰的摘要：撰写学术报告摘要时，要简洁明了地概括主要内容，包括研究背景、目的、方法、结果和结论等，通常控制在150～250字。同时，摘要需具有吸引力，能激发听众兴趣，促使他们关注报告的详细内容。

（3）引言部分：在学术报告的引言部分，首先要介绍研究的背景和重要性，说明研究动机和目的，让听众了解报告的出发点和意义。接着，明确研究问题和目的，为后续内容的展开奠定基础，使听众对报告的核心内容有清晰的认识。

（4）文献综述：在文献综述部分，需简要回顾与报告主题相关的现有研究，总结前人的成果和不足，为研究提供理论基础和背景。同时，指出研究领域的空白，强调自己研究的创新性和重要性，让听众理解其价值和意义。

（5）研究方法：在研究方法部分，需详细描述研究方法和实验设计，如研究对象、数据收集与分析方法等，让听众理解研究过程和方法的科学性。同时，说明所用工具、材料和软件等，确保研究的可重复性和可验证性。

（6）结果部分：在结果部分，要清晰展示研究结果，可利用图片和表格直观呈现数据。同时，对结果进行简要解释，指出关键发现和趋势，避免深入讨论，为后续讨论部分留出空间。

（7）讨论部分：在讨论部分，将研究结果与假设和文献进行对比，探讨其合理性和局限性，让听众全面理解该项研究的价值。同时，提出未来的研究方向和建议，为后续研究提供思路。

（8）结论部分：在结论部分，应简要总结研究的主要发现和结论，让听众清晰把握报告核心内容和成果。同时，重申研究的重要性和对相关领域的贡献，使听众深刻理解报告的价值和意义。

（9）参考文献：参考文献部分要严格按照学术报告规范和要求的格式列出，确保格式的准确、一致。同时，恰当引用文献以支持报告的内容和观点，增强学术性和可信度。

（10）语言和风格：在撰写学术报告时，要使用正式的学术语言，避免口语化，以确保专业性和严谨性。同时，语言需清晰易懂，逻辑严谨，便于听众理解。适当设置互动环节，如提问和讨论，以提高听众的参与度和兴趣，促进思想交流。

实战 使用 DeepSeek 辅助写学术报告

▶▶ |案例背景|

某高校研究生小王正在准备一篇关于"大数据在金融风险评估中的应用"的学术报告。由于时间紧迫且需要处理大量数据和文献，他决定使用 DeepSeek 来辅助完成报告。

▶▶ |案例实施|

(1) 确定报告主题和目标

小王向DeepSeek明确了自己的报告主题,即"大数据在金融风险评估中的应用",并设定了报告目标:介绍大数据技术如何助力金融风险评估,分享其在实际金融场景中的应用案例,探讨未来的发展趋势。

(2) 文献搜索和综述

根据小王提供的主题,DeepSeek从学术数据库中检索出大量相关文献,为小王总结了大数据在金融风险评估领域的研究现状、主要应用方法和存在的问题,帮助小王构建了文献综述部分的框架和内容。

(3) 生成报告大纲

DeepSeek根据报告主题和文献综述内容,为小王生成了一个详细的报告大纲,包括引言、文献综述、大数据在金融风险评估中的应用方法、实际应用案例分析、面临的挑战与未来展望、结论等部分,并且每个部分都有清晰的子标题和内容提示,使小王对报告的整体结构有了清晰的认识。

(4) 撰写报告初稿

在DeepSeek的辅助下,小王开始撰写报告初稿。DeepSeek提供了丰富的背景信息、理论框架和应用方法,帮助小王快速完成了初稿的撰写。例如,在应用方法部分,DeepSeek详细介绍了几种典型的大数据技术在金融风险评估中的应用,如机器学习算法用于信用风险评估、数据挖掘技术用于市场风险分析等。

(5) 数据处理和图表生成

小王将收集到的金融风险评估相关数据导入数据处理工具,数据处理工具帮助他进行数据清洗、整理和分析。根据分析结果,小王用相关工具生成了直观的图表,如风险评估模型的准确率对比图、不同大数据技术在风险识别中的应用效果图等,为报告的数据展示部分提供了有力支持。

(6) 润色和修改

小王在初稿的基础上,结合自己的理解和分析,对报告进行了深入的润色和修改。他补充了一些关键的案例细节,调整了部分段落的逻辑顺序,使报告内容更加严谨和连贯。同时，还确保语言表达清晰、准确，符合学术报告的规范和要求。

(7) 参考文献格式调整

DeepSeek帮助小王自动整理和生成了参考文献列表，并按照学术报告规范的格式进行了排版。小王根据学术报告的具体要求，对参考文献的格式进行了调整，确保其准确性和一致性。

(8) 审稿和准备演讲

在完成报告的全部内容后，小王再次审稿，仔细检查报告的逻辑、语法和拼写问题，确保内容的准确性和完整性。同时，他还请导师和同学对报告进行审阅，获取反馈并进行修改，以进一步提高报告的质量。最后，小王根据报告内容准备了演讲稿和PPT，为学术报告的口头陈述做好准备。

因篇幅有限，使用DeepSeek生成的学术报告初稿示例不作展示，大家掌握具体的应用方法即可。

第十章 AI 小说文案写作

小说文案是吸引读者、展现故事魅力的关键，其创意性和吸引力是评判其成功与否的重要标准。撰写一篇引人入胜的小说文案，不仅需要创作者具备丰富的想象力和扎实的文字功底，还需掌握一定的市场洞察力和写作技巧。随着AI技术的不断进步，AI在小说文案写作中的应用逐渐崭露头角，为小说创作者提供了全新的灵感来源和创作工具。本章将深入探讨AI小说文案写作，从小说文案的特点出发，解析其写作要点。通过多个实战案例，展示AI在撰写科幻、言情、玄幻、推理、历史等多种类型小说文案中的应用，利用DeepSeek提升小说创作者的创作效率与质量，引领小说创作迈向新的高度。

10.1 认识小说文案

小说文案不仅是吸引读者注意力的第一步,还是展现小说核心魅力、激发读者阅读欲望的关键所在。

10.1.1 小说文案的特点

小说文案是对小说内容、风格、主题等进行精练概括和创意呈现的文字描述。它通常包括小说的标题、简介、亮点等元素,旨在通过简短而富有吸引力的文字,向读者传达小说的核心价值和阅读体验。

例如,一部科幻小说的作品信息精练地概括了小说的内容、风格和主题,同时激发了读者的好奇心和阅读欲望,如图10-1所示。

> 作品信息　目录
>
> 在2150年,地球资源枯竭,人类社会面临前所未有的危机。科学家们发现了一个名为"时空裂痕"的自然现象,这是一个连接不同宇宙和时间线的通道。为了寻找新的生存空间和资源,人类组建了一支精英探险队,穿越时空裂痕,探索未知的宇宙。
>
> 探险队由五名成员组成:天才物理学家艾米、勇敢的宇航员杰克、经验丰富的指挥官索菲亚、神秘的历史学家李博士和年轻的计算机工程师艾丽卡。他们将面临未知的挑战,包括异星生物、时间悖论和内部冲突。

图 10-1

小说文案具有鲜明的特点,主要体现在以下几个方面。

◎ **精练性**:文案应言简意赅,用尽可能少的文字传达出尽可能多的信息。每一个词语、每一个句子都需要精心挑选,确保在有限的篇幅内传递出最丰富的内涵。

◎ **吸引力**:文案需要具备强烈的吸引力,通过独特的视角、生动的语言和富有创意的叙述方式,迅速抓住读者的注意力。它不仅能够吸引读者的眼球,还要激发读者的好奇心和阅读欲望。

◎ **概括性**:文案需要全面而准确地概括小说的主要情节、人物关系和主题思想。

它不仅要让读者对小说有一个大致的了解，还要展现出小说的独特魅力和核心价值。

◎ **创新性**：在符合小说风格的基础上，文案需要融入新颖的元素和独特的创意。通过独特的构思和巧妙的布局，可以使文案从众多作品中脱颖而出，成为读者心中的一道亮丽风景。

10.1.2 小说文案的写作要点

撰写小说文案时，掌握一些写作要点至关重要。这些要点不仅能够帮助创作者更准确地传达小说的核心信息，还能有效提升文案的吸引力和感染力。

1. 明确目标读者，精准定位

在撰写小说文案之前，首先要明确目标读者群体，包括他们的年龄、性别、兴趣爱好、阅读习惯及审美倾向等。通过深入了解目标读者的心理特征和行为模式，可以更精准地选择文案的语言风格、情感基调及叙述视角。例如，针对年轻读者群体，文案可以采用轻松幽默、贴近生活的语言风格，以引起他们的共鸣；而年龄稍大的读者相对更注重深度思考和哲理探讨，因此文案可以更加深沉、内敛。只有精准定位目标读者，才能确保文案直击他们的内心，引发强烈的情感共鸣。

2. 提炼核心亮点，精准传达

每个小说都有其独特的亮点，可能是引人入胜的故事情节、深刻复杂的人物关系、新颖独特的主题思想，或是令人震撼的情感体验。在撰写文案时，需要巧妙地提炼这些核心亮点，并通过精练的语言和生动的描述，将其呈现在读者面前。这要求创作者不仅对小说内容有深入的理解，还要具备高超的概括能力和表达能力。此外，在有限的篇幅内，还要精准传达小说的核心价值，让读者能快速领悟小说的精髓。

3. 注重创意独特，脱颖而出

一个缺乏创意和独特性的文案很难吸引读者的注意力，因此，创作者需要跳出传统的思维框架，运用新颖的视角和独特的表达方式，为文案注入生命力。这可能需要创作者发挥丰富的想象力和创造力，尝试不同的叙述手法和修辞手法，如对比、象征、讽刺等，让文案从众多作品中脱颖而出。同时，也可以借鉴其他领域的创意元素，如电影、音乐、绘画等，将其融入文案中，使文案更加具有艺术性和感染力。

4. 语言简洁明了，生动有力

文案的语言应该简洁明了，避免冗长复杂的句子和晦涩难懂的专业术语。同时，又要力求用简短而富有感染力的文字，将小说的核心价值和阅读体验传递给读者。这需要创作者具备高超的语言驾驭能力，能够灵活运用各种修辞手法，如比喻、拟人等，使文案读起来更加流畅自然，易于理解和接受。同时，还可以通过运用具体的场景描写、人物刻画等手法，让文案更加具有画面感和代入感，吸引读者进一步了解小说的内容。

5. 巧妙设置悬念，激发好奇

通过设置悬念和神秘感，可以有效激发读者的好奇心和探索欲望。这要求创作者在文案中适当留白，通过暗示或隐喻的方式，让读者在脑海中自行构建故事框架和人物形象。同时，悬念和神秘感的设置也要适度，要能够引起读者的兴趣，不要晦涩难懂，以免让读者产生畏难情绪。此外，通过提出一些引人入胜的问题、描述一些令人费解的情节或揭示一些令人震惊的真相等方式来设置悬念，可以让读者在好奇心的驱使下，更加期待和渴望阅读全文。

10.2 AI 在小说文案写作中的应用实战

AI技术在文学创作领域的应用越发广泛，其中就包括小说文案的撰写。AI工具不仅能够帮助创作者快速生成多个小说文案版本，提高创作效率，还能通过数据分析，为文案提供更为精准的目标读者定位和个性化推荐。

10.2.1 科幻小说文案

科幻小说文案是吸引读者进入未来世界、探索宇宙奥秘的关键。它不仅需要描述小说的核心情节和设定，还要通过富有想象力和吸引力的语言，激发读者的好奇心和探索欲。

1. 科幻小说文案的特点

科幻小说文案引领读者穿梭于现实与未来之间，探索未知世界的奥秘。以下是科幻小说文案的主要特点。

（1）未来科技，激发无限遐想

科幻小说文案以其浓厚的未来感和丰富的科技元素著称。文案中细腻描绘的高科技设备、奇异生物形态及遥远星球的壮丽景观，为读者呈现了一个超越现实、充满未知与奇迹的未来世界。这些元素不仅满足了读者对未来世界的好奇心，还激发了他们对未来世界的无限遐想，让读者仿佛置身于一个充满无限可能的未知世界。

（2）创意独特，点燃思维火花

科幻小说文案的核心在于其无与伦比的创意与想象力。创作者通过巧妙构思的故事情节、独具特色的角色设定及新颖独特的叙事方式，为读者带来了一场前所未有的阅读盛宴。这些创意元素不仅让文案更加生动有趣，还让读者在阅读过程中感受到思维碰撞的火花，激发他们的想象力和创造力。

（3）悬念迭起，激发探索欲望

科幻小说文案还善于设置悬念，如巧妙安排未解之谜、未知危险等元素，让读者在阅读过程中始终保持紧张与期待，渴望揭开每一个谜团的真相。这种悬念迭起的设置，不仅增强了文案的吸引力，还让读者在阅读过程中感受探索未知的乐趣。

(4)寓意深刻，传递人文关怀

科幻小说文案在展现未来科技的同时，还蕴含着深刻的社会寓意和人文关怀。创作者通过科幻故事探讨人类社会的发展方向、伦理道德等议题，引发读者的深思与共鸣。这些寓意深刻的元素，让读者在享受阅读乐趣的同时，还能感受到作品所传递的深刻内涵，从而引发他们对现实世界的思考和反思。

2. 科幻小说文案的写作要点

撰写科幻小说文案时，应把握以下写作要点，以确保文案能够吸引并留住读者的目光。

(1)明确主题与背景设定

文案需清晰地勾勒出科幻小说的主题与背景，为读者构建一个清晰的故事框架。主题的选择应紧密贴合读者的兴趣点和期待，以激发读者的阅读欲望。背景设定则需富有吸引力，带领读者进入一个既熟悉又陌生的科幻世界。

(2)凸显核心亮点与魅力

科幻小说文案的核心在于凸显其独特的创意、引人入胜的剧情及深刻的寓意。通过精练的语言和生动的描述，将小说的核心亮点一一呈现，让读者在短时间内感受到作品的独特魅力。

(3)营造氛围与设置悬念

文案中，生动的语言和场景描写是营造氛围的关键。通过细腻的文字，将读者带入一个神秘、紧张或奇妙的科幻世界，让他们仿佛身临其境。同时，适当设置悬念，激发读者的好奇心和探索欲，引导他们一步步深入故事，拨开层层迷雾。

(4)注重角色塑造

科幻小说中的角色往往具有鲜明的个性和独特的背景。在文案中，简要而精准地介绍主要角色的特点和经历，能够极大地增强故事的吸引力和感染力，让读者更加投入地阅读。

实战　使用 DeepSeek 写科幻小说文案

▶▶ |案例背景|

在科幻文学领域，一个引人入胜的文案能够迅速吸引读者的眼球，激发他们对未知世界的好奇心。本案例将利用 DeepSeek 创作一篇科幻小说的文案，旨在展示 DeepSeek 如何帮助创作者精炼概括小说的内容、风格和主题，并吸引潜在读者。

▶▶ |案例实施|

(1) 明确小说定位

首先要明确科幻小说的定位，包括目标读者群体、核心主题、故事背景及独特的亮点。该文案将围绕一部以"人类与外星文明的交流"为主题的科幻小说展开，目标读者是对科幻题材感兴趣、喜欢探索未知世界的年轻人。

(2) 编写提示信息

根据小说的定位，编写出以下提示信息供 DeepSeek 使用。

请创作一篇科幻小说文案，主题为"人类与外星文明的交流"。要求文案包括标题、简介和亮点，突出小说的科幻元素、情节冲突和人物设定。标题要新颖、吸引人；简介要简洁明了，概括故事主线；亮点要突出小说的独特之处和阅读价值。

(3) 生成初步文案

将上述提示信息输入 DeepSeek，并生成初步文案。

(4) 优化与调整

仔细阅读和评估 DeepSeek 生成的初步文案，找出其中的不足之处，如语言不够流畅、信息表达不够准确等。然后，对文案进行优化和调整，使其更加符合小说的定位和目标读者的需求。

(5) 最终文案

经过多次优化和调整，得到最终的科幻小说文案。

使用 DeepSeek 生成的科幻小说文案示例如下。

量子回声：地心文明的最后讯息

简介

在人类科技即将迎来下一次跃迁的时代，人类首次接收到来自外星文明的信号，但这些信号并非传统的电磁波，而是一种无法被现有技术解析的量子波动。一支由语言学家、物理学家、心理学家、人类学家等组成的精英团队被紧急召集，试图破解这些神秘的"量子语言"。随着研究的深入，他们发现这种交流方式不仅超越了人类的认知范畴，还可能隐藏着改变人类文明进程的秘密。然而，当团队终于建立起初步的沟通桥梁时，一个惊人的真相浮出水面：这些信号并非来自遥远的星系，而是来自地球内部……

亮点

创新的科幻设定： 突破传统外星接触题材，引入量子语言概念，将语言学与量子物理完美结合，打造独特的科幻世界观。

多重反转剧情： 从星际交流到地心文明，从语言障碍到认知革命，层层递进的反转设定让读者始终保持高度期待。

深刻的人文思考： 通过人类与地心文明的交流困境，探讨语言、思维与文明本质的关系，引发对人类社会发展的深层思考。

多元人物群像： 塑造了包括语言学家、物理学家、心理学家、人类学家等在内的多元角色，每个人物都有独特的背景故事和成长弧线。

硬核科学元素： 基于真实的量子力学理论和语言学原理，构建严谨的科学基础，同时保持故事的通俗性和可读性。

悬疑氛围营造： 将科学探索与悬疑元素巧妙结合，在破解量子语言的过程中埋下重重谜团，保持紧张刺激的阅读体验。

文明的碰撞与融合： 通过人类与地心文明的交流，展现不同文明形态的碰撞与融合，探讨文明发展的多样可能性。

这部小说不仅是一场惊心动魄的科学冒险，还是一次关于人类认知边界的深刻探索，将为读者带来前所未有的科幻阅读体验。

10.2.2 言情小说文案

言情小说文案以细腻的笔触描绘爱情百态,用精彩的情节扣动读者的心弦。每一段文案都是一个爱情故事的预告,引领大家共赴一场心灵的甜蜜之旅。

1. 言情小说文案的特点

言情小说文案特点鲜明,即通过细腻的情感描绘、引人入胜的故事梗概及富有魅力的角色设定,激发读者的阅读兴趣。

(1) 情感细腻,直击心灵

言情小说的核心魅力在于"情"。文案需精准捕捉并细腻传达主角的爱恨情仇,无论是甜蜜温馨的初恋悸动、虐恋情深的痛苦挣扎,还是误会丛生的情感纠葛、破镜重圆的温馨重逢,都应通过文字的力量直击读者的内心,引发情感共鸣,让读者在字里行间感受到情感的波澜与温度。

(2) 情节紧凑,悬念重重

优秀的言情小说文案能够在有限的字数内构建一个引人入胜的故事框架。通过设置悬念、冲突或转折,能够巧妙地勾起读者的好奇心与求知欲,让读者在浏览文案的过程中感受到故事的吸引力与张力,并对后续情节充满期待与遐想。

(3) 角色鲜活,个性鲜明

文案中对主角及重要配角的描述应生动立体,通过性格特征、行为习惯或独特魅力的刻画,呈现出一个个鲜活的人物形象。这些角色不仅具有鲜明的个性与特点,还能引发读者的共鸣与代入感,让读者仿佛置身于故事中,与角色同呼吸、共命运。

(4) 语言优美,风格独特

言情小说的文案往往追求语言的艺术性与美感。无论是浪漫唯美的叙述、清新脱俗的描绘,还是幽默风趣的对话,都能形成独特的文风与气质。这种独特的语言风格不仅提升了文案的吸引力与感染力,还能吸引具有特定喜好的读者群体,让作品从众多同类作品中脱颖而出。

2. 言情小说文案的写作要点

在撰写言情小说文案时，应掌握以下几个写作要点。

（1）开篇悬念

文案的开头部分应简洁明了，且能瞬间点燃读者的好奇心，让他们迫不及待地想要继续阅读下去，为文案的整体吸引力奠定了基础，还为后续的故事情节铺设了悬念。

（2）情感共鸣

情感共鸣是文案中不可或缺的元素。深入挖掘并展现主角的情感世界，能够让读者在情感上找到共鸣点。无论是甜蜜温馨的爱情故事，还是痛苦的情感纠葛，都应通过细腻的文字来触动读者的内心，让读者在阅读过程中与主角产生强烈的情感共鸣。

（3）情节概述

在文案中概述故事的主要情节，是引导读者了解故事的关键。不过，在概述情节时，应保留关键转折点作为悬念，避免剧透过多。这样既能保持故事的神秘感和吸引力，又能激发读者继续阅读全文的欲望。

（4）角色亮点

一个生动立体、个性鲜明的角色形象很容易吸引读者的目光。在文案中，应突出主角的独特性格或魅力，让读者对角色产生浓厚的兴趣和期待。

（5）风格定位

明确文案的风格定位，是确保内容与目标读者群体偏好相匹配的关键。在撰写文案时，应根据故事的背景和主题，选择合适的风格定位，如古典、现代、仙侠、都市等。明确的风格定位不仅能为文案增添独特的韵味和气质，还能让文案更加符合读者的口味，并提升文案的整体吸引力。

实战　使用 DeepSeek 写言情小说文案

▶▶ ｜案例背景｜

随着网络文学的兴起，言情小说作为其中一个重要分支，深受广大读者的喜爱。

本案例旨在利用DeepSeek创作一篇富有吸引力的言情小说文案，以展现DeepSeek强大的文本生成能力和创意表达能力。文案将围绕一部以"时空穿越"为主题的言情小说展开，通过精练的文字和创意的呈现，吸引读者的注意力，激发读者的阅读欲望。

▶▶ |案例实施|

(1) 明确文案主题与核心要素

◎ 主题：时空穿越。

◎ 核心要素：现代女主角、古代男主角、历史背景和爱情纠葛。

(2) 输入关键词与情感倾向

◎ 关键词：时空穿越、爱恋、悬疑、历史、命运。

◎ 情感倾向：浪漫、深情。

(3) 生成文案框架

根据输入的关键词和情感倾向等，DeepSeek生成了文案的初步框架，包括标题、简介和亮点等关键部分。

(4) 人工润色与调整

对DeepSeek生成的文案进行细致的人工润色，调整语言风格，使其更加符合言情小说的浪漫与深情特质。

突出文案中的亮点，如时空穿越的奇幻设定、男女主角的深情互动等，以增强文案的吸引力。

(5) 结合视觉元素完善文案

设想文案将配合精美的封面设计和插图一同呈现，因此在文案中预留了视觉元素的描述空间，以形成整体的美感。

使用DeepSeek生成的言情小说文案示例如下。

千年之恋：时空尽头是你

简介

21世纪的历史研究员林夏，因一枚神秘的古玉坠意外穿越到数千年前的盛世王朝。她遇见了冷峻孤傲的摄政王萧煜，一个在史书中被记载为"暴君"的男人。为了回到现代，林夏试图改变历史，却逐渐发现自己的命运早已与萧煜纠缠不清。

他是她的劫，她是他的救赎。

当真相浮出水面，当爱情与使命冲突，林夏该如何选择？是回到现代，还是为爱留在他的身边？

一段跨越时空的深情，一场改写历史的冒险，爱与命运的交织，尽在这段千年之恋。

小说亮点

跨越时空的浪漫：现代独立女性与古代冷峻王爷的碰撞，火花四溅，深情动人。

历史与悬疑交织：以真实历史为背景，融入悬疑元素，剧情环环相扣，引人入胜。

命运与爱情的博弈：女主角试图改变历史，却发现自己早已成为历史的一部分，命运与爱情的双重考验令人揪心。

强强对决的情感张力：男女主角势均力敌，从互相试探到深情不渝，情感层层递进，甜虐交织。

视觉感极强的场景描写：盛世王朝的繁华、宫廷权谋的暗涌、时空穿越的神秘感，画面感十足，仿佛身临其境。

"无论跨越多少时空，我都会找到你。"

这是一场关于爱与命运的冒险，也是一次跨越千年的深情守候。

《千年之恋：时空尽头是你》——等你翻开这段刻骨铭心的传奇。

10.2.3 玄幻小说文案

玄幻小说文案作为通往奇幻世界的桥梁，以其独特的魅力吸引着无数读者的目光。它融合现实与虚幻，构建宏大世界观，展现扣人心弦的情节，运用多样的语言风格，巧妙设置悬念、伏笔，引领读者踏上一段非凡的阅读之旅。

1. 玄幻小说文案的特点

玄幻小说文案以极致的想象力、紧张的情节构建、独特的语言风格和巧妙的悬念设置而独具魅力。它通过构建庞大世界观、独特魔法体系和神秘种族文明，将读者带入奇幻世界；情节上注重张力和冲突，展现扣人心弦的故事线索；语言风格上融合古典与现代，既典雅又活泼；善于运用悬念和伏笔，激发读者好奇心，引导读者深入故事核心，享受阅读过程中的惊喜与期待。

2. 玄幻小说文案的写作要点

在撰写玄幻小说文案时，精准捕捉并传达小说的精髓至关重要。掌握以下几个写作要点，有助于打造出引人入胜的文案。

(1) 明确主题

撰写文案前，首要任务是明确小说的主题，如成长、冒险、爱情或正义等。这些主题不仅是故事的灵魂，还是吸引特定读者群体的关键。通过精练的语言描述小说的主题，直接而深刻地触及读者的情感共鸣点，让他们在阅读的第一时间就能感受到故事的深度和温度。

(2) 构建世界观

一个引人入胜的奇幻世界是玄幻小说成功的基石。文案中，创作者需用简洁而有力的语言勾勒出小说的世界观和背景设定，包括地理环境、社会结构、文化习俗等，为读者构建一个既真实又梦幻的舞台。这样的描绘不仅能够激发读者的想象力，还能让他们对即将展开的故事充满期待。

(3) 突出主角

主角是故事的灵魂人物，他们的性格特点、成长历程和所面临的挑战是吸引读者的重要因素。文案中应着重介绍主角，通过一两个关键事件或性格特点，让读者迅速建立起对主角的情感连接，产生共情和期待，从而更加投入地跟随主角踏上冒险的旅程。

(4) 设置冲突

冲突是推动故事发展的动力。文案中应明确展示故事中的主要冲突和矛盾，无论是正邪对抗、人物间的恩怨情仇，还是内心的挣扎与抉择，都能有效吸引读者的注意力，让读者迫不及待地想要了解后续发展。

(5) 运用修辞手法

修辞手法的巧妙运用能够极大地提升文案的吸引力和感染力。比喻、拟人、排比等修辞手法不仅能够丰富文案的语言表达，还能增强文案的韵律感和画面感，让读者在阅读的过程中感受到语言的魅力和故事的生动。

实战 使用 DeepSeek 写玄幻小说文案

▶▶ |案例背景|

随着网络文学的蓬勃发展，玄幻小说作为其中的重要分支，深受读者喜爱。然而，如何撰写一篇既富有创意又能够吸引目标读者的玄幻小说文案，成为众多创作者面临的难题。DeepSeek是一款强大的AI写作工具，其丰富的语言库和智能生成能力，为玄幻小说文案的创作提供了新的可能性。本案例旨在通过具体操作过程，展示如何使用DeepSeek写一篇高质量的玄幻小说文案。

▶▶ |案例实施|

(1) 确定小说主题与风格

首先明确小说的主题为"逆命苍穹"，风格为"热血与奇幻并存"。这一设定将贯穿整个文案的创作过程，确保文案与小说内容的高度契合。

(2) 输入关键词与背景信息

在DeepSeek中输入小说的关键词，如"逆天改命""热血少年""奇幻大陆"等，以及小说的背景信息，如主角的身份、成长历程、所面临的挑战等。这些信息将作为DeepSeek生成文案的基础。

(3) 生成与筛选文案

利用DeepSeek快速生成多个文案初稿，从中选出最符合小说主题和风格的文案。在筛选的过程中，要注意文案的连贯性、逻辑性和情感深度。

(4) 人工润色与调整

虽然DeepSeek生成的文案质量较高，但仍需人工进行润色和调整。对文案中的语言、句式、词汇等进行优化，使其更加流畅、生动，同时确保文案能够准确传达小说的核心价值。

使用DeepSeek生成的玄幻小说文案示例如下。

逆命苍穹

简介

在奇幻大陆"苍穹界"，命运由天定，众生皆受"天命之轮"束缚。然而，少年凌尘却天生无命，被天道遗弃，注定活不过十八岁。为了逆天改命，他踏上了一条充满热血与荆棘的征程。从卑微的弃子到撼动天地的逆命者，凌尘以凡人之躯对抗天命，以热血之志改写苍穹。在这片强者为尊、神魔并存的大陆上，他将揭开"天命之轮"背后的惊天秘密，打破命运的枷锁，成为苍穹界唯一的逆命之主！

亮点

逆天改命，热血燃魂： 主角凌尘天生无命，却以凡人之躯对抗天道，其逆天改命的过程充满热血与不屈，点燃读者心中的斗志与激情。

奇幻大陆，神魔争锋： 苍穹界是一个充满神秘与危险的世界，神魔、妖兽、古老宗门并存，主角在探索中不断揭开这个世界的真相，剧情跌宕起伏。

成长与蜕变： 从被遗弃的孤儿到逆命之主，凌尘的成长历程充满艰辛与挑战，他的每一次突破都令人热血沸腾，引发强烈的情感共鸣。

"天命之轮"的秘密： 贯穿全文的核心设定。"天命之轮"不仅是束缚众生的枷锁，还是苍穹界最大的谜团。随着剧情的推进，真相逐渐浮出水面。

热血少年团： 凌尘并非孤身一人，他结识了志同道合的伙伴，组成热血少年团，共同对抗天命，友情与羁绊感人至深。

背景信息

主角身份： 凌尘，天生无命之人，被天道遗弃，注定活不过十八岁。他从小被遗弃在荒野，由一位隐世高人收养，习得一身武艺，却始终无法摆脱命运的诅咒。

成长历程： 凌尘从卑微的弃子开始，历经磨难，逆命之力逐渐觉醒。他在苍穹界中不断变强，结识伙伴，挑战强者，最终揭开"天命之轮"的秘密，成为逆命之主。

面临的挑战： 凌尘不仅要对抗天道的诅咒，还要面对神魔的追杀、古老宗门的阴谋，以及内心对命运的恐惧与挣扎。每一次挑战都是生死考验，但他从未放弃。

10.2.4 推理小说文案

推理小说文案通过精心设计的案件线索和暗示,激发读者的好奇心和探索欲望;描绘主角或侦探超凡的推理能力和敏锐洞察力,展现智力激荡的魅力;细腻刻画案件背景、环境和人物关系,构建紧张刺激、引人入胜的阅读场景,让读者仿佛与主角一同经历惊心动魄的推理过程,共同揭开真相。

推理小说文案的写作要点

在撰写推理小说文案时,要确保文案既能吸引读者关注,又能准确传达小说的核心魅力,需要掌握以下要点。

(1) 设置悬念,引人入胜

推理小说文案的首要任务是设置悬念,牢牢抓住读者的注意力。一个令人费解的案件、一个突如其来的死亡事件,或者一个看似无关紧要却暗藏玄机的细节,都能成为激发读者好奇心的火花。文案中应适当透露部分线索,引导读者在猜测与推理中步步深入,享受阅读的乐趣。

(2) 突出主角,展现智慧

在文案中,主角或侦探的形象塑造同样不可或缺。通过生动的笔触,描绘出主角的性格特点、职业背景及超凡的智慧水平,可以让读者在脑海中形成鲜明的形象。更重要的是,要展现主角在案件调查过程中的卓越表现,如敏锐的观察力、独特的思维方式,以及令人叹为观止的推理能力,这些都能让读者在跟随主角探索真相的过程中,感受到智慧与勇气的碰撞,从而增强代入感与认同感。

(3) 营造氛围,增强紧张感

推理小说文案的氛围营造同样至关重要。通过细致入微的描写,将案件发生的背景、环境及人物关系一一呈现,为读者构建一个充满紧张与刺激的阅读场景。生动的语言、细腻的刻画,以及恰当的比喻与象征,都能营造出一种压抑、紧张或神秘的气氛,使读者仿佛置身于案件现场,感受那份来自心底的震撼与紧张。

(4) 提炼亮点，突出特色

文案的最后应精心提炼出小说的亮点与特色，可以是新颖的案件设计、精彩的推理过程、复杂的人物关系，或是创作者独特的写作风格等。这些亮点与特色将成为吸引读者购买或阅读的重要因素。

实战　使用 DeepSeek 写推理小说文案

▶▶ ｜案例背景｜

随着推理小说市场的不断扩展，读者对于新颖、扣人心弦的推理故事的需求日益增长。为了吸引目标读者并提升新作品的市场竞争力，计划撰写一部推理小说的文案。这部小说以其独特的情节构造和深刻的角色刻画为卖点，旨在为读者带来一次惊心动魄的阅读体验。

▶▶ ｜案例实施｜

(1) 确定小说主题与风格

首先明确小说的主题为"密室之钥"，风格为"悬疑与心理博弈并存"。这一设定将贯穿整个文案的创作过程，确保文案与小说内容的高度契合。

(2) 输入关键词与背景信息

在 DeepSeek 中输入小说的关键词，如"密室逃脱""心理战""悬疑推理"等，以及小说的背景信息，如故事发生的地点、主要角色、面临的挑战等。这些信息将作为 DeepSeek 生成文案的基础。

(3) 生成与筛选文案

利用 DeepSeek 快速生成多个文案初稿，从中选出最符合小说主题和风格的文案。在筛选的过程中，要注意文案的连贯性、逻辑性和吸引力。

(4) 人工润色与调整

对 DeepSeek 生成的文案进行人工润色和调整，优化文案中的语言、句式、词汇等，使文案更加流畅、生动，同时确保文案能够准确传达小说的核心价值。

使用 DeepSeek 生成的推理小说文案示例如下。

密室之钥

简介

在一座被遗忘的古老庄园深处,6位陌生人被神秘力量召集,参与一场前所未有的密室逃脱游戏。他们必须在48小时内解开重重谜题,找到能帮助他们逃离的钥匙。然而,随着游戏的深入,他们发现这不仅是一场智力的较量,还是一场心理的博弈。每个人都有自己的秘密,每个选择都可能致命。当真相逐渐浮出水面,他们意识到,真正的密室并非庄园,而是他们自己的内心。

亮点

多重密室设计:庄园内设有多个风格迥异的密室,每个密室都蕴含着独特的历史背景和复杂的谜题,挑战玩家的智力和想象力。

心理战升级:角色之间的信任与背叛、合作与对抗,随着游戏的推进不断升级,心理博弈成为逃脱的关键。

悬疑推理:故事情节紧凑,充满反转,每个细节都可能是解开谜题的关键。读者将跟随主角一起推理,体验解谜的乐趣。

角色深度:每个角色都有丰富的背景故事和心理动机,他们的选择和行动将深刻影响故事的走向。

终极谜题:终极谜题不仅考验玩家的智慧,还挑战他们的道德和人性,逃脱的代价可能是他们无法承受的。

背景信息

地点:故事发生在一座位于偏远山区的古老庄园,庄园历史悠久,传闻它曾是一位著名心理学家的住所。

主要角色

艾琳:一位聪明机智的心理学家,擅长解读人心。

杰克:前警察,现为私家侦探,擅长逻辑推理。

莉莉:年轻的天才程序员,擅长破解复杂的密码。

汤姆:历史学家,对庄园的历史了如指掌。

苏菲：神秘的艺术家，擅长观察细节。

马克：企业家，擅长策略规划和资源管理。

面临的挑战：他们必须解开庄园中多个密室的谜题，同时应对彼此之间的心理博弈，最终找到逃离的方法。

结语

《密室之钥》不仅是一场智力的较量，还是一次心灵的探索。在这个充满悬疑与心理博弈的故事中，每个选择都可能改变命运，每个谜题都可能是通往自由的钥匙。你敢挑战吗？

10.2.5 历史小说文案

历史小说文案旨在呈现那些被岁月尘封的故事，带领读者走进历史深处，探寻那些被遗忘的英雄与传奇。

1. 历史小说文案的特点

历史小说文案的特点在于：营造浓厚的历史感、注重故事性和引发情感共鸣；精准描绘时代背景、社会环境及人物细节，让读者仿佛穿越时空，产生强烈的代入感；通过精彩情节、鲜明形象和紧张冲突来构建引人入胜的故事框架，激发读者的好奇心和期待；深入挖掘人物性格、命运及历史背景，展现人性多面性，使读者更深入地理解和感受小说内容。

2. 历史小说文案的写作要点

在创作历史小说文案的过程中，掌握一些写作要点可以帮助创作者更好地展现历史的魅力，同时吸引读者沉浸于故事中。以下是创作历史小说文案的5个写作要点。

(1) 明确历史背景

文案的开头部分应当简明扼要地勾勒出故事发生的历史背景，包括时代特征、社会状况、政治格局及文化背景等多个方面。这不仅能够为读者提供必要的背景信息，帮助他们更好地理解和融入故事，还有助于增强文案的历史感和真实感，使读者在阅读的过程中更加投入。

(2) 突出故事主线

在文案中需要清晰地展示故事的主线，包括主要人物的设定、主要事件的安排及情节发展的脉络。一个引人入胜的故事主线能够吸引读者的注意力，引导他们跟随故事的发展而前行。通过精心设计的情节转折和冲突升级，可以不断激发读者的好奇心和阅读欲望，使他们更加期待后续的故事发展。

(3) 刻画人物形象

人物是历史小说的灵魂。在文案中，通过对主要人物的描写，展示其性格特点、身份背景及内心世界，是吸引读者的重要手段。一个鲜活、立体的人物形象，能够让读者产生共鸣，进而更加关注他们的命运和故事。

(4) 营造历史氛围

通过对历史场景的细腻描绘，如建筑风格、服饰特色、礼仪习俗等，可以营造出浓郁的历史氛围。这不仅能够增强文案的历史感，还能够让读者在阅读的过程中仿佛置身于那个时代，感受那个时代的独特魅力。

(5) 引发读者兴趣

文案的结尾处应当巧妙地设置悬念或疑问，这不仅能够激发读者的好奇心和求知欲，还能够引导他们去阅读整部小说。

实战　使用 DeepSeek 写历史小说文案

▶▶ |案例背景|

随着历史小说市场的复兴，读者对于深入历史背景、人物命运交织的故事充满兴趣。一部以古代王朝为背景的历史小说，旨在通过精彩的叙事和深刻的人物刻画，带领读者体验一段波澜壮阔的历史旅程。本案例为了吸引目标读者，计划撰写相关文案。

案例实施

（1）确定小说主题与风格

首先明确小说的主题为"龙阙惊变"，风格为"史诗与悬疑并存"。这一设定将贯穿整个文案的创作过程，确保文案与小说内容的高度契合。

（2）输入关键词与背景信息

在 DeepSeek 中输入小说的关键词，如"古代王朝""权力斗争""宫廷秘辛"等，以及小说的背景信息，如故事发生的时代、主要角色、关键事件等。这些信息将作为 DeepSeek 生成文案的基础。

（3）生成与筛选文案

利用 DeepSeek 快速生成多个文案初稿，从中选出最符合小说主题和风格的文案。在筛选的过程中，要注意文案的连贯性、逻辑性和情感深度。

（4）人工润色与调整

对 DeepSeek 生成的文案进行人工润色和调整，使其更加流畅、生动，同时确保文案能够准确传达小说的核心价值。

使用 DeepSeek 生成的历史小说文案示例如下。

龙阙惊变

简介

大梁王朝，一个辉煌与腐朽并存的帝国。皇帝年迈昏聩，太子懦弱无能，而权倾朝野的宰相萧衍暗中觊觎皇位。一场突如其来的宫廷政变，打破了表面的平静。太子离奇暴毙，皇帝病重垂危，各方势力蠢蠢欲动。在这场权力的旋涡中，一个不起眼的宫女柳如烟意外卷入其中。太子临终前交付于她的神秘玉佩成为各方势力争夺的焦点。随着调查的深入，柳如烟发现太子的死并非意外，而是一场精心策划的阴谋。她必须在云谲波诡的宫廷斗争中揭开真相，保全自身，同时寻找机会为太子复仇。

亮点

史诗格局：小说以大梁王朝为背景，描绘了从宫廷到民间、从朝堂到边疆的广阔画卷，展现了权力斗争的宏大与残酷。

悬疑迭起：太子之死、神秘玉佩、宫廷秘辛，每一个线索都扣动着读者的心弦，层层递进，环环相扣，令人欲罢不能。

复杂人性：角色塑造丰满立体，无论是野心勃勃的萧衍、坚韧聪慧的柳如烟，还是其他配角，都展现了人性的多面与复杂。

历史真实感：小说在虚构的故事中融入了大量真实的历史元素，如古代宫廷礼仪、政治制度、社会风貌等，增强了故事的真实感和代入感。

情感纠葛：在权力与阴谋的背景下，柳如烟与萧衍之子萧景琰之间的情感纠葛为故事增添了更多的戏剧性和张力。

背景信息
时代：大梁王朝，一个虚构的古代王朝，类似于中国历史上的南北朝时期。

主要角色
柳如烟：宫女，聪慧坚韧，意外卷入宫廷斗争。

萧衍：宰相，权倾朝野，野心勃勃。

萧景琰：萧衍之子，文武双全，与柳如烟有情感纠葛。

太子：懦弱无能，离奇暴毙。

皇帝：年迈昏聩，病重垂危。

关键事件
太子暴毙：太子在宫中离奇死亡，引发宫廷震动。

玉佩之谜：太子临终前交给柳如烟的神秘玉佩，成为各方势力争夺的焦点。

宫廷政变：萧衍暗中策划政变，意图篡位。

真相揭晓：柳如烟在调查中发现太子之死的真相，并揭发萧衍的阴谋。

《龙阙惊变》将带你进入一个充满权力与阴谋、史诗与悬疑并存的世界，感受古代王朝的辉煌与腐朽，体验宫廷斗争的残酷与复杂。